20世紀建築の発明——建築史家と読み解かれたモダニズム

HISTORIES OF THE IMMEDIATE PRESENT:
Inventing Architectural Modernism

by Anthony Vidler

Japanese translation published by arrangement
with The MIT Press
through The English Agency (Japan) Ltd.

[BRACKET] ING HISTORY
ピーター・アイゼンマンによる序文

建築辞典に載っているすべての用語のなかで、もしくは絵画や彫刻においても同様に、社会的かつ政治的不名誉という重荷を最も背負っているのは形式主義〔formalism〕である。形式主義者であることは、建築とは修辞的な象徴主義に満ちた社会的企てであると思っている、あらゆる人たちから標的となることを意味する。だが私は最近、名声を誇るアメリカ東海岸のある建築学校の講評会の場で、形式主義の新しくまたおそらくはより毒をもった血筋が普及し、その影響力を目の当たりにして当惑したことがあった。「より毒のある」というのは、それがネオ・アヴァンギャルドによる技術的決定主義の旗のもとにあったからである。形式主義のつながりが、膨大な複雑さと一貫性とを合わせ持つパラメトリック・プロセスを生産する、複雑なアルゴリズムから生成された最先端のコンピューター・モデリング技術のなかに見ることができ、それは独自の変動性と変形とに満たされていた。このような作品の幅、多様性そしてエネルギーが私という人間の興味を引くのは当然とも言えるだろう。それは、知的保守主義の砦としてある特定の制度に関わってきたという、私についての記憶のためだけではない。これらの先鋭的なプロセスを持つ作品が、こうした作者不在のプロセスのなかにある自律性の遺産の考えに近いためでもいくぶんある。だがその代わりに、私には何かが根本的に間違っており、ここでは今日の建築に関するより一般的な問題が語られていると思われた。それは、あらゆる情熱的もしくは堅固なイデオロギー的関与から解き放たれた自律性についてである。議論をするために、こうしたイデオロギー的関与の欠如が、それによって製作されたものの読解と解釈の仕方が内在的に決定されるような、そうした空虚な形式主義の戸口に堂々と横たわっているとしよう。イデオロギー的関与の欠如と内在的に決定された意味は、この新しい形式主義を自律性の考えへと結びつける。だが、ふたつめのより問題含みの自律性の考えがあり、それは本書の書名における時系列的な転倒のなかに、ごまかして隠され、しかし仄めかされている領域についてのものである〔訳注＝本書の原題は History of the Immediate Present であり、直訳すれば『近現代の歴史』となる。アイゼンマンが、このまえがきのなかで繰り返し言及しているのは、この原題の『近現代の歴史』という言い回しについてである〕。

形式主義は、今日その批評的かつイデオロギー的力を失っているようであるが、にもかかわらず、この本のなかでは戦後モダニズムの抵抗の場として描かれている。ミニマリストの彫刻や、合理主義者の建築、もしくは指標的、修辞的、言語学的類推の、反復的もしくはプロセスに基づく展開のその形式的根拠は、社会的または機能的事項から独立した内在的生成の体系によっている。そうした文脈において、形式的なものは形式主義と区別されるべきであり、前者は内在的価値をもち、後者は現在の造形における空虚な修辞にすぎないものである。ある意味で批評的体系の部分である内在的に生成されたあらゆる形は、社会的もしくは市場の力に関する批評を提供する際に、自律的で独立したそうした力であると考えうる。アンソニー・ヴィドラーのテキストのなかで、とくにあるひとりの歴史家をいきいきと描かせているのは自律性に関する議論であり、それは著者自身をもいきいきとさせていると言えるだろう。自律性は形式的なものによって暗示されると理解されがちななかで、ふたつの違いは重要であり、とくに今日においては、領域的自律性と形式的自律性という言葉についてである。これらの違いはヴィドラーにとって重要だと思われ、なぜならそれは領域的自律性の可能性に対するデリダ流の主張に直面し、回答を提示することを潜在的に可能とするからである。

エミール・カウフマンの章から、コーリン・ロウ、レイナー・バンハム、そしてマンフレッド・タフーリのものまで、まずは順序どおりに読解すれば、この本はヴィドラーが前世紀の三番めの四半世紀までの建築史を書きあげた物語として現れている。このことがまずは注目すべきことであり、なぜならとくに今日において歴史というものはすぐさま消費され忘れ去られてしまうからである。だが、この本のなかで重要なのは、これらの歴史家の間にある批判的差異ではなく、一九二〇年ごろから今日にかけて、こうした差異が建築における領域の進化に図示されたさまざまな距離によってはかられる彼らの議論をいかに明らかにするかである。例えば、ロシアのイデオロギーによるフォルマリズムから今日の卓越した描き手によるフォルマリズム（形式主義）まで、建築における気味の悪い反復と回帰は、そうした歴史によって記された距離というものが直線的でしかないことを示している。このことは、この本のタイトルを最初に目にしたときに、そして同時に知的系譜からも、明らかにされることである。だが、ロウ、バンハム、タフーリという配列はそうした系譜にのっているが、開祖、源泉、出発点と位置づけられているカウフマンは別物である。他の三人の歴史家の仕事に比べれば、知的に異なる世代に属するウィーン学派の歴史家、カウフマンから始めているのはなぜだろうか。だが、変則的に含まれているようなカウフマン（おそらく、ヴィドラー自身が認めているように、著者の個人史の印としてなのだろう）についての章の注意深い再読によってのみ、ふたつめのより重要な課題の媒体であることが明らかにされるのだ。ヴィドラーがこの課題を問題だと意図しているかにかかわらず、いずれにせよ、この本を以下の光のもとに読むことが可能である。

ヴィドラーの疑問は、彼がつけた書名そのものに暗示されている。領域的境界に対するジャック・デリダやその他のポスト構造主義者による批評は、伝統的な歴史上の大きな出来事や些細な運動を可視化した、まさにそうした境界として差し出した。だがそうした試みの後、モダニズムの歴史とその歴史家たちはいかに解釈され、書かれるのだろうか。カウフマンの章の序文では、「なぜカウフマンか」と「デリダの後いかに」という疑問への、部分的な回答を見ることができる。または、言葉を変えれば、先行する歴史的時間に対し、今日、回帰をいかに見ることができるのか。こうした意味で、ヴィドラーのこの本は、どれほど図式的であるかはさておき、デリダによる領域的境界についての批評に対する応答だと究極的には見なすことができる。

デリダは、建築もしくは歴史の領域の境界とはそもそも政治的であり、時として架空のものですらなく一時的に束ねられたものだと指摘するなかで、領域的自律性をそうした架空の境界に頼るものと関係していると見なしたが、それは意味の不確実性の光のもとでは継続されなかった。そうした不確実性へと注意を向けさせるデリダのテクニックは、与えられた言葉に削除の印をほどこし、または別の場合では言葉を括弧のなかに入れ〔bracketing〕、そうすることによってその言葉の不在と存在の両方への注意を促し、だが同時に不在と存在の間の弁証法的な関係を避けてもいた。なぜなら括弧入れの考えの本質は、この非決定的な性質にあるからである。ヴィドラーは歴史を括弧に入れることで、デリダ本人の武器庫から道具を拝借したと論じることが可能であり、結果として近現代すらをも歴史的過去として見なすことが可能だと指摘している。もしここで「歴史」を括弧に入れられた言葉だと見なすことができれば、こうした括弧入れは歴史と建築の領域的境界に対する選択肢を提供することができ、究極的にはあらゆる形態の自律性を括弧に入れることができる。そうするために、ヴィドラーはカウフマンという媒体を通して、自律性を主題とする問題を意図的に再導入したのである。

ヴィドラーは、カウフマンの章をクレメント・グリーンバーグの一九六〇年の文章の引用からはじめているが、グリーンバーグはモダニズムを自己批判の能力と領域的形式主義の両者によって特定している。「批評における方法そのものを批判すること」は内なる境界を立ち上げる能力を示しており、かつてそうであったように、批評家自身が自らの批評を見つめることを可能としたが、それは続く年月のなかで実現しえない目的として見なされてきた。最初の章のなかで、ヴィドラーはいかなる内なる批評とも自律性の考えとの結びつきを生み出しており、自律性を「内なる探究」と領域の「独自の特定の言語」を変容させる方法として描いている。カウフマンにとって、建築的自律性とは大きな(そして小さな)スケールの形式的運動の幅に関わっていた。例えば、ルネサンスとバロック建築の違いを明示する際には、その塊および様式の形式的特徴を強調した。バロックにおける部分から全体といった序列の分解は、構成要素の自由な連想へと向かい、ルドゥーがショーで描いた独立した建物群の計画のように、部分から全体への構成の独自性が形式的自律性のある種類のものを具体化していた。バロックにおける序列化され中心性のある造形の見直しである、ショーにおける部分の分離は、ル・コルビュジエのモダニズムのなかにすら継続されていたとカウフマンは指摘した。

モダニズムは社会的企てであると考えられていた一方で、あらゆる自律性の定義は社会からの分離を意味せず、それどころか社会的なものと形式的なものとの関係を示していると、カウフマンは論じた。

カウフマンのウィーンにおける先駆者であり師であったハインリヒ・ヴェルフリンに戻る必要があるが、それはルネサンスとバロックの間に見られる、形式的および領域的自律性のもうひとつの区別のためである。ヴェルフリンは、ルネサンスの建築は、その領域に内在する形式的美という考えによって統制がなされているために自律的であり、ルネサンスの様式の作品に示された特徴から演繹されたのではなくそれ自身の正しさによって存在していると論じている。一方で、ヴェルフリンにとってバロックを自律的と考えることはありえず、なぜならその形態は反宗教改革の政治的要因によって条件づけられ、いかなる内的な美学的問題からでもないからである。したがってヴェルフリンは、カウフマンとは異なり、自律性を領域的自律性の見方のなかにしっかりと据えたのである。

もしヴェルフリンとカウフマンによる自律性の基準を明示しようという試みが受け入れられ、また領域的境界はかなり架空のものであるという方法に向かうデリダが正しいとすれば、一九六八年以降および今日における自律性の概念を再考する必然性が明らかになる。まずはカウフマンと自律性の考えを紹介し、次に結論においてポストヒストリー〔歴史以降〕の概念を提案することによって、ヴィドラーが喚起しようとしていたのは、この問題である。ポストヒストリーの考えを用いて、ヴィドラーはデリダによる領域的自律性に対する最も挑戦的な批判のひとつについて言及している。ヴィドラーの言葉によれば、ポストヒストリーの考えはあらゆる領域には限界があることを示している。この概念は、デリダによる領域的自律性の脱構築にすら適応可能である。もし建築家の批判的プロジェクトを成立させる能力の基礎であると自律性が見なせるのであれば、すなわち、プロジェクトは自らの領域に批判的である能力を持ち、よって脱構築はそうした批判的プロジェクトを形而上学の領域に留まらせ、自律的ではないのである。したがって、ポストヒストリーを提案するなかで、ヴィドラー自身もデリダの批評を括弧に入れているのである。究極的には、これが批判的建築の概念が脱構築から生き延びる唯一の手段なのである。

ピーター・アイゼンマン（Peter Eisenman, 1932– ）

——

アメリカの建築家。脱構築派の建築家として知られる。建築への言語のレベルからのアプローチに際し、言語学者のノーム・チョムスキーの言語モデルを援用し、その体系的な展開を図った。思想の分野に高い関心を持ち理論的な建築家として知られるアイゼンマンは、ラ・ヴィレット公園での「コーラの庭」計画では思想家のジャック・デリダと共同作業を行っている。日本では「布谷ビル」（一九九二年）などの実現作がある。

まえがき

建築におけるモダニズムの歴史家に関するこれらの論考は、建築史と今日のデザインとの批判的関係についての私の長年にわたる関心を表している。そうした意味で、この本は二〇世紀初頭のモダニズムに関する評価と影響についての、歴史、批評そして建築史を束ねた、ひとまとまりとなった複雑な問題への導入となっている。書き手が建築家か美術史家かにかかわらず、歴史がその時代の関心事に常に影響を受けていることは常識であるが、一九世紀末以降、歴史と抽象的な「形態」のための「様式」の関係を表向きは放棄した職業においては、そのことはまさに真実である。「様式」として自らを特徴づけることは言うまでもなく、この運動の少しずつの歴史化は、その起源や結果に対する幅広い仮定のもとに終わり、一九四〇年以降の近代性と近代化の努力の批判的再評価のもとにすべてがまとめ上げられた。バロックであるかアーツ・アンド・クラフツ運動なのかにかかわらず、近代運動の初期の歴史家たちは、彼らの形態やもうひとつのモダニズムに対する党派性の強い支持や、建築における特定の歴史的出来事の起源をたどる努力に対して寛容であった。第二次世界大戦という大惨事の後に成熟した次の世代（この本の主役たち）は、そうした臆面もない歴史主義にはあまり傾倒せず、また歴史的正確さについてより関心をもっていることは明らかであったが、しかし、異なる方法によって二〇世紀の後半のためのモダニズムを再考する建築家の努力とは強力な共謀関係にあった。

そのほとんどの歴史家たちは歴史と批評を書くことにともに等しく関与し、みな同世代の理論と実践に対して影響力を持っていた。だれもが彼らの助言者や師との関係や関わりにおいて、彼ら自身の知的形式によって、避けがたく刻印されていた。

以下において、私は批評および歴史に対するエミール・カウフマン、コーリン・ロウ、レイナー・バンハム、マンフレッド・タフーリによる研究方法が構築された文脈に注目し、彼らのより重要な貢献を分析し、同時代に影響を与えた具体的な例について言及している。タフーリが「操作的」批評と呼ぶような批評によってタフーリと結びつこうとする最近の歴史家たちの傾向とは異なり、そうした傾向は建築の書き手にとっては避けられない必須の知的道具の一部であるという立場を取っている。カウフマンは、二〇世紀と同様に一八世紀においても、啓蒙主義の価値に対して率直に関与した。ロウはまったく躊躇することなく、マニエリストの分析手段を同時代のデザインに応用した。バンハムはこう書いたことがある。「歴史が私の学問の領域であるのは当然である。批評は金のためにやっている」。しかし、テクノロジー、大衆文化および新しい形式の批評に対する強い信念のもと、それらふたつが結びつけられていることは両方の領域に渡るバンハムの文章を通して明らかである。建築家と都市計画家としての修行の後、歴史と批評に転じたタフーリですら、彼の好みを明らかにすることを止められず、彼の理論的選択と分析的戦略を通じてある世代のデザイナーたちに影響を与えた。

私が建築史から刺激を受け関心を持つようになったのは一九六〇年であり、それはケンブリッジのフェン・コウズウエイ通りにあったコーリン・ロウが住んでいたモダニズムのアパートメントでの、彼との最初の（そしてとても恐ろしかった）個人指導のときであった。当時出版されたばかりのエミール・カウフマンの『理性の時代の建築』の写しを手渡しながら、目の前の床に広げられたコリン・キャンベル著『ヴィトルヴィウス・ブリタニクス』のフォリオに向かって身振りをまじえながらロウは尋ねた。「さて、君はここにどのような関係を見出すかね」。長きに渡って私を苦しめたこの難問は、一八世紀末ととりわけクロード＝ニコラ・ルドゥーに対する私の興味を刺激することに成功した。続く二年生のスタジオにおけるロウの個人指導では、震える手で引かれた太く柔らかい鉛筆の線によって黄色いトレーシングペーパーの上に構成原理〔parti〕が構成原理の上に重ねられ、形式的図式と潜在的発想としての歴史的構成に関する彼の驚嘆すべき視覚的記憶とともに、ハインリヒ・ヴェルフリンやパウル・フランクルから彼ら自身の教師であるルドルフ・ウィットコウアーにいたる、モダニストの美術史における分析の伝統が実例演習として提供されていた。

私のケンブリッジでの一年目である一九六〇年には、レイナー・バンハムによる『第一機械時代の理論とデザイン』の刊行も目のあたりにすることができ、この本はすぐさまコリン・セント・ジョン・ウィルソンの近代理論史の授業で必要とされた。バンハムの未来派に対する熱狂とウィルソンのオランダのデ・スティル運動に対する情熱は、建築学部において忘れられていたアヴァンギャルドの歴史を探究するという興奮を生み出し、歴史はサー・レスリー・マーチン教授の戦前のグループ「サークル」（そこにはナウム・ガボやベン・ニコルソンが含まれていた）との個人的つながりからもより親しいものとなった。モダニズムの起源に関するこの探究を支えたのは、エドゥアルド・パオロッツィとアリソンとピーターのスミッソン夫妻といったかつてのインディペンデント・グループのメンバーと、ロバート・マクスウェル、ニーヴ・ブラウン、そしてジェームズ・

スターリングといった来訪者たちであったが、当時のスターリングは大学の歴史学部の図書館の設計に没頭していた。一九六五年一二月の『アーキテクチュラル・デザイン』のスミッソン夫妻による特集「近代建築の英雄的時代（1917-1937）」は、モダニズムをわれわれの世代向けにまとめたもので、それはいくぶん閉じられた兆しを見せていたものの、競争的対抗心の必要性も見せていた。それに対抗して、アーキグラムによる無法（ケンブリッジのまじめで厳格なモダニストの視点によればだが）の進行（一九六四年のスクロープ・テラスの正面ロビーでの彼らの「リビング・シティ」の展示の設営を、私は進んで手伝っていた）は、初期の近代のアヴァンギャルドとともに、ユートピア主義と共同体による健康的な感覚を提供していたのであった。

一九六〇年から一九六三年にかけて、一年生向けのデザンスタジオで私に木造建築の「日本流」の詳細図の描き方を教えてくれたアメリカ人の博士課程の学生ピーター・アイゼンマンは、マーチンの指導とロウからの知的刺激のもと、近代建築の形態分析に関する彼自身の論文を進めていた。一九六五年にニュージャージー・コリドーでの一年に渡る調査プロジェクトに加わるように誘ってくれたのは、プリンストン大学に戻っていたアイゼンマンであり、アメリカに一年滞在するという私の予定は引き延ばされて、現在にいたっている。プリンストン大学ではもうひとりの英国人亡命者ケネス・フランプトンに出会い、彼の歴史および今日の実践についての幅広い関心と献身的な関わりは、私が歴史と理論を教えることにこの身を捧げることを確信させた。しばらくたって、分析と理論のセミナーはふたつに分割され、一六五〇年から一九〇〇年までは私が教え、一九〇〇年から現在まではケネスによって教えられることとなった。こうして私の最初の研究領域は一八世紀に特化されたのである。

マンフレッド・タフーリにはじめて会ったのもプリンストン大学であって、彼はゲスト講師としてダイアナ・アグレストに招待されていた。その後、私はヴェネツィアで彼を同僚として知ることとなり、一九九四年の死まで、タフーリは私の仕事を刺激し導き、親切にもヴェネツィア建築大学の歴史協会の学生や同僚に紹介してくれるなど、今日にいたるまで活発な対話者であり友人であり続け得た。

このように、私の歴史家の選定は明らかに部分的であり、また明らかに個人的なものである。私は、モダニストの歴史編集の領域を全体として扱うことは試みてはおらず、また歴史の役割について議論をした数多くの貢献者たちの詳細を検証することもしていない。アメリカのヴィンセント・スカーリーやイタリアのレオナルド・ベネヴォロ、ブルーノ・ゼヴィ、パオロ・ポルトゲージといった面々が、ここで省略されている主要な人たちであろう。そればかりか、歴史家および建築家としての修練を積んだ批評家として、学問的、批評的そして専門的建築の領域に対する私自身の関係の複雑性を探求するように導かれたのであり、その領域とはここで検証されている四人の書き手および教師によって私に紹介されたものである。それは、アメリカに移住することで、私を逃がしはせず、四人の学者のうち三人（カウフマン、ロウ、バンハム）が、ひとりは強制的、ふたりは自発的に、ここアメリカでその経歴を終えたのである。

謝辞

カルロ・シュロスク、カート・フォスター、レインホルド・マーティン、ビアトリス・コロミーナ、マーク・ウィグリー、アラン・コフーン、ロバート・マクスウェルをはじめとする方々は、この仕事の一部を読み、聞き、また議論してくださり、それにマーク・カズンは英国建築家協会（AA）におけるセミナーにて刺激的な批評を提供してくださった。カウフマンとギーディオンに関する私の考えは、デトレフ・マーチンが彼のプリンストン大学での博士論文を進めている際に彼とした議論によって、より鋭いものとなった。私はまたこの仕事の一部を進めるように仕向けてくれた以下の機関に感謝する。とくにイエール大学、コロンビア大学、カルフォルニア大学ロサンゼルス校、デルフト工科大学の建築学部。この本の各部分の初期のものは、Ａｎｙコーポレーション、『ログ』、『オクトーバー』、『リプレゼンテーションズ』、『パースペクタ』、およびカルフォルニア大学出版局の会議もしくは出版のために書かれた。わたしはそれぞれの編集者の助言に感謝する。最後に、デルフト工科大学およびロッテルダムのベルラーヘ・インスティチュートの博士論文の初校としてのこの本を読み、意見をくださった方々にお礼を述べたい。ヴィール・アレッツ、アリー・グラーフランド、マイケル・ヘイズ、カーステン・ハリス、マイケル・ミューラー、ジャン・ルイ=コーエンおよびトニー・フレットン。私は、フェリシティ・スコットとスピロス・パパペトロスの注意深い読解と助言に、またシンシア・デイヴィッドソンの編集の明快さに負っている。とくに記さないかぎり、引用箇所の翻訳はすべて私自身で行っている。この本を、イグナシ・デ・ソラ=モラレスの記憶に捧げる。彼の批判的精神はこうした問題と格闘し続け、彼との友情は建築の言説に対する私の信念を三〇年以上に渡って支えてくれた。

アンソニー・ヴィドラー

二〇〇七年一月、ニューヨークにて

目次

HISTORIES OF THE IMMEDIATE PRESENT:
Inventing Architectural Modernism

— Anthony Vidler

20世紀建築の発明

建築史家と読み解かれたモダニズム

— アンソニー・ヴィドラー 著
今村創平 訳

鹿島出版会

凡例

——（　）……原書の（　）を表す。

——「　」……原書の“　”、‘　’、記事・論文タイトルを表す。

——『　』……書物、紙誌のタイトル、および引用符中の“　”を表す。

——〔　〕……訳者による補足を表す。

——原文のイタリック体による引用文にはゴシック体を用いた。

——原文のイタリック体による強調には傍点を用いた。

——人名および固有名詞は、日本語の定訳があればこれを採用し、なければアメリカ英語の発音あるいは、これ以外の人名・地名については現地での発音に近い日本語表記にした。

——索引は原著のアルファベット順を五十音順に組み換えた。

——本文中での原註への指示は、原文どおり数字のみで注記した。

——引用文のうち、邦訳があるものは原則としてこれに準じている。

イントロダクション

今日の建築史家は、今日の建築の歴史にどのような影響をあたえたのか。
——レイナー・バンハム『ニュー・ブルータリズム』

この本のなかで私が関心を持っているのは、第二次世界大戦以降の数十年の間に、建築史家たちがモダニズムの展開を理路整然と物語ろうとして、アヴァンギャルドの遺産を評価し始める際に用いたさまざまな方法についてである。二〇世紀最初の四半世紀にアヴァンギャルドたちが行った多様な実験に続く、近代性に関する統一された視点の追求にあたって、歴史家たちは決定的な役割を果たし、今日とのありうるべき継続性を示すような方法によって、二〇世紀初頭のプログラム、形態、様式を定義した。昨今ではモダニズムに関する資料研究は膨大に増え、歴史の当時者が物語るように歴史を見ることの価値を探究するという領域が開かれているが、私が興味を持っているのは、当時の文脈のなかでデザインの理論および実践に関するいくぶん公然のプログラムとしてモダニズムの歴史そのものを構築した方法である。すなわち、モダニズムの「起源」がルネサンス、マニエリスム、バロック、もしくはリヴァイヴァリズム期の早い時期に遡れるか否かにかかわらず、それぞれが様式、社会、空間そして形態に関する美術史の理論に基づいている各系譜は、現在とその潜在力を考察するためのさまざまな方法を提案している。そして戦後の社会的、文化的危機に直面する方法を探していた建築家たちが、初期のモダニストたちに着想を与えた原理への視座を失うことなく、抽象性に関する支配的な理論的枠組みのなかで考えられたそれぞれの系譜を使えるようにしたのである。

この数十年以上の間、建築史は建築にとって決定的な問題として浮上してきたが、少なくとも表面的には、二〇世紀の初頭から普遍的抽象性の支持によって歴史的参照が根絶しうるかといった留保に建築は関係していた。ニコラウス・ペヴスナーによって「歴史主義への回帰」と呼ばれたもの、チャールズ・ジェンクスによる「ポストモダニズム」、マンフレッド・タフーリによる「ハイパーモダニズム」などは、引用を大いに楽しみ、歴史的建築の権威をあらためて要請したが、それらは国際的な近代主義の言語である抽象性は、一般的には受け入れられず、いずれにせよ本質的に反人間的であったという仮定に基づいていた。

こうした建築史再興の機運は、歴史家と批評家に問題を投げかけた。一方では、ポストモダニズムの時代と同じくらい、今日の計画にお墨つきと奥行きを与えるために歴史家の需要が再び生まれた。ひとつの主要な例を紹介すると、一九五〇年代のタブラ・ラサ〔白紙状態〕における計画の戦略を再考し、都市の内在的形態および社会的構造を尊重する必要性から派生した、「類型」という考えの理論的源泉は一八世紀にまで遡られた。

こうした状況は、近代運動の絶頂期に歴史家にとって支配的であった問題を修正することとなった。当時は、歴史とは様式の復興の潜在的な前兆ではないかと強く疑われていたが、今や歴史は教育課程と批判的言説のなかにすっかり埋め込まれていた。こうした歴史は、「様式」を克服する近代的抽象性という目的論的な視点を伴っていた一九二〇年代の「歴史」ではもはやなかった。それは美術史という学問の規格に従うような、より学術的に正しいものであり、また構造主義やポスト構造主義の解釈的な戦略につながるような、より広範な学際的研究に基づいていた。学会での、ポストモダニズムに関する知的議論は、建築の実践のなかで行われているポストモダニズムに集中し、そこでは理論はほとんど別個の学問の領域として現れ、もっとも対応しやすい形態を持った歴史と一緒になり、デザインからはますます離れていった。マンフレッド・タフーリのような多くの歴史家と批評家にとって、それはあるべき状態であり、タフーリが「操作的」批評と呼んだものは、彼いわく、一七世紀以来真に批判的な歴史家に求められた建築に対する冷静な視点を妨げる障害であった。ゆえに、歴史家たちは現代建築に見られるあらゆる特定の傾向を信奉すべきではないのである。しかし他の人びとにとってこのことは、過去の経験のすべての重みとともに現在に従事するという、社会的および政治的義務を批評家が放棄していることを意味している。

より最近になると、技術的表現を偶像的形態に結びつけるような「レイト・モダン」の立場が普及して好まれるようになり、いわゆるモダニストとポストモダニストの間の辛辣な議論はいくぶん弱まった一方で、歴史に対する問い、すなわち歴史家に対する問いは残されたままである。要するに、歴史家としてではなく、建築家や建築のために、建築史家は何をするのか。より論理的にいえば、建築、とくに現代建築のために、建築史はどのような仕事を遂行するのか、もしくはすべきなのか。もちろん、いかに歴史はデザインに「関係」するか、それは有効なのか、もしそうならばどのようにして、といったことは、ありふれた繰り返しとなっている。

こうした問題は比較的新しいものであり、なぜなら建築史の大部分において歴史は建築にかかわらず、「問題」そのものである代わりに、歴史を取りまく問題は学問領域についての解決方法でもあったからである。ルネサンスから一九世紀の中ごろまで、すなわち、中世の伝統が少しずつしかし自覚的に古代の歴史復興に取って代わられたときから、歴史は建築に対してまさに素材を供給してきた。いつになっても、ほとんど例外なく、歴史家は建築家であった。アルベルティからシンケルまで、先駆者と革新の両方を権威づける歴史を書くのは建築家の責任であり、シンケルの未完のライフワーク『建築教本』は、おそらく設計における疑似的歴史の正統性の長い系譜に連なる最後のものであった。ジェームズ・ファーガソン、ヤーコプ・ブルクハルト、ハインリヒ・ヴェルフリン、ヴィルヘルム・ヴォリンゲル、アウグスト・シュマルゾウからパウル・フランクルにいたる専門的建築史家の出現は、建築史に関しては学問的改訂がなされていない学問的学術的美術史の発展を示した。それは、新しい構造的要請によって導かれた「抽象性」と「形態」に関する沸き起こってきた感覚と一緒になった「近代」の感覚が、歴史そのものが疑われた「歴史的様式」からの完全なる別離の感覚を建築家にもたらすまでのことだった。

もちろん、歴史がモダニズムから消え去ることはなかった。それどころか、少なくとも三つのレベルにおいてよりいっそう必須とされた。ひとつめは、かつての建設方法の根本的な古代性を示すにあたって。次に、古いものから現れたというモダニズムの前史を物語るにあたって。最後に、形態および空間の抽象的な考えの助けを受けて、発明の継続的過程と形態的、空間的動きのレパートリーとして再び描かれるのに際してである。

こうした状況は一九四〇年代と五〇年代を通じてある程度確かにされ、それはとくにブルーノ・ゼヴィやレイナー・バンハムといった歴史家たちが、建築学校の建築史の主任に任命されていた学問の場においてであった。だが、伝統的であろうともしくは近代主義者であろうと、歴史の継続的有効性が問われ始めたのも、第二次世界大戦直後のこの時期である。こうした時期に、モダニストの第一（そして第二）世代を元気づけたほとんど無意識のエネルギーは、それ自身が避けがたい歴史化の過程に支配されていった。実際、フレドリック・ジェイムソンが指摘したように、概念かつイデオロギーとしての「モダニズム」そのもの――それはわれわれが今日知るような傾向のモダニズムのことだが――はほとんどがそうした戦後期の成果であるが、それはクレメント・グリーンバーグのような批評家もしくは歴史家が、マネからポロックにいたる芸術に関する彼らの解釈に基づいた、一貫し体系化された「モダニズム」のあり方を作り上げたようにであった。[1]

同じようにして、建築においても、一九五〇年代中ごろに歴史はその地位を疑われ、歴史を使用することは歴史家たち――とりあえず何人かの名を挙げると、ペヴスナーやヒッチコック、ジョンソンおよびギーディオン――によって書かれたまさに近代運動の歴史によって、疑わしいものとして描かれた。いったん「歴史」の立場へと追いやられると、当の近代建築は学問化されることに、そして復興にすら、影響を受けやすかった。そして一九五〇年代と一九六〇年代の様式としての近代建築の復興——のちに批評家たちはそれを「ポストモダニズム」の最初の例証だと見なすことになる——は扇動者としてではなく、熱心な支持者の流儀によってモダニズムの歴史を書こうとした、一九三〇年代および四〇年代のジークフリート・ギーディオンやニコラウス・ペヴスナーといった歴史家や批評家を大いに妨害したのであった。

私が検証したいのはまさにそうした時代についてであり、最も鋭敏な批評家四人のレンズを通してである。それは当時ヨーロッパおよびアメリカの建築シーンを活気づけていた歴史の実務への影響に関する議論のなかで、歴史、そして——ニーチェがかつて指摘したような——その使用と乱用についてわれわれ自身が考える基礎的作業を準備し始めることができると思うからである。バンハムはそうしたことを問題とした最初の人たちのひとりであった。「今日の建築の歴史に対して、今日の建築史家が与えた影響は何であったか」。彼は自ら答えている。何もなかったと。「彼らは近代運動の考えを生み出した。…(中略)…そしてそのうえ、さらに近代性の署名としての「主義」の大雑把な区分を提供した」[2]。

近代建築の最初の学問的検証が現れはじめたのは、一九二〇年代末である。多くの収集品のなかでも、アドルフ・ベーネ著『近代合理主義建築』(一九二六年)、アドルフ・プラッツ著『新時代の建築』(一九二七年)、ジークフリート・ギーディオン著『フランスの建築』(一九二八年)、そしてブルーノ・タウト著『近代建築』(一九二九年)といったものは、証拠の収集と「近代性」

の基準を開発する過程をはじめた。そしてそれらを基礎とすることでヘンリー・ラッセル・ヒッチコック著『近代建築――ロマン主義と再統合』(一九二九年)、ヴァルター・クルト・ベーレン著『近代建築』(一九三七年)、ニコラウス・ペヴスナー著『近代運動の先駆者たち』(一九三六年)およびギーディオンの『空間・時間・建築――新しい伝統の成長』(一九四一年)は、起源および展開に関するいくぶん一貫した物語を築き上げることができた。[3] ほとんどすべての本が、「歴史」という言葉に対して近代の理想にとって有害なものだとする、共通の嫌悪感を共有していたが、にもかかわらず、パナヨティス・トゥルニキオティスが示したように、これらの物語は歴史に関する共通の概念も共有していた。それは決定的な、物事を明らかにする力であり、建築の過去、現在、未来の問題を明確にすることができ、と同時に、正しく指摘できているとすれば、作品における個々の「近代性」もしくは非近代性を同等に決定する、社会文化的時代精神のある形態に対する信頼でもあった。[4] 歴史は建築を近代性へと導きうるものであったが、ル・コルビュジエ■の『建築をめざして』のなかで中傷された「様式」のように、当時は捨て去られる運命にあった。[5]

これらの歴史家たちは同時代のある特定の実践を支持もしくは賞賛していたが、それらを正当化できる出発点だと彼らが考えた過去のある時点からはじまる物語の系譜が展開されてはいたものの、それらはまたきわめて不完全なものであった。したがってヒッチコックは、彼の『ロマン主義と再統合』のなかで好んでいた「新しい伝統」の起源を一八世紀の終わりに見出したが、フランク・ロイド・ライト、オットー・ヴァグナー、ペーター・ベーレンスそしてオーギュスト・ペレといった合理主義を超え、妨害したと彼が見なした「新しい先駆者

■ル・コルビュジエ
(Le Corbusier, 1887–1965)

―

スイス出身で、主にフランスで活躍した建築家。本名はシャルル＝エドゥアール・ジャンヌレ＝グリ。建築作品だけでなく、「ドミノ」システム、「近代建築の五原則」、「モデュロール」などをはじめとする建築創作上の重要な理念を提示して、近代建築の発展の上に大きな影響を与える。都市計画や家具デザイン、絵画制作など、建築にとどまらぬ活動を幅広く続け、また、自らの活動を雑誌や著作などを使用して意識的に広めた。ミースがほとんど「ミースもどき」の建築しか生み出さなかったのに対して、ジュゼッペ・テラーニや丹下健三、さらに、現代建築家へと、単なる模倣にとどまらない、新たな創造の起点となるような影響を広く及ぼした。代表作に〈サヴォワ邸〉〈スイス学生会館〉〈マルセイユのユニテ・ダビタシオン〉〈ロンシャンの教会〉〈ラ・トゥーレットの修道院〉など。日本で唯一の実現作として〈国立西洋美術館〉がある。

たち」の仕事に対して、不安を覚えると同時に熱狂もしていた。ペヴスナーは『近代運動の先駆者たち』にて、英国とドイツの関係に焦点を当て、グロピウスによる合理的機能主義の起源をアーツ・アンド・クラフツ運動のなかに見ていたが、フランスによる貢献は都合よく無視していた。一方ギーディオンは『空間・時間・建築』のなかでミース・ファン・デル・ローエ■については簡単な言及以上の扱いができなかったが、バロック運動から跳躍する代わりにル・コルビュジエの一九二〇年代の住宅のなかに要約することを好んだ。

しかし、偏りがあったとしても、これら先駆者たちの仕事は当のモダニストの建築家たちが最も恐れていたことを遂行していたのである。実際一九四〇年までに、近代建築は美術史の領域のなかにほとんど同化していたし、「様式」の歴史のなかにも居場所を与えられていた。ル・コルビュジエはかつて「様式」の終わりを宣言し、ミース・ファン・デル・ローエは「建設術」を支持し学術的な美術史を拒否したが、ヒッチコックは「一二世紀のゴシックの普及を模範とする国際的様式」と彼が呼ぶものを定義すべく、建築における様式史全般を書き直していた。ペヴスナーは、「近代運動」と呼ばれた何か特定しうるもののあたりにある時間的系譜を描いていた。そしてギーディオンは、近代の視点とかつての様式とを結びつける関係、および歴史的展開を明快にしていた。

近代建築はバロック、古典主義、新古典主義、一九世紀折衷主義、アーツ・アンド・クラフツの復興主義とともにはじまると見られていたものの、歴史に基づいたモダニズムの多様性や「モダン」を特徴づける様式のありうる「統合」のさまざまなバリエーションといった、多くの競合する物語などに対する水門は今や開かれていた。そのうえ、そうした歴史的参照

■ルードヴィヒ・ミース・ファン・デル・ローエ (Ludwig Mies van der Rohe, 1886–1969)

―

ドイツ出身の建築家。ミースが二〇世紀の建築と都市に与えた影響は絶大で、〈バルセロナ・パヴィリオン〉に見られるような壁の分散配置は、従来の個々に分割された空間を一室空間へと開き、さらに、ガラスによる開かれた構成は内外空間の相互貫入をも可能にした。さらに、「フリードリヒ街のオフィスビル設計競技案」など二〇年代のオフィスビル案でカーテンウォールと間仕切り壁のないオフィス空間のモデルを提出し、五〇年代の〈シーグラムビル〉などでそれらを実現、どのような機能にも転換可能なフレキシビリティをもった空間は「ユニヴァーサル・スペース」と呼ばれ、全世界のオフィス空間を席捲した。バウハウスの三代目校長をつとめ、戦後はイリノイ工科大学で教鞭をとった。代表作は他

対象と根拠の拡大は、近代建築の歴史が同時代の専門家のみならず他の時代の歴史家にも頼っていたことを意味した。近代性が定義されたことによって、その前例は分離され、またその逆もあったが、ルネサンスとバロックの歴史家たちや、そして新しく定義されたマニエリスムや新古典主義の時代の歴史家たちもまた、同時代の傾向に対する意識的もしくは無意識の反応として自分たちの「様式」を定義せずとも、同時代の傾向について言及することが許されていた。

これらすべての近代性に関する歴史的試みを、建築におけるあらゆる歴史的仕事と結びつけたものは、一九世紀末に向けて現れた方法における共通した基礎であり、すなわち抽象的形態——塊、ヴォリューム、表面——の比較ほどには、「様式的」モチーフの確立にあまり頼らない方法であった。アロイス・リーグルによる装飾の形態的解釈および彼の空間的視野の概念的歴史からはじまり、ハインリヒ・ヴェルフリンの形態の心理分析およびルネサンスとバロックの時期の研究に継続され、アウグスト・シュマルゾウによる歴史の空間的構築で絶頂に達したすべての時代の建築は、典型的な形態と空間の組合せの一連のものと見なされ、それぞれが特定の画期的「意志」もしくは「動機」と結びつけられ、それぞれが形態的変容の自然史のなかで続くものとの比較が可能であった。[6] 耳の形や襞のある運動によってもたらされたきっかけは、バーナード・ベレンソンやアビ・ヴァールブルクといった歴史家のためであり、よって空間的形態は建築史家たちのためであった。

自らを様式の歴史というよりも空間の歴史だと定義するこのような歴史は、当のモダニズムの大望に相応しいだけではなく、とくにその領域的アイデンティティを一般的な美術史な

に〈トゥーゲントハット邸〉〈ファーンズワース邸〉〈レイクショアドライブ・アパートメント〉〈ベルリン新国立ギャラリー〉など。

しに発展させるような、建築の歴史に対するアプローチを規定し始めた。ブルクハルトとヴェルフリンにとって、建築史は、そうした研究の根本的かつ建設的な対象でないとしても、美術史の統合的な領域を形作っていた一方で、建築の三次元的特徴は、空間分析の出現とともに、最初は絵画の視覚的かつ二次元的形式から、次にアドルフ・フォン・ヒルデブラントによって研究されたように視覚的であり、だが彫刻の感情移入の触角的受容からも、建築史を分離した。[7]そして、パウル・フランクルは、自身の一九一四年の近代建築の発展段階に関する研究のなかで、構造、運動、および使用の影響による空間的形態の確定に基づいた、特定の建築分析手法の確定に着手した。[8]空間形態（Raumform）、物体形態（Körperform）、可視形態（Bildform）、目的意図（Zweckgesinnung）といった彼のカテゴリーは、「展開」の四つの段階に従った年表のなかでお互いに調整し合っていた。

だが、われわれの議論にとっておそらくもっとも重要なのは、空間構成のダイアグラムを発展させたフランクルによる革新的試みであろう。美術史家は歴史の時系的展開についての「仮想的」ダイアグラムをたびたび描き、ジェームズ・ファーガソンやセザール・ダリーといった建築史家はダイアグラムの形式を用いて時系列に沿った進展を描き、ヴィオレ・ル・デュクからオーギュスト・ショワジーにいたる構造史家は、平面、断面、立体的な形を同時に表現するために今日のアクソノメトリックの投影法を採用した。だがその一方で、フランクル以前の歴史家は誰ひとりとして、分離された単位、その柱間構造のリズム、相互関連、単独で単純化された建物の要約に結合されたそれらの間の潜在的動きによって、ダイアグラム化された空間の比較による分類を着想しなかった。

この分類法は、ジュリアン＝ダヴィド・ル・ロワによる宗教建築の平面図の比較やジャン＝ニコラ＝ルイ・デュランにより完成された歴史的「類似性」のような、一八世紀――および一九世紀――における類型の比較による提示方法とは異なっており、それらではこうした初期の比較法を伝える配分と特徴の概念が、平面の形状と効果に直接的に関係していた。対照的にフランクルは、ロベルト・フィッシャーの心理学から導かれた空間力学の考え[9]、アウグスト・シュマルゾウのバロックの空間研究、ヴェルフリンの心理学的解釈、および後にはゲシュタルト心理学者の発見などを駆使して取り組んでいた。フランクルにとって、空間はそれ自身に運動との明快な関係があり、空間単位の関係はそのリズムと流れを持っていた。そうした関係の図式化は、物体の歴史のなかの場所における本質的な形態的性格を確立し、比較分析を通して、建築的展開のひとつの段階から次の段階への移行をたどった。フランクルを通して建築史が得たのは、自らの表象の特別な形であり、それはそれぞれの時において図式を見つけ出し、歴史を自分のより抽象的なデザインに結合させようと試みる際に建築家自身によって容易に採用されるものであった[10]。

歴史の「図式化」ともいえるこうしたプロセスでは、芸術と建築が持つ力として現れる抽象化と、美術史におけるより「科学的」な方法の探究の、相互の影響をなぞることが可能であった。近代建築は一九世紀の様式的折衷主義を振り払おうと思っていたが、近代美術史は、一方では知覚、経験、心理的効果を、もう片方では基本的な形態的属性を強調していた分析の反様式的様相を好んでいた。そうした意味で、フランクルの『建築史の基礎概念』は、ヴェルフリンによる『美術史の基礎概念』に対する建築的応答であり、この関係は後のフランクルの本の英訳のタイトル『建築史の原理』で強調されていた。[11]

ルネサンスに関する初期の世代の建築史家の強い関心を得て、モダニズムの最初の歴史が、バロックおよびその近代の時期への延長という新しい領域を研究していた、リーグルやヴェルフリンに続く歴史家たちによって書かれたことは偶然ではない。ヴェルフリンはすでにバロックに対する嫌悪を示しており、近代の時代における空間的流布の最初の徴候だと見なしていた。「とりわけわれわれ自身の時代がイタリアバロックへの愛情を持っていたことを認めざるを得ない。リヒャルト・ヴァグナーは同様の感情に対して魅力的なものであった」[12]。バロックを「形態のない芸術」として排除したヴェルフリンを拒み、ギーディオンは彼の論考「後期バロックとロマン主義古典主義」（一九二二年）――ヒッチコックの『ロマン主義と統合』の要旨を提供するようなものとして、方法論的にリーグルの『末期ローマの美術工芸』によった仕事である――において、ヴェルフリンによって残されたバロックと近代の間の空白を埋め始めた。一九二四年の学位論文（ライプツィヒ大学でヴィルヘルム・ピンダーの元で書かれた）をもととしたライプツィヒ・バロックの詳細な歴史を扱った、一九二八年に出版されたペヴスナーの最初の著作は、明らかにシュマルゾウによるバロックとロココの建築に関する研究に負っていた[13]。マニエリスムとピクチャレスクに関する彼の後の研究は、これらの様式がモダニズムに先んじて形作っていたという自身の信念と直接的に結びついていた。リーグルとドヴォルジャークの生徒であったエミール・カウフマンは、ルドゥーおよびブレーの世代はロース、ル・コルビュジエ、ノイトラといったモダニズムに先んじていたと確信し、一八〇〇年ごろの建築における「革命」であったという彼の考えを形作った。

一九三〇年代に起きたドイツ人とオーストリア人の学者たちの強制的な移住は、イギリスとアメリカの読者をこうした議論に注目させ、それまではほとんど大陸に限定されていた近代運動の歴史的正当性に関する感覚をもたらした。エミール・カウフマンは、短いイギリス滞在の後、一九四〇年からアメリカに永住した。ニコラウス・ペヴスナーは一九三三年からイギリスに住んだ。ルドルフ・ウィットコウアーは、ハンブルグから移って新しく設立されたヴァーブルク研究所に参加するために一九三四年にロンドンに引っ越しをした。彼らやその他の研究者たちは、彼らを迎え入れた各国のアングロサクソンの知的文化にすぐに溶け込み、それまで彼らを否定していた英語圏の読者層を獲得するにつれ、一九四五年以降のモダニストの歴史を完全に再評価するような刺激を与え始めた。フィリップ・ジョンソンと新しく生まれたボストンのアメリカ建築史家協会によって迎えられたエミール・カウフマンは、新古典主義とその起源および今日への反響について一〇年に渡る研究と出版を始めた。ニコラウス・ペヴスナーは、ドイツからイギリスへと彼の時代精神のアプローチを国民文化へと移行し、一九四一年以降は『アーキテクチュラル・レビュー』の編集によって当時の建築文化に対して大きな力を持つようになった。そして、ルドルフ・ウィットコウアーは、一九四六年から『ヴァールブルク・インスティチュート・ジャーナル』にパラーディオに関する研究を発表し始め、戦前CIAMによって支配的であった理論と実践の社会的、形態的アプローチから区別して、モダニズムの原理を再構成することに関心を持っていた建築家たちの若い世代のグループを惹きつけた。

このように近代の歴史が再評価されるなかで、エミール・カウフマンは先駆者であるにもかかわらず賞賛を受けていなかったのである。一九三三年の彼の本『ルドゥーからル・コルビュジエまで』のなかで、ルドゥーとブレーの擬似的な抽象デザインと啓蒙主義の原理を結びつけたことによって、カウフマンはル・コルビュジエの遺産を保持しようと望む人たちにとって魅力的なモダニズムの考えに深みを与えたが、ロンシャンといった戦後の作品による明らかな裏切りという側面において、合理主義の新しい源泉の精査が必要とされた。カウフマンの影響はまず一九四〇年代のはじめにフィリップ・ジョンソンに接触し、新古典主義のニュアンスによってジョンソン自身のミースへの背信を生み出すこととなった。後に、『理性の時代の建築』の没後の出版により、カウフマンはイギリスとイタリアの読者を獲得し、とくにそのなかにはコーリン・ロウとアルド・ロッシがいた。ロウは自らカウフマンの論文を喜んで受け入れ、一九四七年にモダニズムの起源をさらに遠く、マニエリスムの時代へと押し戻そうという彼の師ウィットコウアーに従って、数学的秩序とマニエリストの構成のなかに伝統の継続性を延長した。アラン・コフーンからジェームズ・スターリングまで、ロウの同時代への影響は大きかった。同時に、彼自身の師ペヴスナーを凌ごうとしたレイナー・バンハムは、ペヴスナーの『近代運動の先駆者たち』の続きのように近代建築の最初の学術的評価を提供し、彼が「沈黙の領域」と呼ぶ一九一四年と一九三九年の間を扱った。当初「ニュー・ブルータリズム」による熱狂とともに取り上げられ、ロウによって近代化された新パラーディオ主義が、近代運動がその技術的野望に失敗したという彼の結論ゆえに後に拒否する立場となる、バンハム自身のニュー・ブルータリズムの反近代的考えの基礎として登場したことは、後から振り返れば矛盾であった。

したがって、より距離がおかれ基礎的な研究による方法論的（そしてたいていは文献資料的）土台に基づいて展開されたモダニズムの歴史は、彼らの先駆者によるものよりも、より幅広く、より深いものであった。一方で、モダニズムの歴史がもつある程度明らかにされていた課題は、さまざまな方法で、いまだに同時代の建築活動に向けられていた。カウフマンの啓蒙主義は、ドイツとオーストリアで深刻な社会的反応があった時期における、近代運動に関する更新された明快な道徳の寓話であった。ロウのモダン・マニエリスムは、新しいモダンからポストモダンへの議論を少しずつ移行させる、多様な形態および記号論的経験への扉を開いた。バンハムの技術的楽観主義と彼の「もうひとつの建築の探究」は、ブルータリズム、メタボリズム、新未来派を支持した。そうした意味で、モダニストの歴史家の第一世代の生徒たちは、彼らの師のように改宗されることに捉われていた。ペヴスナーとギーディオンからロウとバンハムまで、熱狂する対象は変わったが、メッセージは変わらなかった。歴史とは、同時に源泉であり、検証であり、そして権威化なのである。

そうしたなかで、歴史をそのように「道具として」利用することを批判したのは、マンフレッド・タフーリであり、建築家、都市計画家として教育を受けていたタフーリは、近代史学の現況を評価することによって、歴史家としての経歴を開始した。一九六八年に出版された彼の論考『建築のテオリア』は、モダニズムのアヴァンギャルドの深遠な「反歴史主義」を確定し、歴史をその実践との共謀から守るような方法で、批評、理論、歴史の領域を区別しようと試みた。[14] 彼の批評はギーディオン、ゼヴィ、バンハムといった歴史家にまさに向けられ、彼らは歴史を建築に意味を与えるための道具のようなものだと見なし、「後期の古代建築のなかにカーンもしくはライトの根拠を見出し、表現主義や現在のマニエリスムのなかに、前歴史的残留物のなかに、有機主義もしくはいくつかの『形態ではない』実験の根拠を見出していたのである」。[15] ここに、近代運動における「ウェスタの巫女」といった態度をとる人びとへの厳格な拒否と、批評そのものの道具の歴史家に関する彼の執着において、彼の知的師であるマックス・ウェーバーが二〇世紀初頭に仮定したのと同じほど完璧に、タフーリは歴史の脱神話化を試みた。だが、構造主義、精神分析、記号論、そしてポスト構造主義によって導かれた分析手法に関する彼の絶え間ない研究は、歴史的参照として力強い魅力を建築家に提供する「理論効果」を生み出し、それは「科学的」権威による折衷主義の落とし穴から明らかに守られていた。

エミール・カウフマン、コーリン・ロウ、レイナー・バンハム、マンフレッド・タフーリ。私は続く各章で、これらモダニズムの歴史家四人が、どのように歴史にアプローチしたのかを検証する。各建築史家を、その知的構成、その歴史的物語によって進展された「モダニズム」の特定の性質、およびそれらのモデルの実践に対する影響といった文脈から見ていく。彼らの生涯や仕事に関する包括的な評論を試みるのではなく、とくに一九四五年から一九七五年の間に焦点を絞ることで、特定の時代と文章に集中することを選んだが、それはこの期間は建築の実践および教育における歴史の役割についての議論がとても深まった時代であったからである。彼らによる他とは異なった歴史は、モダニズムの像をそれぞれが提案する「起源」と深く共謀した形で考えられている。よって、カウフマンによって捉えられたモダニズムは、彼が選んだ後期啓蒙主義のプロジェクトのように純粋で幾何学的な形態と要素による構成を持っている。ロウによるモダニズムは、空間および表層の配置の両方において、マニエリストの両義性と複雑性を見出している。バンハムによるモダニズムは、未来主義者の技術的野望をきっかけとし、だが成功した実現性の付加的要望を伴っている。タフーリは、モダニズムの源泉をブルネレスキとアルベルティそれぞれによって表された技術的実験と文化的懐古趣味の間にある明らかな運命的分断のなかに見出している。それぞれは現代における「モダン」のそのものの異なる形を不可避的に生み出し、往々にして故意にではなく、承認された建築家の選ばれたリストを支持していた。

最後に、より一般的な質問をしよう。二〇世紀後半における建築家による継続した歴史への信頼は一般的に「ポストモダニズム」と呼ばれる明らかに新しい段階として見るべきなのか——もしくは総じてモダニズムはその最初から、一八六〇年代からポ、ス、ト、ヒ、ス、ト、リ、ー、の思考——ポスト・ダーウィン主義生物学の新終末主義に適った均衡と終末の感覚——として知られるようになるもののなかの自身の時空—エントロピーの批評を心に抱いていたのだろうか。

以上より、この探究では、デザインに対して歴史がもつ有害な効果や、デザインと歴史を徹底的に分ける必要性をではなく、それらふたつによる避けがたい共謀を示したいと思う。そうした共謀は、あらゆる近代建築の言説に広がっており、戦後のより興味深いいくつかの建築的実験——ごく少しの例を挙げれば、ジョンソンの〈ガラスの家〉、スターリングの〈州立美術館〉、アーキグラムの〈リヴィング・シティ〉、ロッシの〈類推都市〉、より最近ではコールハースの〈クンストハル〉とアイゼンマンの住宅I-XI——を生み出したのである。

I

新古典モダニズム

――エミール・カウフマン――

私は、モダニズムを哲学者カントによって始められたこの自己―批判的傾向の強化、いや殆ど激化ともいうべきものと同一視している。彼が批判の方法それ自身を批判した最初に人物だったがゆえに、私はカントを最初の真のモダニストだと考えているのである。

――クレメント・グリーンバーグ「モダニズムの絵画」

自律性

建築が、他の芸術とともに、内在的探求や独自の言語の変形に結合されるという概念、すなわち「建築的自律性」の考えは、近代期に周期的に浮上した。「様式」に対する建築の「形態」の性質を分類する方法として、またはより専門化が進む職能の世界における建築家の役割を定義する方法として、自律性の表明は、遅くとも一九世紀の終わりにはモダニズムの中心的主題であった。ハインリヒ・ヴェルフリンから、アロイス・リーグルや彼らの後継者といった美術史家。アドルフ・ロースからル・コルビュジエ、ルートヴィヒ・ミース・ファン・デル・ローエへと続く建築家。ロジャー・フライとエイドリアン・ストークスから、クレメント・グリーンバーグとロザリンド・クラウスへと続く批評家。彼らはみなそれぞれ異なった方法

■**ハインリヒ・ヴェルフリン**（七二頁参照）

■**アロイス・リーグル**
(Alois Riegl, 1858–1905)

―

オーストリアの美術史家。オーストリア美術工芸博物館織物部の主任を経て、ウィーン大学で教鞭をとる。その主著『末期ローマの美術工芸』（一九〇一年）でリーグルは、エジプトから、ギリシャ、ローマへといた

と異なった課題を抱えて、モダニズムの実践における自律性の議論の基礎を築いた。建築では、多くの建築家によるさまざまな方法があるなかで、アルド・ロッシ、ロバート・ヴェンチューリ、ピーター・アイゼンマンが、建築言語の自律性について主張している。

一世紀もしくはそれ以上に渡る、自律性に関する議論に貢献したあらゆる著述家や建築家のなかで、ウィーンの歴史家エミール・カウフマンは後に続くすべての議論において一貫して参照点であり続けた。今からすれば、ヴェルフリンが開発した形態によって建築の年代を特徴づける方法と、リーグルが提案した視線と空間の相互作用を歴史的および文化的に特定することは、建築とその他の芸術においてモダニストによる自律性の考えの基礎を整備したと見ることができるが、これに対してカウフマンは、歴史的建築物の分析をはじめてカントに由来する哲学的見解へとつなげ、「自律的建築」という言葉をつくり、それをカントが提唱した意志の「自律性」という哲学的概念の上に描いたからである。また、自律性とモダニズムという対になる考えを、一九四〇年代のフィリップ・ジョンソンから五〇年代のコーリン・ロウや、五〇年代と六〇年代のアルド・ロッシにいたるまでの世代の建築家と批評家に伝えたのも、カウフマンであった。より近年になると、彼の仕事はアメリカにおける自律性とアヴァンギャルドについての歴史的再評価の中心におかれるようになった。[1]

しかし、モダニズムは一七七〇年代にクロード＝ニコラ・ルドゥーの作品のなかに現れ、ル・コルビュジエで頂点に達したというカウフマンの論文には、タイトルからして物議を醸した『ルドゥーからル・コルビュジエまで』(一九三三年)以降、美術史の観点から多くの中傷者がいた。[2] 以来、このウィーンの歴史家による建築的進展についての視点は、エドゥアルド・

る古代美術を様式の変遷史として眺め、そこに反映されている知覚形式を読み解こうとした。そこで導入されたのが「触覚的／視覚的」という対概念で、エジプトからローマへの展開が、触覚的＝近接視的↓触覚的かつ視覚的＝通常視的↓視覚的＝遠隔視的という三段階の知覚形式の変化によって記述された。そしてこのように展開、変化をもたらし、推進する力を「芸術意志」と名づけた。

■アドルフ・ロース
(Adolf Loos, 1870–1933)

オーストリアの建築家。ル・コルビュジエら当時の前衛的建築家たちの標語ともなった「装飾は犯罪である」を生み出した論文「装飾と犯罪」が有名。しかしこの論文でロースは、装飾を一切排しているわけではなく、労働と金、資材を無駄にする「過剰な装飾」が犯罪なのであり、国民経済に対する犯罪でさえあるとした。実際、表作の一つで、大きなスキャンダルを引き起こしたミヒャエル広場に立つ建築〈ロース・ハウス〉でも、下層部にはギリシャ産大理石でドーリス式円柱がつくられた。ここでは装飾のもつ文化的、歴史的意味合いが重視されている。対して、ロペルシコやマイヤー・シャピロといった同時代人には単純化のしすぎだと退けられ、ハンス・ゼードルマイヤー■のように保守的な歴史家からは退廃したモダニズムの病的な兆候として引用され、ミシェル・ガレからロビン・ミドルトンにいたる研究者からは、歴史的学問によるこじつけだと思われた。[3]「過度の一般化に苦しむ」と酷評され、「極度に追及された…（中略）…潜在的原理についての偏執狂的探究」だと非難され、一九六〇年にヴォルフガング・ヘルマンが従来のルドゥーの年譜の誤りを証明したことにより、デヴィッド・ワトキンいわく「評価が下落し」、カウフマンの成果は今やほとんど忘れ去られた。[4]彼は、いわゆる一九二〇年代のウィーン学派のなかで、過去一〇年ほどの間にその学術的もしくは方法的質を再評価されなかったおそらく唯一の重要なメンバーである。ハンス・ゼードルマイヤーやオットー・ペヒトをはじめ、ギード・カシニッツ・フォン・ワインバーグやフリッツ・ノボトニーさえもが翻訳され、彼らの作品は歴史学的に、また理論的文脈において分析されている。[5]にもかかわらず、近年のクリストファー・ウッドによる重要な入門的研究『ウィーン学派読本』においても、カウフマンは注釈のみの扱いと軽んじられている。[6]

とは言うものの、彼の仕事は常に中傷され続けてきたわけではない。カウフマンは、「新古典主義」という考えを導入することで伝統的な「古典主義」を再定義し、ルドゥーの建築に対する最初の特筆すべき評価を、ゼードルマイヤーとペヒトによるウィーン構造主義の最上の機関誌『構造分析〔strukturanalyse〕』の二号目に発表し、一九二〇年代を通じてフランス一八世紀の建築史についての優れた貢献を果たした。シャピロは、形態的アプローチに対して慎重な社会的批評をしていたものの、ウィーン学派の手法に関する一九三六年の評論では

ースが激烈に批難したのは、過剰な装飾あるいは無意味な装飾の氾濫であり、勃興しつつあった市民階級によって変化をきたしつつあった当時のウィーンの文化状況と無縁ではない。ロースの革新的建築思考のひとつはラウムプランに見られる。これは部屋割を平面ではなく三次元の空間において考えようというこの概念には、空間の無駄遣いを排す実利的思考が根底にあるが、これが新しい空間体験をもたらした。他の代表的建築作品に〈アメリカン・バー〉〈シュタイナー邸〉〈ミュラー邸〉など

■ル・コルビュジエ（七頁参照）

■ルートヴィヒ・ミース・ファン・デル・ローエ（八頁参照）

■クレメント・グリーンバーグ（一〇〇頁参照）

■アルド・ロッシ
(Aldo Rossi, 1931–1997)

—

イタリアの建築家。モダニズムを批判的に継承したネオ・ラショナリズムという建築運動の流れをつくりだした一人で、一九七二年には、その名の由来となった「合理的建築」展

その大部分を、カウフマンによるルドゥーに関する文章に捧げた。また、ヴァルター・ベンヤミン■は未完の『パサージュ論』へのメモ書きのなかで、『ルドゥーからル・コルビュジエまで』——建築史家によるこのフランス人建築家についての初の包括的な研究として——からカウフマンによるルドゥーの生涯と作品についての簡潔ながらも鋭い扱いを、自在に引用していた。[7]

そのうえ、「革命的」なるものは革命以前の王政期のルドゥーに見出しうるというカウフマンの考えに同意するか否かはさておき、カウフマンの発見は数世代にわたる研究者に、革命期の建築に取り組む動機を与えた。彼の論考は、モダニズムの「起源」に関する史料編集の扱い方に異議を唱えており、ニコラウス・ペヴスナー■からジークフリート・ギーディオンまでの歴史家による歴史の構築全体に疑問を仄めかしていた。そして啓蒙主義とモダニズムのアヴァンギャルドの両方に用いられていた、幾何学的形態のもつ抽象性の本質を問うことで、歴史と批評において時代遅れとなっていた前提に挑戦した。こうした一九三〇年代の国家社会主義による文化的イデオロギーに直接的に挑戦する方法によって、形態と政治、建築と社会について重なり合っていた問題を明らかにしたのである。ルドゥー、ブレー■、ルクーの三人組（概して彼が発見した、つまり、発明したと言ってよい三人組）に関する一九五二年の著作『三人の革命的建築家』で登場した「革命的建築家」という呼称は、たびたび誤解をされたものの、一方ではまじめな研究者の関心を引くことに成功した。[8] 彼の死後に出版された『理性の時代の建築』は、少なくとも一〇年の間、一八世紀のヨーロッパ建築への最後の言葉だと見なされた。[9] 最終的に、カウフマンの仕事はこうしたすべての問題を、批判的理論——ブルジ

を第一五回ミラノ・トリエンナーレで企画した。フランスの社会学者、モーリス・アルブヴァクスの「集合的記憶」に関する研究を援用した主著の『都市の建築』は、ヴェンチューリの『建築の多様性と対立性』と同じ一九六六年の出版で、同時代のヨーロッパ建築に大きな影響を与えた。代表作に、〈ガララテーゼ地区の集合住宅〉があり、日本でも〈ホテル・イル・パラッツォ〉などが建てられた。

■イマヌエル・カント
(Immanuel Kant, 1724–1804)

—

ドイツの哲学者。『純粋理性批判』『実践理性批判』とともに三批判書の一角をなす『判断力批判』でカントは美学における近代を開いた。クレメント・グリーンバーグは、著名な論文「モダニズムの絵画」のなかで、カントを批判の方法それ自体を批判した最初の人で、ゆえに最初のモダニストであるとした。三批判書のほかに、国家連合の創設と常備軍の廃止などを提起した平和論の古典『永遠平和のために』なども著している。

ヨワ的自由の基本的前提としての意志の「自律性」に対するカントの主張——を特徴づけ続ける哲学的枠組みのなかに組み込んでいた。歴史的な証明が可能かどうかはさておき、ユベール・ダミッシュがフランス語版『ルドゥーからル・コルビュジエまで』の序文に記したように、カウフマンが規定したルドゥーとカントのつながりは、建築言語の本質と近代社会における領域の場所についての、あらゆる疑問に対して挑戦し続けていた。[10]

こうしたこと以上に、カウフマンの仕事は建築の実践、とくに第二次世界大戦直後のアメリカでの一九二〇年代、三〇年代のモダニズムの受容のされ方に、直接的な影響を与えている。一九四〇年にアメリカへ移住したカウフマンは、フィリップ・ジョンソンに引き立てられ、彼のハーバードの住宅で、新しく結成された建築史家協会の集まりで講義をした。ジョンソン本人によれば、一九四九年の〈ガラスの家〉は、『ルドゥーからル・コルビュジエまで』を読んだことに深く恩恵を被っている。[11] またカウフマンの『理性の時代の建築』の翻訳は、一九七一年以降のイタリアにおける、新合理主義派建築の「自律性」の特徴に関する理論、とりわけカウフマンの本の詳細な書評を書いたアルド・ロッシの理論と設計にも大きな影響を与えていた。[12]

当時は単純すぎると思われた結論を修正した詳細な研究調査や、「三人の革命家」のイメージとのバランスを取るべく他のテーマや建築家を前面に出した研究がある今日読んでも、カウフマンの分析は、知的または形態的側面における「建築的啓蒙」の現象を理解することで、元来持っている力の多くを取り戻している。彼の論文は最低限、建築史の領域の展開における決定的な段階を表すような再検証を担っており、その独自性においてリーグルやパウ

■フィリップ・ジョンソン (Philip Cortelyou Johnson, 1906–2005)

—

アメリカの建築家。ニューヨーク近代美術館で開催された「モダン・アーキテクチャー」展（一九三二年）をヘンリー＝ラッセル・ヒッチコックらと企画、また同展に合わせて刊行された『インターナショナル・スタイル』をヒッチコックとともに執筆し、近代建築の喧伝に大きく寄与した。自らも、ミースと協同で〈シーグラムビル〉を、また単独で〈ガラスの家〉を設計し、近代建築を実践。その後、ポストモダンの時代に移るとヴェンチューリらを支援、自らもポストモダン建築を代表する〈AT&T〉ビルを設計した。さらに、「デコンストラクティヴィスト・アーキテクチャー」展（一九八八年）ではディレクターを務め、ここでも新たな建築動向を喧伝・演出する役割を果たした。

■クロード＝ニコラ・ルドゥー (Claude-Nicolas Ledoux, 1736–1806)

—

フランス革命期の建築家。ブレーとともに「幻視の（ヴィジオネール）建

ル・フランクル、ギーディオンたちのものと同様に重要であり、同時に建築形態に関する今日的考えと政治的かつ社会的意義の先入観に対する挑戦的な疑問を提示していた。

新古典主義と自律性

エミール・カウフマンは、一八九一年三月二八日ウィーンに生まれた。彼はインスブルックにて、著名なカトリック教会の歴史家ルートヴィヒ・フォン・パスター（一八五四〜一九二八年）のもとで学び、それからウィーンでルネサンスの専門家ハンス・ゼンパー、ビザンチン建築に関する歴史家ヨーゼフ・ストゥシュゴフスキー（一八六二〜一九四一年）、さらにフロイトの友人であり、のちにエルンスト・ゴンブリッチの教師となる考古学者エマニュエル・ローウィ（一八五七〜一九三八年）に習った。[13] カウフマンは明らかにローウィの影響から形態の知覚とそれがもたらす典型的イメージとの関係に興味を見出したが、彼はとりわけマックス・ドヴォルジャーク（一八七四〜一九二一年）による指導に引きつけられた。ドヴォルジャークとは親しい友人ともなり、分析的洞察に関する多くのものを彼から得た。ドヴォルジャークはアロイス・リーグルとフランツ・ヴィックホフの生徒であり、バロックの研究者としてよく知られる一方、エル・グレコの作品に言及し、マニエリスムの概念を拡大したことで評価が高まり、歴史建築および同時代の建築にも同様に強い関心を示していた。リーグルの後継者として公共記念碑管理の役職についたドヴォルジャークは、歴史的保存のための指針を作成していたが、彼はモダニズムの支持者でもあり、アドルフ・ロースの友人でもあった——ロースはドヴォルジャークの墓をデザインしたが、それはドヴォルジャークが一九二一年の作品集

築家」とも呼ばれる。ルイ一五世に登用され、代表作の〈アルケ・スナンの製塩工場〉（一七七九年）の設計を手がけた時期は監察官も務めたが、革命時に投獄され、以降、失意の年月を送る。一八〇四年に刊行した『芸術・習俗・法制との関係から考察された建築』では〈アルケ・スナンの製塩工場〉を元に、架空の理想都市を構想した。象徴的表現にこだわり「語る（パルラント）建築」という言葉も生んだルドゥーの建築には、ブレーと同様に幾何学形態への強い嗜好も同時に見られる。

■ハンス・ゼードルマイヤー（Hans Sedlmayr, 1896–1984）

—

オーストリアの美術史家。バロック建築の専門家でボッロミーニの教会建築についての著作も残すが、一九四八年の著書『中心の喪失』が有名。「時代の兆候および象徴としての一九・二〇世紀の造形芸術」という副題をもち、また冒頭にパスカルの「中心を失うことは人間性を失うことである」という言葉を掲げたこの著作は、ルドゥーの建築、ロダンの彫刻、ゴヤの絵画などが示すさまざまな徴候を詳細に分析して、それらに共通して「中心の喪失」

に序言を書いたもうひとりの友人、オスカー・ココシュカによって後日装飾を施された。[14]

カウフマンは一九二〇年にウィーンで博士号を授与され、一七五〇年代から一八二〇年代までの三世代に渡るフランスの建築理論とデザインの「再発見」によって、まったく新しい分野を継続的に構築した。しかし、シャピロが一九五三年に短い死亡記事で書いたように、カウフマンはアカデミックな定職に就くことはかなわず（まぎれもなくウィーンの人びとによる反ユダヤ主義ゆえ）、職歴の初めの長い間は銀行で働くことを余儀なくされた。

一九二〇年に書かれ、一九二四年に『芸術学総目録〔Reportrium für kunstwissenschaft〕』に（ポール・ズッカーによるもうひとつの画期的な建築的研究「建築における時代概念」とともに）掲載された、彼の最初の重要な文章は、一般的に「古典主義」として知られる時代を、その末期にではあるが二分することによって、一八世紀後半の建築に関する研究の基礎的概要を示していた。ジョージ・テイソットの解説によれば、「フランスの古典主義と新古典主義の建築理論」と題名がつけられたカウフマンの論考は、「古典」と「古典主義」（今日「新古典主義」と呼ばれるものであり、独自の形態的表現、もしくは構造をもつと彼が説いた）との違いを確立した。[15] ここで、カウフマンはフランスにおける展開と他の「バロック」が興った国との間にある明白な違いと彼が見なしたものを強調している。一七世紀中ごろの「古典主義」と一七五〇年以降の「新古典主義」の間に、カウフマンは「明快さと真実性」の明らかな継承を見出したが、しかし構成上のはっきりとした違いは、作品に受け継がれた調和の原理から表現の原理、もしくは作品を超えた感覚を引き起こす交信への移行であると思われた。[16]

一九二五年以降、バーデンの街の建築に関する薄い著作を除けば[17]、カウフマンは一八世紀

という近代の病理が見出せるとした。一九三〇年代より教鞭をとるが、第二次大戦後、ナチスとの関係が問題となって一時教職から離れ、カソリック系雑誌の編集に携わっている。

■**ヴァルター・ベンヤミン**（二一七頁参照）

■**ニコラウス・ペヴスナー**（八五頁参照）

■**エティエンヌ=ルイ・ブレー**
(Etienne-Louis Boullée, 1728–1799)

―

フランス革命期の建築家。ルドゥーとともにジャック=フランソワ・ブロンデルの弟子で、ブロンデルの後を継ぎアカデミーの教授を務めた。彼の名を歴史に刻んだのは、〈ニュートン記念堂〉（一七八四年）などの架空のプロジェクト群で、ロココの細分化して創意の断たれた表象システムからの脱出口として、科学、特にニュートンのそれへと傾倒した。「崇高な精神！　遠大で深遠なる天才！　神のような存在」と、ブレがほとんど崇拝とも言える傾倒を示したニュートンに捧げられた記念堂は、直径一三五メートルもの球で、人間

末の建築家、とくに重要としたルドゥーの研究に専心した。彼は、ティーメ・ウンド・ベッカー百科事典のルドゥーの項目と、ドイツ人画家フェルディナンド・ゲオルグ・ヴァルトミューラーに関する論文を寄稿しているが、[18]これら初期の研究には、まだどこにも自律的建築の概念は現われておらず、一九二九年にルドゥーの建築を「反バロック的」な塊りの幾何学的遊戯であると述べたところにわずかに仄めかされているのみである。[19]

カウフマンが、「自律的建築芸術」についてはじめてはっきりと言及したのは、ルドゥーの教会建築に関する、一九三一年の短い論文の中でであった。おそらく一七八五年に設計されたその建物は、ショーの教会のプロジェクトの中心に置かれており、ルドゥーの一八〇四年の著作『芸術・習俗・法則との関係から考察された建築』に掲載されていた。[20]カウフマンは、明らかに応答しているスフロの〈サント・ジュヌヴィエーヴ聖堂〉のデザインと比較することで、ルドゥーの世代とともに現れたと見られる新しい「新古典主義」の特質によってルドゥーの計画を位置づけた。バロックの教会とは異なり、新古典主義の教会は、省略された装飾、明快な分節、機能的な部分の独自性によって、ひとまとまりの幾何学な塊としてまとめ上げられていた。カウフマンにとって、「生き生きとした有機的な性質といった建築的形態の考えにとって代わって、そこには厳密な幾何学という感覚が入り込んでいたのである」[21]。

二年後、カウフマンはこのテーマを一冊の本ほどの長さを持つ論考「建築家ルドゥーの都市」（ウィーン美術史学校の機関誌『芸術知識研究』の第二号に掲載）へと発展させた。[22]のちに彼の二冊目の本となるこの最初の草稿において、カウフマンは「自律的建築の発見について」というサブタイトルをつけ、自律性の考えの基本的位置づけを行った。この詳細な研究は、批評家

をニュートン的な無限空間＝宇宙と向き合わせ、「崇高」を体験させようとするものであった。

たちには耐えがたかったものの、歴史にもとづき、かつ建築実践の複雑さに関する熟考された認識を伴った自律性に関する議論をつくり上げた。
カウフマンにとってルドゥーとは、彼が「バロック」と呼ぶものから「新古典」と特徴づけるものへの移行における過渡期の、きわめて重要な人物であった。カウフマンによればルドゥーは、啓蒙期の建築とその知的、社会的、政治的形態のなかで進んでいる根本的な移行という出来事の適切な表現方法の問題に直面していた。「バロック」から「新古典」への移行とは、それを建築家〔ルドゥー〕の一部として内面化し認識する、有機的かつゆっくりとした過程であった。過渡期の作品のまさにこうした「混在的」特質によって、歴史家〔カウフマン〕はそのことを理解したのであった。したがって、ルドゥーのデザインのほぼ年代順の詳細な分析と、「自律的解決」へと捧げられた長い章の高みによって表わされているいくつかの段階を通じて、カウフマンの議論は少しずつ自律性の「発見」へと向かっていた。
カウフマンはまず、ショーの製塩工場の一七七一年の初期案と一七七四年の最終案との間に見られる劇的な変化を分析した。ルドゥーは、統一感のある四角い中庭を持った当初の案を、いくつかに分節されたパヴィリオン〔独立した建物〕が半円形の周りに並んだものへと変形させたが、カウフマンはそこに「バロック的統一性」から一九世紀のパヴィリオン的体系への移行の徴候を読みとった。[23] プロジェクトを機能的に決められ、形態の表現をもつ単位へと分解することは、カウフマンにとって「分離の原理」の兆しであり、「分離の建築」の出現であり、それは近代における「個人」の意識の登場と並行していた。[24]
ルドゥーはいったんこれらのことを完成させると、ショーの教会のプロジェクトにおいてバロックの「動的」構成から、新古典主義の「静的」構成への移行を最終的に達成したと、カウフマンは提起する。ここでは、扇情的で上向きの動きを持つバロック教会とは対照的に、穏やかな瞑想の感覚が、浅く低いドームとレンガの水平線とによって強調されている。そのうえ、異なる祭壇の明確な表現——それぞれの出入り口を持つ、祭礼と婚礼のための上階と、葬式と追悼会のための聖堂地下室——は、崇高性の効果の伝達のために必要な「距離」感に対応した、カウフマンの「分離の原理」を明快に説明していた。[25]

次にカウフマンは、「語る建築」の概念を紹介するために、「立方体の形状は普遍性の象徴である」と「立方体の形状は正義の象徴である」というルドゥーの宣言を引用しつつ、〈パナレテオン〔美徳の館〕〉と〈パシフェーレ〔調停所〕〉というふたつの象徴的記念碑を分析した。[26] カウフマンはこの「語る建築」という言葉を、一八世紀のその起源からではなく、建築による考えの伝達というルドゥーの試みを風刺した一九世紀中ごろの記事から発見し、一八世紀末の建築家たちの真に社会的な形態言語を発展させたいという野心を説明するのに、この言葉は肯定的でありかつ適切なものであることをすぐに見てとった。[27] もちろんルドゥーが展開しようとしていた「象徴の体系」は、個々の建物の識別可能な塊りへの分離と、それらの読解可能な記号としての形状によっていた。そこではカウフマンにとって、部分を分離し各構造に適切な「特徴」によって分節するというパヴィリオンの体系は、彼が最終的に「素材を自律的に扱う新しい考え」と名づけたものに自然と導かれ、それはルドゥーによる教育の館のデザインを参照するなかで示されていた。[28]

このようにして、ショーの理想都市のランドスケープのなかに配され、「すべてが異なり、すべてが分離している」とルドゥーが述べた、九つの正方形平面を持つ一連の住宅で明示された「自律的解決」へとつながるように、ルドゥーの設計における試みの複合的展開をカウフマンは立証した。[29] そしてこうした分離は、バロックの構成的実践とその「連鎖」の終わりと、「明快さ」に対する啓蒙主義の圧力によって特徴づけられた新しい建築の形態のはじまりを示すと、断言した。[30] それからカウフマンは、カントが発展させた啓蒙主義の普遍的手法を用いて、ルドゥーの建築手法を体系的に比較するための分析的基盤を準備した。「カントがそれまでのすべての道徳哲学を退け、意志の自律性を倫理学の至上の原理と定めたときに、似たような変異が建築にも起きていたのである。ルドゥーのスケッチのなかに、そうしたこれらの新しい目標ははじめて明瞭に現れていた。彼の作品は、自律的建築の誕生を画したのである」。[31]

自律性の理論は、議論を醸したタイトルをもつ薄い本で、カウフマンの二冊目の著作となる『ルドゥーからル・コルビュジエまで』において、存分に展開された。一九三三年に出版されたこの本は、『建築家ルドゥー』の序文に載せられていた議論を要約し発展させたものであった。一九三三年五月ウィーンにて、と日付が付されたまえがきにおいて、カウフマンは彼の手法に関する前提の概略を示し、この本は「単なる専門研究以上のもの、また純然たる伝記とは違ったものを扱う」ことがもくろまれていると、書いている。そのうえ、「芸術の領野において、一八〇〇年代のさまざまな考えの偉大なる運動が担った重要性」を同時に示しつつ、「ルドゥーの作品に対するひとつの解釈を通して、新しい観点の下に現れる建築史の一部が主題になる」としている。[32] この理論上の目的は本の副題にも表われており、もはや「自律的建築の発見」ではなく、今やよりダイナミックな「自律的建築の起源と展開」とされていた。この「発見」から「起源と展開」への置き換えは、自身の「発見」に対するより強い確信とその後の展開に見られる歴史的含意の感覚の両方を表している。

カウフマンは、啓蒙主義と革命期のフランス建築を、すでに定評のあったシンケル■に代表されるドイツ新古典主義の伝統と同様か、もしくはそれ以上であることを当初から明白にしていた。実際、彼の本の書名が直接的に参照しているパウル・クロプファーによる先行研究『パラーディオからシンケルまで』は、イタリア・ルネサンスの伝統を受けたドイツ建築の卓抜さを論じていたが、[33] それとは対照的に、カウフマンはパラーディオ■の遺産を今日に引き継ぐ、フランスとラテンの伝統の役割を強調していた。ルドゥーのパリでの作品は、ラテン系の国々のモダニズムの発展における重要性を確信させた。カントが庇護していた哲学とヘルダーリンに倣った詩とが、ロマン主義的モダニズムの知的、文学的基礎を築いたと見なされていた一方で、フランスとイタリアにおける啓蒙主義の作品は、視覚芸術、とくに建築のなかに深く入り込んでいた。それはバロック的構成方法（カウフマンいわく「他律的」）からの最終的な決別と、そこへの配置に関する近代的形態（「自律的」もしくは「自立的」）の導入によって、成し遂げられたとカウフマンは論じた。そしてひとたびフランス革命によって批准され、歴史的様式の方法による移行の根本的な本質を覆い隠そうとする試みにもかかわらず、自律性はモダニズムの抽象化を啓蒙主義的理性の神格化によって築くべく生きのびたのである。

われわれが、芸術と社会のそれぞれの領域における、近代という時代の創始者たる

■カール・フリードリヒ・シンケル（Karl Friedrich Schinkel, 1781–1841）

ドイツの新古典主義建築の建築家。フリードリッヒ・ジリーのもとで建築を学んだ後、イタリアに留学。イタリアからの帰国後は、画家としてそのキャリアをスタートし、モーツァルトの「魔笛」の舞台デザインなどを手がける。その名声によりプロイセンの宮廷との縁が生まれ、宮廷の建築家となり多くの建築を手がける。また、ベルリンの都市計画も担当する。機能への適合性と経済性を説いたデュランの影響も受けたシンケルは、その抽象性の高い古典主義によって、ミースら二〇世紀の建築家にも影響を与えた。代表作に、〈アルテス・ムゼウム〉〈ノイエ・ヴァッヘ〉〈ベルリン王立劇場〉など。

■アンドレア・パラーディオ（七六頁参照）

国として、イタリアが担う歴史的な役割について充分な知識を有す一方で、対象的に、ひとつの新しい芸術の開拓者としての、そして、ひとつの新しい建築の創造者としてのフランスの役割については無知なままに留まるのである。ゴシックの時代と同様に一八〇〇年頃において、決定的な改革の数々が起こったのは、まさしくフランスの建築家たちからなのであった。読者がこれから読み進んでいかれるこの著作においては、——遥かな目的に対して漠然とした直感を抱くのではなく、明解で完璧な意識を以って——バロックから二〇世紀の建築に到る長い道のりを踏破した第一人者の芸術家、すなわちクロード＝ニコラ・ルドゥーの真価を認識することが何よりも問題なのである。大革命前後の二つの時代の間に位置した彼の作品は、新しい芸術上の目的の数々を最初に告知するものである。それは、新しい世界の顕現の明白な証人である。しかし、ルドゥーの考えや彼の時代の考えの数々がどのようにわれわれに伝えられたのかを、また、その結果、現在に到るまでの一五〇年間というまとまった年月が、建築の活動においてどのように現われ出ているのか、その過程を示すこともまた問題となる。[34]

それゆえ、カウフマンは「革命」期への彼の関心は一七七〇年から一七九〇年のすべてに渡ると表明した。正確な日付（それはルドゥーに関しては、ミシェル・ガレが一九六〇年代に行った正確な文献調査以前には難しいものであった）は、芸術と哲学や、社会と政治の領域における世界的な移行の意義の意味ほどは、重要ではなかった。それは「西洋の社会体系を根こそぎ変化させることになった大革命」の準備がなされていた時期であり、「カントの著作が熟したのは、これらと同じ年代のこと」であった。そして「全体として、深遠なる否認が見られたのであり、今日われわれは、過去を、そして、純然たる意識の断層を、さらには新しい自律性へ向けての断固とした一歩を、決定的なものとして語ることができるのである」。カウフマンは、こうした動向と自身の仕事の相互関係は偶然によるものではなく、カントとルドゥーに共通したルソー■に対する敬意と恩義によってつくり上げられていたと信じていた。「まさに、人権宣言とともに、個人の権利が確立されたときに、そしてまさに、他律的な旧来の道徳学の代わりに、カントが自律的な倫理学を打ち建てたときに、ルドゥーは自律的建築の礎を築くのである」[35]。こうした関係づけは直接的なものであり、カントが『純粋理性批判』によって「幾世紀かけても成就できなかったもの」を達成したのならば、ルドゥーは「われわれが生きている時代が、建築を拘束していた鎖を断ち切った」のであった[36]。カウフマンはルドゥーを研究することによって、三つの決定的な問い、「バロック的古典主義の芸術が放棄」された理由、「大革命と建築の関係」、「新古典主義と一九世紀末期の建築が持つ本質的な意味」への回答が浮かび上がると断定した[37]。

カウフマンにとっての建築的自律性の一般的な概念は、広範囲におよぶ大小さまざまな形態の運動によって表された。第一の、かつ最も根本的なものは、すべての機能を包含し一体とされた階層的な塊りではなく、準機能的な固有性に従った建物の分離であり、というのもそれはバロック的流儀の構成からの最も根本的な移行であったためである。ルドゥーがショーの製塩所においてパヴィリオンの半円形の集まりを選び、当初の四角い中庭の計画を止め

■ジャン＝ジャック・ルソー (Jean-Jacques Rousseau, 1712–1778)
—
スイス生まれの哲学者、政治学者であり、また教育思想家、作家など様々な顔をもつ、一八世紀後半の社会思想を代表する人物。『エミール』をはじめ彼の著書は広く読まれ（カントに強い印象を与えたことも有名）、『社会契約論』（一七六二年）など、人民主権を訴え当時一世を風靡した啓蒙思想は、フランス革命を準備したと言われる。また、彼が唱えた「高貴なる野人」という理想的人物像は、ル・コルビュジエをはじめとするモダニストたちにも影響を与えた。

たという、彼の経歴のはじまりでなされたこの一歩は決定的であった。「第一次案から第二次案への移行は、建築の歴史のもっとも重要な出来事のひとつを反映している。すなわち、バロックの連鎖の崩壊を、である。…（中略）…総体的な歴史上の進展との著しい類似において、連鎖は戸建ての住宅［pavilion］が集まったような構成体系に取って代わられている。そして、この体系は、このときから支配的なものとなる。それはすなわち、自律的単位それぞれの自由な結びつきなのである[38]」。

こうした構成方法の変形に際して、建物の生産とその歴史的分析の両方において有益な力を発揮したのは、合理的平面であった。平面によって「われわれは形態を決定するための根本的理由が発見できる」とカウフマンは記している。これは疑いもなく、カウフマンが、ルドゥーをル・コルビュジエおよび彼の「ジェネレーターとしての平面」とを歴史的に結びつける第一歩となった。これらのパヴィリオンがもつ平面および三次元の形状は、バロックにおける観察者を参照することなく、純粋な幾何学によって築かれていた。幾何学は使用される形態を計画的に統制するものとして作用し、「平面の合理性」が「完全なる支配」を遂行するだけではなく、遠近画法の観察者の個人的経験からは完全に抽象化された、中立的な秩序の体系を提示した。「バロックの建築のすべてがどれほどまでに観察者のことを考えて構想されたかを思い起こすなら」、いまや「建造物の中心は、もはや全体の中心ではなく、…（中略）…あらゆる部分が互いに関連し合うひとつの軌跡にすぎないのである。新しい建築群が一緒に集められるだけであり、もはや互いに親密な連関を以って結びつけられることはないのである[39]」。自律性の精神に従って、新しいパヴィリオン群は完全に自己充足しているのである。古典もしくはバロックの体系とは対照的に、「部分を切り離すことは全体を損なう」というルネサンスの美学を受け継ぎ、パヴィリオンは部分を拒絶し「個々に独立した要素の結びつき」となる。「可能な限り多く取り集められた定式を以って建築上の体系の数々を特徴づけようとするならば、バロックの連鎖を次のような言葉で定義することができよう。すなわち、ひとつの部分が他のすべての部分を支配し、すべての部分がひとつの全体を形づくっている、と。他方戸建て住宅が集まったような体系の深い意味は、部分は全体のまとまりという枠の中で独立したものとなっている、という風に解釈されることができる。こうした二つの体系の間には、ひとつの革命が存在する」[40]。カウフマンは、ルドゥーがバロックの感受性を完全に捨て去ったのではなく、ルドゥーのすべての作品は、さまざまな方法で過渡的な特徴を示していると言っている。実際一七七〇年代（〈モンモラシーの邸館〉、デュ・バリー伯爵夫人のための〈ルーヴシエンヌのパヴィリオン〉）と一七八〇年代（〈テリュソンの邸館〉）といったルドゥーの建物の分析において、「互いに対置される原理がひとりの芸術家の中にあって同時に躍動していた」とカウフマンは強調しているが、ルドゥーの幾何学と厳格な計画への「狂信性」のなかに、この建築家の後のより抽象的なプロジェクトの予兆を見ることができるのである。[41]

ここに、カウフマンは啓蒙主義が要求する「明晰さ」の影響力を見抜いていたが、その明晰さが建築へ適応される際には、中心的で主要なモチーフによらない、塊りそのものの単純な強さによる効果を獲得していた構成に、重ね合わせるように「塊り」を使用することを求めた。ルドゥーは彼の建築を特徴づけるバロック的モチーフ（例えば製塩所におけるさかさまの飾り壺やグロッタ）などをあいかわらず自在に使っていたが、彼の好みは、〈測量技師の家〉（巨大な楕円形のチューブ）、もしくは〈樽職人の作業場〉（ひき締め金具と樽の形をもつ）のデザインに見られるように、建築がそれ自身の定型化された形態によって「語る」ことであった。カウフマンはこの傾向を以下のように述べている。

さまざまな形態そのものを支えようとする実験的試みの数々が、この時代のもっとも驚嘆すべき大胆な率先的行動においては重要なのである。もっとも単純な幾何学的構成体に対する好みが、この時代の精神の重さをはっきりと示している。こうして、ルドゥーの計画案の中には、峻厳な立方体の数々（それは例えばジャルナックの田舎の家や人文の家に見られる）の他に、ピラミッドの形をした樵夫の家や円筒状の田舎の家（今日まで遺されているラ・ヴィレット並木通りの市門やド・ヴィッド氏の家も同様に円筒形であった）、そして、農地管理人の球状の家が見出される。[42]

ルドゥーをモダニズムの開祖だとする議論を組み立てるなかで、カウフマンはこのように述べている。「ルドゥーの時代と似通ったわれわれ自身時代は、同じ種類の試みの数々に専心している。たとえこれらの試みが建築的な視点から出たものではなくとも、それにもかかわらず、これらの試みは新しい形態の飽くことなき探究を如実に示しているのである[43]」。

こうした構成上の革新がすべて寄せ集められていたのは、カウフマンが初期の文章で暗示していたように、ショーの教会というその後の展開のもととなるプロジェクトであった。そこでは、機能的要素の分離による単独の水平で自立した塊りという要求が統合され、同時に新しい種類の新古典的「崇高さ」が解釈されていた。それは、「厳粛な不動性のなかの静かな瞑想」による崇高さであり、個々の自己集中と瞑想による崇高さであって、中世の「非世俗的聖域」やバロックの「精神的高揚」とは相反するものである。また「間隔」の崇高性であり、「間隔の保持」を求める客観性や合理性といった考えを反映するものであった。[44] 教会そのものがもつ精神性を示す啓蒙的形態の全体的効果は、絵画、彫刻、シンボルの導入によってではなく、「建築の自律的手段」によって最終的に獲得されたのであった。[45]

カントからル・コルビュジエへ

意志の自律は、一切の道徳的法則と、これらの法則に相応する義務との唯一の原理である。これに反して意志の一切の他律は、責務にいささかの根拠をも提供しないばかりではなく、むしろ責務の原理と意志の道徳性とに背くものである。

——イマヌエル・カント『実践理性批判』

カウフマンが建築と哲学の間に、究極的にはルドゥーとカントの間に探し求めていた繋がりとは、ルドゥーによるルソーの読解からもたらされ、歴史的位置づけがなされた。ルソーは、ルドゥーの『建築論』の多くの文章のなかで、ときに明白に、ときに暗示的に想起されている。貧民の小屋を描いた図版で例示されているのは、明らかに「原始の人間」の解釈である。シヨーの街の描写を通した、自然な状況への熱狂。「社会契約」についての繰り返しの言及。

そして最終的には、ルドゥーの理論とデザインに見られる「起源への回帰」に対する包括的な執着である。この「自律性」への「回帰」にカウフマンが加わるきっかけとなった文章は、またしても製塩所の第二案のパヴィリオンにおけるそれぞれの機能的分離をルドゥーが正当化するなかにあった。「原理に遡りたまえ。……（中略）……自然に諮りたまえ。到るところで人間は孤立している」[46]。カウフマンはさらに、ルソーの社会思想とルドゥーがデザインした理想的で「自然な」社会組織の類似性を示した。彼にとって、「ギリシャ風記念碑の断片」で仮装した奇妙な男根型の平面を持つ売春宿〈オイケマ〉には、この時代に典型的な「感覚的快楽の自律性」に関する、あらゆるロマン主義的な感性が反響していた。彼はフリードリヒ・シュレーゲルの『ルツィンデ』について、「ひとつの歴史的傾向の重要な証しである。すなわち、感覚的な快楽の自律を根本から要求することの最初の現れであり」、それは「人間性のさまざまな力や本能の独立のための哲学的な一連の要求に属し、道徳的自律というカントの断言とともに開かれた系列に属するもの」と記した作家F・グンドルフの言葉を引用している[47]。ルドゥーが力説していた衛生、身体の鍛練、教育、共同生活と、全体としての新しい理想的な状態の市民性「普遍的市民」に対する彼の包括的な専念は、カウフマンによれば、その背後にルソーがいた。もしルドゥーがグラキュース・バブーフのような後期革命家に連なる平等主義者では決してなくとも、彼は社会の最も貧しいものへ建築を授ける「社会契約」を本気で信じていた。こうした特徴は、その後ハンネス・マイヤーの社会主義に影響を与え、マイヤーは一九四二年に、かつてはエリートが保有していたピラミッドを大衆に与えたのはルドゥーだと賞賛した[48]。

ルドゥーとルソーの結びつきとは異なり、ルドゥーとカントの結びつきはそれほど明らかではない。なぜなら、まず気づくのは、カントが道徳原理の基礎と仮定し、ブルジョワ的自由政治の標語として一九世紀と二〇世紀を通じて取り上げられた「自律性」の問題は、理論においても実践においても建築と関係づけるのは容易ではなかったからである。まず「自己認識」を得るためには「理性が必要」であると『純粋理性批判』で提示されていた自律性の問題は、それ以来ずっと政治的推論につきまとっていた法と自己意志の間の背理を示していた。『純粋理性批判』は、カントが「正義の法廷」と呼ぶものを前提とし、それは理性の求めを確かにし、また「強権の命令によってではなく」、「理性の永久不滅の法則によって」執行されるものである。[49] テオドール・アドルノが解説したように、この奇妙な二重の命令（自分自身に法を課す自由）は、「カントの道徳哲学における至上の概念」を表し、それによって「自由の役割として現れる法に従って作用するか、もしくは逆に自由が自ら法の機能であることを明らかにする」。[50] こうした原理は、建築の役に立つ概念からは遠いものだと思われ、自由と美学における秩序との間にある曖昧なアナロジーにとどまっているようであった。

しかし、一九二〇年代の世代にとって、カントの自律性の原理は、単なる理性のもつ魅力や知識の哲学における、一世紀に渡る主張には収まり切らないものを意味していた。それは、歴史的にも概念的にもブルジョア社会の成立時からある原理であり、アドルノが指摘したように、「理性は何も解決しないという終わりのない不平をいまだ言い始めておらず、自らの理性の効力が物事を達成できることを確信していた、若きブルジョワジーの熱狂」の産物であった。[51] したがって、大戦間の深刻な脅威のもと、自律性の問題はブルジョワ的自由民主主義の問題に接続されると理解されていた。ヘルマン・コーエンが率いるヴァールブルク学派の研究に刺激を受けて、二〇世紀初頭の多くの哲学者——ヴァールブルク研究所で研究していたエルンスト・カッシーラーを含む——は、近代批判哲学の創始者としてのカントの、とくに自律性の哲学へと回帰した。カッシーラーは一九一八年のカントについての知的評伝のなかで、「カントによる美学の基本概念、自律性の概念。自律性は理論的理性と実践的理性の結びつきを意味するが、後者はそうした結びつけの役割を自覚している」と書いている。[52]カッシーラーのふたつの研究『自由と形式』(一九一六年)と『カントの生涯と学説』(一九一八年)——後者は近代におけるはじめての包括的な哲学的伝記であった——は、クラカウアー、アドルノ、ヴァルター・ベンヤミンを含む新しい世代の参照点となり、彼らはカントのことを良くも悪くも、真に「批判的な」理論の発展のために必要な探究の出発点と見なしていた。とりわけアドルノは、カントによる自律性を両刃の剣だとしており、それは今日の思想家たちが、ルソーの社会契約を全体主義的であると暗に見なすようなものであった。アドルノは、科学と技術の推進力のもと、「理性」の要請の含みに関する問いかけは、すでにその「影の側面」を見せ始めており、「彼の哲学の核心」であったカントの自律性は、「ブルジョワ社会のまさに影の秘密」を明快に述べていると信じていた。「この秘密とは、司法の対象の形式的自由は、まさにすべてのものにすべてのものを重ねる依存の根拠、いわば、社会の高圧的性格の根拠であり、それは法と一致するという現実である。それは、理性とは被告人ゆえに裁きに座する必要がある法廷であるという、カントによるとても奇妙な理論の背後に横たわっているものである」。[53]もちろん、ブルジョワ的自律性——およびもし社会的民主主義でないとしてもその理性と自由主義への想定された繋がり——が、法の「自由」から全体主義の「抑圧」にいたる運動によって挑戦を受けた際、大戦間に多くの人文主義者が哲学から美術史にいたる研究において自らの主題を問うべく導いたのは、こうした二分法がもつ背理的本質であった。

ウィーンにいたカウフマンもこうした新カント主義の復興に直面していたが、一九三三年にカントを近代ブルジョワ社会の創始者として取り上げることで、ドイツの理論家たちとはまったく異なる視点をつくり上げた。彼らフランクルト学派の社会学者たちはすでにカント的理想主義の背理と問題に注目しており、カッシーラー本人も一九三二年に発表した論考のなかでルソーとカントを調停する困難と苦闘していたが、[54] カウフマンは、「ルソー／カント」が、ルドゥーとその解釈の双方の知的根拠とするのに十分なほど統合された啓蒙主義を示しているという一般的な主張を好んでいた。この明らかな単純化は、ふたつの見解によって説明することができる。ひとつめは、建築家〔ルドゥー〕は新しい形態を正当化する試みの魅力を幅広い権威に対して容易に伝えることができたものの、体系的思考者でしかなかったことで、彼のための知的基礎を描くことに、カウフマンは関心を抱いていた。こうした際、カウフマンは混乱しているように思われたものの、ルドゥーの起源の取りとめのない幅広さとそれらがデザインへ与えた衝撃を、歴史的に正確に叙述していた。確かに、一九三二年に出版されたカッシーラーの『啓蒙主義の哲学』にも、そのような思考の統合を組み立てようとする目的があった。ふたつめとして、同様に重要なことだが、カウフマン自身の知的課題は、純粋な歴史的解釈を超えるものであった。『ルドゥーからル・コルビュジエまで』というタイトルとカウフマンによるカント的思想の強調に埋め込まれていたものは、オーストリアとドイツで沸き上がっていた文化政策に対する明らかな挑戦であり、自由で、社会的で、民主主義的な理想を再度宣言する基礎となる、法と理性の法則を用いて「団結した」前線による隠された主張であった。

ドイツ国会議事堂放火事件およびヒトラーによる劇的な権力掌握のわずか三ヵ月後、一九三三年五月に出版されたカウフマンの小さな本は、啓蒙主義、共和主義そしてモダニズムの社会民主主義的な価値を主張すべく計画されていたのだろうが、それらの価値は彼らを堕落者、ボルシェヴィキ〔急進派〕として告発したナチスのイデオローグからのみならず、ストゥシュゴフスキーやゼードルマイヤーといった保守的なウィーンの美術史家からも、痛烈な攻撃を受けた。国家社会主義者党〔ナチス〕の党員でありかつ当時忠実な支持者であったゼードルマイヤーは、カウフマンがアメリカに旅立つのを待ってから自身の論文『中心の喪失』を書き進め、カウフマンが進歩と正義を見出した素材から退廃と衰退といった絶望的とも言えるテーマをとり出した。そして一九三三年の話に戻すと、カウフマンの本はダミッシュが指摘したように、フランス革命とモダニズムの連続性を正確に叙述した――行動によってではなくとも――真に知的で勇気ある言動であったが、そのときまさにアルベルト・シュペアーとその共犯者たちはドイツ新古典主義の巨大な復興案に安堵していたのであった。こうした文脈において、ルドゥーは、歴史的主題以上のものであり、歴史的外見を持つユートピア的社会主義といった類いのものではなかったとしても、自由なブルジョワ社会を説明する覆いやメタファーとなっていた。よって、カウフマンの論文の本当の主題は、ロース、グロピウス■、リチャード・ノイトラそしてル・コルビュジエの建築とか、一九〇〇年から一九二〇年の間に発展したモダニズムの建築についてであった。「大革命後の建築の継続的発展は、このようにして、われわれの時代の到来までに確立されたと言える。この時代は、オランダ人ベルラーヘとオーストリア人アドルフ・ロースとともに一九〇〇年頃に開かれ、そのもっとも意識の高い立役者として、若きフランス派の指導者ル・コルビュジエの名を挙げることで適切に指し示されることのできる時代である」[55]とカウフマンは書いた。

　カウフマンが著作のなかでル・コルビュジエについてはじめて言及したのは、「都市」という文章の注釈においてであり、そこではルドゥーによる三つの宣言と『建築をめざして』のテキストの間に見られる類似点が指摘されていた。[56]カウフマンは、主題、敷地そして建物の必要性に起因する「適切な計画だと評価できる感覚」、表面に施された細部の有害な効果、そしてコンパスによるひと筆によって描かれたような形——「作家によって彼らの最良の作品のなかで使われたアルファベットの文字」としての四角や丸——といったルドゥーによる描写を引用している。[57]

　二年後の『ルドゥーからル・コルビュジエまで』では、こうした類推が体系的かつ歴史的根拠のあるものとなるようにくわしく述べられていた。カウフマンは、この本の最後の章で、ルドゥーは、形式主義ではまったくないモダニズムの祖先であると論じていた（「彼は、一〇〇年あとにゼツェッションが行ったのとは違って、形態的な細部にのみ自らの関心を集中させることはなかった」。それどころか「ルドゥーは自らの探究においては、建築そのものの再組織化とより大きな複合体という体系を持った全体を創造することを目論んでいた」[58]）。ルドゥーの後期の作品、とくにフランス革命

■ヴァルター・グロピウス (Walter Adolph Georg Gropius, 1883–1969)

―

ドイツ出身の建築家。ペーター・ベーレンスの事務所を退所し独立後まもなくの〈ファグス靴工場〉（一九一一年）では、レンガを使用しながらもガラスを建築表現の基本にすえた。ガラスのカーテンウォールの採用、壁体から解放された隅部の処理などで、時代を先駆ける。一九一九年には、バウハウスの初代校長に就任。既成の表現手法や先入観を排して素材や基礎造形などの課程を経て最終的に建築教育へといたるバウハウスの理念には、従来の教育システムに対する痛烈な批判が込められていた。校舎がワイマールからデッサウに移ると新校舎をデザイン。カーテンウォールも使用した即物的な表現などにより近代建築を代表する作品のひとつとなる。イギリスを経て一九三七年にアメリカにわたりハーヴァード大学で教鞭をとる。一九四五年にはTACを設立し、若手建築家たちとの共同体制で設計を行った。

の後に砂糖農場家ジャン・バプティスト・ホステンのために設計された一群のタウンハウスの検証において、カウフマンは初めてモダニストとの比較を行っているが、それはル・コルビュジエとではなくグロピウスとであった。ルドゥーの後期の作品について、カウフマンはこう記している。「これらの計画案の芸術的特質の要となるものは、ルドゥーがとりわけ探し求める「量塊の遊動」である。これらの作品の根底に横たわっている形態上の原理は、ヴァルター・グロピウスがバウハウスに関する初めての書物で表明したように、現代というわれわれの時代の主題、すなわち、「反復された空間単位の交互の並置と重ね合わせによって得られるところの、同一の原型から発する変動」に対応しているのである」[59]。カウフマンは、ルドゥー以降の自律的建築の展開を解明するなかで、一九世紀を通した、美学的内容の価値の減衰と、「パヴィリオン方式」の絶え間ない反復による有害な影響に、はっきりと気づいていた。それゆえカウフマンは、ルドゥー独自のシステムをエコール・ポリテクニークのために体系化し、あたかも方眼紙上の点、線、平面のように建築の基本的要素を反復していた、ジャン＝ニコラ＝ルイ・デュランの教育方法と影響を分析し、そのルイ＝アンブロワーズ・デュビュといった建築家への影響を明らかにした。しかし、問題とされているパヴィリオンが一九世紀を通じて趣味や様式の復興による多様で明らかな歴史的「装い」をしていたにもかかわらず、パヴィリオンとその根本的幾何学的／機能的基礎の延命がモダニズムの原理の延命を許したと、カウフマンは主張しようとしたのにすぎないことは明らかである。

都市における自律性の効果についてのカウフマンの評価は、かなり冷淡であり、それは一九世紀末のカミロ・ジッテによる評価と似ていた。彼は、エトワール広場、ミュンヘンのパレ・ロワイヤル、ウィーンの環状道路〔Ringstrasse〕の周りのパヴィリオン的構造物を、それらの建物は孤立したかたまりのような状況をつくっていると酷評した。

独立して建つこれらの建物のそれぞれは、外観を何ら損なうことなく、全く別の場所に移されることができるように思われる。ミュンヒェンの場合のように、それぞれの部分が相前後して実施されようとも、そして相異なる外観を持っていようとも、どうでも良いことなのである。また、ウィーンの場合のように、それぞれの部分が同じ時代に建てられようとも、相互に適切な関わりを持っていようとも、そのようなことはどうでも良いことなのである。ヤヌスのように、前と後を同時に見つめる過ぎ去った世紀の二つの相貌が、議会用のさまざまの建物や市庁舎、大学、劇場が建ち並ぶウィーンの環状道路の一部になお一層はっきりと現われ出ている。完全に他律的な着想に沿って構想された建築物は、豪華さのためにある。この意図においては、建築物のそれぞれが、昔の衣裳を付け、ギリシャやゴシックとしてあるいはルネサンスに出自を持つものとして通る。しかし、こうした多様性の中に、ひとつの新しい特徴が示されているのである。すなわち、全体の効果とは全く関わりのないものが示されているのである。それぞれの建物は完全に独立して建ち続け、どの建物も全体の中に掻き消されることはない。[60]

しかし、再興された様式をまとったリング・シュトラーセの建物群は瀕死の状態にあり、半分は他律的であり半分は自律的な様相を帯びていたものの、自律性の原理は、ベルラーへに続く若い世代のモダニストたちのなかに勝利として生きのびていた。カウフマンは、自身のルドゥー研究を締めくくるにあたって、二〇世紀モダニズムの詳細な分析にまでは進もうとはしなかったが、それはル・コルビュジエとその同世代による「証拠」が、彼の考えを示すには充分であったからである。とてもおもしろいことに、ローマ風やバロックといった過去をモダニズムに継承したスポークスマンとしてカウフマンが選んだのは、ウィーンからカリフォルニアへ移住し、一九二七年に『アメリカはどのように建設されたか』を出版したノイトラであった。カウフマンはノイトラを引用している。

「古代ギリシャ社会の柔軟な形式主義からバロックの曲がりくねったファサードに到るのは、長い道のりであった。しかし、この道のりは非論理的なものではなく、いわば常に同じ領域を横切っているのである。つまり、建築創造に直面したある精神的態度の領域を」。われわれがここで建築における発展を示そうとしてきた際の拠りどころである一般原理は、ノイトラによって、次のような言葉で定義されている。「さまざまな概念の、そして、思考と行動の領野の、分離、並置、厳密な境界付け、これらのものが、この発展が根本的に持つ傾向である」[61]。

とは言うものの、カウフマンが、この小さな本を締めくくったのは、ル・コルビュジエによってである。ドイツではル・コルビュジエという人物は、『建築をめざして』のみならず、『都市建設〔Städtebau〕』と訳された『ユルバニスム』と一九三〇年に出版された『完全作品集 第一巻』によって知られていた。それゆえ、カウフマンはル・コルビュジエの常套句である「直線の抗しがたい魅力」や「偉大な建築にみられる球や角柱、円筒といった基本となる事実」について言及することができた。また、ルドゥーやブレーのピラミッドを連想させる、すでに論争を引き起こしていたピラミッド状の世界博物館を含む、〈ムンダネウム〉の配置と記念碑の計画案と、ルドゥーとの比較を展開させることができた。[62] マルクス主義者カレル・タイゲによる辛らつな批評とは対照的に、ルドゥーからの影響は受けていないものの、彼との直接的な関係を示しているこうしたユートピアがもつ「理想主義」をカウフマンは賞賛した。

ルドゥーの時代とわれわれの時代の間の類似は、形態を主題として浮かび上がるさまざまな局面にのみ限定されるものではない——この点にわれわれの結論のひとつがあることになろう——。この類似は、われわれの時代の場合と同様にルドゥーの時代においても、建築全体にとって決定的と言えるひとつの力を以って、諸々の解決策の力強い原動力としてある大衆という重要で、しかも新しい問題が現われ出るという事実のみに基因するものではない。現実のさまざまな新しい要求とは関係なく、今や、ルドゥーの時代の場合と同様に、ひとつの新しい理想主義が露わになる。ルドゥーの『建築論』においても、ル・コルビュジエのさまざまな著作においても、また、理想の町の計画案においても、世界都市においても事態は同じものと考えられる。結局のところ、今日と全く同様に一八〇〇年以前においても、建築の革新が根づいているのは、道徳と権利の新しい見解の数々に基づいた、この理想主義であるようにわれわれには思われる。[63]

「ル・コルビュジエはルドゥーに劣らず、この新しい精神性を信奉していたがゆえに、また、ル・コルビュジエにおいてもルドゥーにおいても、芸術と生活との間の結びつきが同じように強いがゆえに、これら二人の大建築家をともどもに範として挙げなければならない。両者の作品は諸々の新しい原理の勝利を謳い上げており、両者の活動はこれらの原理への道を切り拓いたのであるから」とカウフマンは結論づけている。[64]

構造分析

カウフマンの分析方法と、彼がゆるやかに関わっていたウィーン学派の方法は、それらの初期の「形式主義」ゆえに批判を受けたが、それはとくに一九三〇年代の左派からであった。マイヤー・シャピロは、ウィーン学派の混乱し矛盾した「形式主義」に対する辛らつな評論に応答して、あまり還元的でない政治的立場から歴史的問題を修正しようとした。[65] シャピロはカウフマンの論考「建築家ルドゥーの街」とのちの『ルドゥーからル・コルビュジエまで』を評価し、カウフマンによるルドゥー救済の功績に理解を示しつつも、建築をその社会的文脈に関連づける形式的アプローチの限界を指摘した。カウフマンは、彼がルドゥーの建築的「自律性」の原理と呼ぶもの——いかなる外在的で強制された芸術的概念からではなく、施工や使用法といった内在的な要求からもたらされる建築的美学の起源——を、「分離して配置され、同様に自由な個々でもあると自ら考えた」、起こりつつあるブルジョア社会の似たような特徴と結びつけようとしていた。[66] シャピロは、じつはカウフマンは、ルドゥーの著述のなかで実際に見られる建築的原理を、社会的原理にうまく結びつけたにすぎないと論じた。「相互に関係しているのは、ブルジョワ的社会の実際の階層構造や状態とではなく、ブルジョワ的イデオロギーとであり、それは社会や経済の歴史の研究よりも引用に依存していた」とシャピロは記している。[67] われわれはカウフマンの自律性の論文を分析したが、カウフマンはシャピロの批判に同意していたと結論づけざるをえない。下部構造と上部構造、社会と文化の間の根本的関係を想定する唯物論的歴史を発展させようとすることからはほど遠く、カウフマンの目的はずっとつつましく、社会的形態に関する考えと建築的形態に関する考えの間の関係を示すことに限定していた。

しかし、カウフマンの方法への攻撃は左派からだけではなく、多くの社会民主主義的論文同様に、右派からも批判の標的にされた。実際カウフマンは敵対者を、ヒトラーの暴動があったベルリンほど遠くないところで見つけることができた。ドヴォルジャークのもうひとりの抜きんでた生徒で『芸術知識研究〔Kunstwissenschftlice Forschungen〕』(カウフマンの出世作が掲載された雑誌)の編集長ハンス・ゼードルマイヤーは、一八〇〇年の建築に関するカウフマンの民主主義的で理想主義的読解に対してはっきりと異を唱えた。ゼードルマイヤーは、ナチスがいまだオーストリアでは違法であった一九三二年という早い時期に入党しており、彼の残りの生涯すべてに渡ってカウフマン、モダニスト、すべての民主社会的理想を支持する人びとに対する熱心な対立者であり続けた。[68]

ウィーン学派のすべての歴史家のなかで、論文の指導教官であったユーリウス・シュロッサーに反意を示し、リーグルの教えを真剣に受け継いだのはゼードルマイヤーその人であった。彼は建築を完全に統合した美術史の手法を概念化し、リーグルの芸術意思の概念を、同時代のパノフスキーが再解釈したように、構造分析もしくは構造的原理の分析と彼が呼ぶものへと展開した。だが、これらは建築家が理解しうる「構造」の原理ではない。ゼードルマイヤーによるボッロミーニのサン・カルロ・アッレ・クアットロ・フォンターネ聖堂についての論文は、この建物の「構造的」原理が、物理的構造そのものにでも、その交差する空間やヴォリュームの「構造的」構成にですらなく、壁面の装飾的扱いのなかにあるとしていた。クリストファー・ウッドが記したように「言いかえれば、構造は明らかに周辺的もしくは意味のない特徴のなかに現れることがある」[69]。ゼードルマイヤーはここでゲシュタルト理論による「形作られたヴィジョン」の概念を導入したが、それは彼の言葉によれば見かけの背後にあるものを見て、通常の機能や様式などの特徴では明らかではない形や構成の原理を見つける、客観的で合理的な方法を形作るものであった。

彼より前にも、ウッドとマイヤー・シャピロはこの「合理主義」の「見かけだけの」性質を指摘しており、その直感主義で暗黙の民族主義がもつ隠された意味を批判していた。カウフマンが形態の移行を正しく分析していたとき、ゼードルマイヤーはその兆候を完全に誤診していた。カウフマンが革命と近代建築のなかに再生を見ていたとき、ゼードルマイヤーは衰退と減退を見ていた。カウフマンが社会と建築の中に増加する健全さを見るところに、ゼードルマイヤーは退廃と死を見た。だが建築は、フランス革命により誘発された「巨大な内なる大惨事」の兆候であり、ゼードルマイヤーにとって一八〇〇年の最も特徴的なモチーフである「球」から想像される安定性と「中心の喪失」であり、伝統的な建築を文字通り根なし草にする、あらゆる不安定化を含んでいた。カウフマンにとっての英雄は、ゼードルマイヤーには悪魔であった。彼はゴヤをこのように観察している。「ゴヤの芸術を調べるたびに強まってくる印象は、かれが――哲学におけるカント、建築におけるルドゥーのように――新しい時代を描き出す偉大な「あらゆるものを粉砕する人」の一人だということである」[70]。ゼードルマイヤーは、モダニズムの悪魔に対する戦いの同盟者との思いから、同時代の出来事である博物館の後ろにひそむ衝動を「死に向けられた側面」と述べたエルンスト・ユンガーに賛成し引用をしている。

より具体的には、「真実から誤りを切り離し、天性の感受性という無意識の領域に注意を集中し、目の前に剥き出しの時代精神が入れられた「所有」、といったことを可能にする」と彼が主張する――病理学者や心理学者には一般的である――「批判的形式の方法」と呼ぶものを説きながら、ゼードルマイヤーはルドゥーの建築のなかに、そうした明らかに奇怪でありしかし近代の時代の愚かさを描いてする根本的に徴候的な形態を見出した。カウフマンが勇敢な革新であり、と見なした、〈農地管理人のための球状の家〉は、モダニストによる抽象化の先駆けであった。だが、ゼードルマイヤーによれば、

このような、はなはだしく新しい「形式」とは、たとえば球体を建築体の基本形式として採用しようとする考えである。このような考えは、多くの人々には単なる冗

談とか気違いじみたこととしか見えず、またいくぶん好意をもった人には恐らく「形の実験」と見えることだろう。そうした考えは——家に応用されたなら——実際気違いじみたものだろう。もしそれだけのことだったら、球体建築などかかわり合う必要もないだろう。しかし不合理な考えが必ずしも無意味なものとは限らない。このような特殊な形式の中のひとつの形式の中のひとつの時代の創造を決める特質が現れている。建築体としての球体もまた「批判的形式」であり、時代の底深くにかくれていたものをあらわにするものである。[71]

ゼードルマイヤーは、こうした非建築的形態は抽象化による破滅的な兆候だとみなし、それは、ル・コルビュジエによって、きわめてばかげた反建築的な結末にたどりついたとした。自律性が鍵であるという点ではカウフマンに同意しつつも（ルドゥーのもとの建築はそれ自身の本質に意識的であったことを暗示し、その同じアイデアがロースとル・コルビュジエをいきいきとさせた）、ゼードルマイヤーはポワッシーの〈ヴィラ・サヴォワ〉——ギーディオンにとって、またおそらくはカウフマンにとっても、コルビュジエ的モダニズムの記念碑——を「ちょうど着陸した宇宙船」[72]と中傷した。ル・コルビュジエが描く絵画には、「透明なものが空間に浮かんでいる」[73]と、嫌悪感とともに意見を述べている。

ゼードルマイヤーはここで、この幾何学的建築の「自律的」な性質にはっきりと異議を唱え、建築が大地から浮き上がり透明になろうとし、したがってもはや技術的基礎を保持せず、彼が「ペーパー・アーキテクチュア」と呼ぶ有害な効果に向けて危険なまでに開かれていることにはっきりと反発している。ゼードルマイヤーが、ブレーやルドゥーの建築の夢、不幸なヴィジョン、「陰の価値」などについての、批判的描写の一つひとつすべての学術的出典としてカウフマンを使っているのは、偶然の一致ではない。実際、カウフマンが自身のあらゆる研究の源泉だと認めており、後書きにおいて本人も認めているとおりである。「この仕事の最初のきっかけはルドゥーに関するエミール・カウフマンの諸研究からよびおこされたのであるが、私がこれらの研究を知ったのは一九三〇年のことであった。これらの研究によって私の頭にひらめいたことは、カウフマンが現代の認識という点において最高の発見をなしとげたこと、と同時にまたかれが自分の認識の真の意味を十分に自覚していなかったこと、及びかれによってこんなに明白に観取された諸現象がこれまで正しく評価されたことがなかったことである」[74]。ただし、こうした認識にもかかわらず、ゼードルマイヤーがこの「思想を一九三四年の講義で行い、発表はしなかったものの一九三七年に文章にし、最終的に一九四一年にまとめ、一九四一年と一九四四年に大学での講義を行い、発展させてきた」という説明の物語を妨げることはなかった。

　偏執病は、ゼードルマイヤーとカウフマンに共通する病のようである。ゼードルマイヤーは、カウフマンのルドゥー研究に対する彼が行った公式化が、信頼すべきものとして受け入れられなかったことに機嫌を損ね、恨みを感じながら、中心の喪失に関する研究を締めくくった。「中心の喪失を主張するものは、その主張の結果を身をもって感じることを、はじめから覚悟している。かれは新しいものを、これに慣れていないからというだけで斥ける人びとの反対にあうと同様に、新しいものは「現代的」で「モダン」で、だから面白いというだけでその提灯もちをする人びとの反対にもあう」[75]。一方でカウフマンの『理性の時代の建築』の注釈も同様に辛らつである。

ハンス・ゼードルマイヤー『中心の喪失』(ザルツブルグ、一九四八年)九八頁。以前私自身革命期のデザインの並々ならぬ意義を指摘し、それをその時代の兆候と解釈したが(『ルドゥーからル・コルビュジエまで』ほか)、ゼードルマイヤーがKritische Formenとよぶものを過小評価することは決してない。しかし多くの独自のそして「普通の」発明は、すべての熱狂を伴った複雑な時代が建築の真の再生をもたらすのに十分なほど正しいことを明らかにした。ゼードルマイヤーは本のエピローグにおいて、私のルドゥーの再発見が、われわれの時代の形態的力についての彼の研究の端緒となったことを指摘している。私の解釈に完全に賛成はしていないものの、彼は私の考えと観察のほとんどを採用し、特に配置の新しい脱中心化、中心の喪失!についてである。古い美学的規範の廃止、装飾に対する敵意の増加、家具の新しい「可動性」、構造と環境の改められた関係、建築における等価の考え、初等幾何学の勝利、グラフィックデザイン、特にシルエットの流行と並行する現象、バロックの人間中心主義の終焉と物事への新しい態度、新たに現れる建築の役割、広がりに関する新しい感覚、相応しい素材が見つかるずっと以前の新しい形態の表現、一八〇〇年以降の展開の継続、一九世紀における敵対する傾向との戦い。[76]

その数年前、マルセル・ラヴァルとJ－Ch・モルウが書いた『クロード＝ニコラ・ルドゥー』(パリ、一九四五年)の書評において、カウフマンはかなりいら立ちを見せており、長い注釈のなかで「深刻な盗用の疑惑」の要点を述べていた。[77] 一方で、彼女はウィーン学派によってもたらされた先例に従いつつ、ルクーとブレーについて書いていた、ヘレン・ロズナウに対してはとても寛容であった。[78]

概して美術史家たちは、カウフマンとゼードルマイヤーとの間でなされた議論を、革命期の建築の再評価の出発点であり、同時にごく最近になってあまり形式的ではなくより歴史的に公平な研究によって一掃された、多くの神話の起源と見なしていた。だが、それは一九三〇年代後半および一九四〇年代においては、彼らの議論の重要性は、きわめて政治的なものであった。「在野の研究者」であり、旅まわりのわずかな助成に頼ることを強いられていた亡命者カウフマンに対して、戦争の間ナチスの協力者であり党員であったゼードルマイヤーは、敵対する態度を取っていた。一九四九年にゼードルマイヤーが再度教職を許された際、彼の立場は政治的なものから宗教的なものへと明らかに転換していた。しかしこの変わり身は、ダルムシュタット・ゼツエッションでの彼のスピーチ「モダンアートの危険について」に対する、「ハイル・ヒットラー」という叫び声と、観客からのブーイングを伴った嵐のような反響を妨げはしなかった。しかし、記者の記憶によれば、「ダダイストの画家ヴィリー・バウマイスターによる演説のときのただ一回だけ、ゼードルマイヤーの立場は厳しいものへと変わった」。バウマイスターは、ナチスから彼が受けた迫害を、ゼードルマイヤーの「協力に関する疑惑の記録」と比べたのである。[79]

この文脈において、記号論者とその後継者が語っていた「建築の意味性」、すなわち建築は伝達の体系だという考えと、建築がある特定の場でどのような意味をもつのかという問いの間に、ダミッシュが根本的な区別を設けたのは重要であった。こうした区別に従うと、古典主義は「主題の固有の質とその表現のもつ意味」を制限する「調和」を求め、新古典主義は形態が「考えを支持し、印象を伝え、感情を引き起こす以外の機能」を持たない、とカウフマンが一九二四年に書いたとき、彼はこれらふたつの建築様式がその独自の社会や文化のもとに目的を果たしたと伝えたいわけではおそらくなく、その理論と理想による目的の達成の熱望を論じていたのである。同じように、彼がカントやルソーと同じような息遣いでルドゥーについて話す際、彼はカント流のものがルドゥーの建築に内在していると主張するのではなく——もしくは、確かにルドゥーがカントを読んだとかカント流の建築家をめざしたということではなく——、より単純にこれら異なる領域において、ルドゥーによる分離され独立した幾何学的形態の使い方と、いわば、カントの独立した批判的判断の原則への要求と、ルソーの「自然人」の原理への回帰との間には、相同性があるということである。私は、「より単純に」と言ったが、しかし実際にはこのような関係は、自然のままの並置によって偽られる解釈的構造に複雑性をもたらし、それは当時のマルクス主義美術史家による同じように自然のままの「社会的／経済的／形態的」仮定以上のものであった。

　確かに、建築に対応するリーグルの芸術意思からもたらされた解釈的計画を築くという試みによって、カウフマンは還元的体系構築者という役割を与えられていた。にもかかわらず、「建築的体系」に対する彼の考えでは、分析のためのはるかに正確な道具を提供していた。

彼の定義によれば、「様式の問題や特定の特徴の描写に対してそれほど注意が向けられたわけではなく、一般的形態への研究に対してですらない。そうではなくて構成上のいくつかの部分の相互関係の上に、とくにいくつかの構成要素と建築物の構成全体との関係性にである[80]」。ここに私たちは一般的な「形への意思」を超え、ゼードルマイヤーの静的な「構造分析」すらを超えて、音楽や文学や絵画に見られる似たような種類のものだけではなく、この場合では建築家自身のデザインの成果品にすらも接近する柔軟なモデルへと移行したのである。このような分析によって、カウフマンは異なる時代の建築的体系を区別することができた。「一八世後半と一九世紀の建築は、古典やバロックの芸術と多くの共通点を持つ。しかしこうした共通の特徴は、表面のみに関わっている。古典的特徴の継続的使用は、フランス革命以前と以降のそれぞれの時代のある表面的な相似性を生み出す。『建築的体系』という概念に基づく分析によってのみ、建築的構成の流行がいかに根本的な移行を果たしたのかを評価できるのである[81]」。この分析において、建築的自律性の考えは、体系的構造として切り離せるかもしれない。ラヴァルとモルゥのルドゥーについての本の論評で、カウフマンは「自律性」は分離を意味しないと説明している。「私が提示しようと試みたのは、単体の建造物のなかと建物群のなかの両方における、部分の伝統的一体化から要素の近代的分離への、もしくは建築的自律性の体系への、建築家の移行である[82]」。

　こうした構造の比較と組み合わせは、思想や社会的生活における同様な構造とひとたび同一視されると、完全に自在になり、常に移行し続けるようになる。

形態と体系の関係において、それぞれの事物は部分の配置と相互関係に関する自身の基本的な考えを確立する。古い形態は新しい配置の体系に完全に一致するまで変形を続けるか、もしくは、新しい建設手段によってもたらされた新しい形態は、新しい体系と一致した際に採用される。もしくは、自然な形態は全般的に配置における変更された理想との調和のなかで再解釈される。よって、新しい形態の追求は、新しい体系への要求に対する必然的な結果なのである。形態そのものは二次的な要素であって、体系がまず第一に考慮すべきものなのである。[83]

こうした方法は、例えばカッシーラーやパノフスキーといった他の分野における言語学や象徴関係の体系を特定しようという、同時代の似たような試みと似ていながらも、より心理学的で目的論的なゼードルマイヤーの「構造分析」と対比すれば、「構造主義者」ほどは構造的でないと述べることができるであろう。

しかし、形式的方法への完全な依存ゆえに、カウフマンは自身の「構造主義」を歴史的物語のなかに位置づけていた。彼による歴史は、シャピロのような望まれた社会的、経済的要求を欠いてはいたが、当時としては知的発達に十分厳格に基づいていた。実際、われわれが彼の「建築的体系」を、知的発達、言い換えれば建築家の思考のプロセスの宣言と等しいと見なすことを、カウフマンが意図していたことは明らかである。これは、特定の時代における「建物の形而上学的背景を発見する」ために「建築的展開の外観の背後にあるものを凝視する」ことについて語る際に、彼が意図していたことである。[84] 特定の時代というこの概念は、歴史の特異性に関するカウフマンの視点にとって根本的なものである。ニルス・G・ウォーリンによるルイ＝ジャン・デプレの作品研究についての評論のなかで記したように、「それぞれの出来事は、扱い方に関する特定の分類を必要とする」。新しい素材は、「他の時代の成果から、固有のものとして派生した」分類のなかで解釈されるのではなく、「新しい方法に適合するいくつかの新しいアプローチ」に従うべきものである。結論としては、「すべてを包含する分類という考えは、キメラ〔怪物〕である。もちろん、より悪いことは、異なる時代の成果の上に形作られる分類の不適切な応用である」[85]。

カウフマンは、美術史的方法の分類上および経験上の限界を、はっきりと自覚していた。一九四六年の亡命中に書いた文章のなかで記している。

われわれは、事実のデータを収集し記録することが美術史に固有の目的だと見なしがちな時代に住んでいる。確かに、そのような活動はやむを得ないだろう。しかし、おそらく一世紀に渡って、その苦労した分野で多くの先駆者が見つけたものにほんの細部を加えた後で、カードファイルを本に移行させることには大した独自性を必要としないという事実を見落とすべきではない。伝記作家のうち、いまだ地図のない範囲に乗り出す者、忘れられていた芸術家を見つける者、人となりや時代の新しい像を提供する者、そうした人びとを高く評価すべきである。そうした伝記作家は、単にまとめるだけの人よりも評価やコメントにおいて間違いを犯しがちである。後者は、絶対に正しい貢献をしているのではあるが。美術史は、現象よりも付帯現象を軽んずべきではない。芸術的製作物の意味を把握しようと格闘する伝記作家は、間違いを起こしたときですら、原理のための刺激と進化の源となる。言わずもがなだが、こうした発言は少数の歴史家たちによりよく適応されるのである。彼らは優れたヴィジョンに恵まれ、すべての事項を再発見または解釈し、例えば一九〇〇年頃バロックの研究を始めた研究者やそれよりしばらくしてマニエリスムに光をあてた者たちである。解釈可能な歴史のみが建設的な歴史なのである。[86]

このいくぶん自叙伝的な正当化には、自身の「カルフォルニア」を探し求める生活に困った学者という、孤独な探究者の哀愁のみならず、形づくられた成果のうえに自らの未来を創作する勇気を得て、学者の役割を自覚したことも感じることができる。

一九四二年以降ほとんど無一文であったカウフマンは、フルブライト協会とアメリカ哲学協会からの助成金で何とか生活をしていた。エイヴリー図書館や他の数多くの蔵書のなかで、啓蒙主義やルネサンスの建築に関する広範な研究のためのより広がりをもった資料を見つけ出した。そのなかには、スフォルツィンダの理想都市について描写しているフィラレーテによる一五世紀のテキストの未完の翻訳が含まれ、そのテキストはルドゥーのショーの真の前例であるとカウフマンは考えていた。一九五三年、カウフマンはロサンゼルスへの二度目の旅行中に、ワイオミングのシャイアンで亡くなった。死後に出版された本のなかでカウフマンが述べていることは、彼の謙虚な性格を表している。「一八〇〇年頃の建築的移行がいかに起きたのかという重要な問題を、私は解けたとは思っていない[87]」。

カウフマンからジョンソンとロッシへ

立方体、私のガラスの家の「完璧な」形と優劣を設けた塊の部分ではなく二つの完璧な形状への機能的なユニットの分離は、一八世紀の近代建築の父ルドゥーから直接来ている（エミール・カウフマンの卓越した研究『ルドゥーからル・コルビュジエまで』を見よ）。立方体、球、純粋に数学的形態は、バロックからの知的革命のすばらしき命であり、われわれはその後継者なのである。

——フィリップ・ジョンソン『コネティカット、ニューケイナンの住宅』

振り返ってみると、建築の自律性が、勃興しつつあったブルジョワジー的（近代的）個人の「自律性」と類似するというカウフマンの考えが、高級ブルジョワである建築家フィリップ・ジョンソンの枠組みに強く訴えかけたことは、偶然でもまったくの皮肉でもなかったようだ[88]。一九四〇年、カウフマンはオーストリアから逃げ出しアメリカへと向かった。一九四二年の夏、彼は新しく設立されたアメリカ建築史家協会のためにフィリップ・ジョンソンのケンブリッジの家で研究を紹介するように頼まれた。ジョンソンはヘンリー＝ラッセル・ヒッチコック▪と一緒にドイツを訪問しており、一八世紀の新古典主義建築への関心を膨らませていた。このとき発表したテキストは、カウフマンの最初の英語の文章となり、翌年新しい『アメリカ建築史家協会ジャーナル』に掲載された[89]。

アメリカの聴衆にはじめてルドゥーとその始原的モダニズムを紹介すべく用意されたその

▪ヘンリー＝ラッセル・ヒッチコック (Henry-Russell Hitchcock, 1903–1987)
—
アメリカの建築史家。一九三二年にニューヨーク近代美術館で開催され発表では、一八世紀後半に「哲学、文学、社会生活および経済」で起きた根本的な変化と「多くの二〇世紀の特徴が明らかにされた」[90]建物の繋がりとから話は始められた。カウフマンはルドゥーの〈パナレテオン〉とル・コルビュジエの〈ムンダネウム〉を比較し、河川監視人の家を「人間の洪水に関する精通が、ある今日の表現主義者が水力発電所のために工夫したと容易に想像できそうな、いきいきと表現された、人間の洪水を制御する技量」の表象であると述べ、農地管理人の球体の家を、「ニューヨークの万国博覧会の目玉となるべくごく最近再現された」模範であると主張した。まとめると、この「初期キュビズム」は、「語る建築」としてルドゥーによって創造されたものであり、その過去の源泉よりも未来に向かっているものである。「先駆者との比較や類推によって作品を説明することも大事だが、より重要なのはどこから来たかではなく、どこへ導くかである」[91]。

国家社会主義者に賞賛され、それからジョンソンに共感されたシンケルの新古典主義と、ル・コルビュジエやミースのモダニズムとの間の適切な繋がりを、カウフマンは、ジョンソンのドイツの歴史と理論との個人的な出会いに基づいて、提供した。ジョンソンはカウフマンの一九三三年の著『ルドゥーからル・コルビュジエまで』を読み、カウフマンによるルドゥーとル・コルビュジエの形態的繋がりを、彼自身の好みであるシンケルとミースとにおいても、一致させることができた。「シンケルからミースまで」は、「ルドゥーからル・コルビュジエまで」から自然な帰結であり、シンケル、ルドゥー、ル・コルビュジエ、ミースからジョンソンへという展開を暗示するものであった。

一九五〇年に『アーキテクチュラル・レヴュー』■にてコネティカット州ニューケイナンに

た「モダン・アーキテクチャー」展をフィリップ・ジョンソンらと企画、また同展に合わせて刊行された『インターナショナル・スタイル』をジョンソンとともに執筆した。インターナショナル・スタイルとは、「ヴォリュームとしての建築」「規則性」「装飾付加の忌避」という三つの原理を軸に、近代建築における過去一〇年ほどの新傾向を称したもので、イデオロギーなどの社会・政治的側面は捨象され、美学面のみに焦点が当てられた。ヒッチコックには数多くの著作があるが、『一九世紀と二〇世紀の建築』(一九五八年)は六〇年代から八〇年代にかけて広く読まれた。

■『アーキテクチュラル・レヴュー』
(九一頁参照)

建つ彼の〈ガラスの家〉について書いた際、ジョンソンは、ルドゥーの幾何学的形態と自身の立方体のデザインを結びつけるためにカウフマンの本を具体的に引用した。実際、この文章は八つの簡単な段階において、カウフマン、ル・コルビュジエ、ミース・ファン・デル・ローエの大胆なコラージュを提供しており、ジョンソンのデザインに正当性と権威をもたらした。まずは、彼自身の住宅へのアプローチを説明するためにル・コルビュジエの一九三三年の農村の計画を説明した。「二つの家の間の歩道のパターンはル・コルビュジエによるクモの巣のような形を真似したものだが、建物の軸線などを使わずに慎重に通路を走らせたのであった[92]」。

次に、ミースによるイリノイ工科大学のための計画が、ニューケイナンのふたつのパヴィリオンの形体上の配置法の先例として引用された。そのすぐ後には、テオ・ファン・ドゥースブルフの絵画（ジョンソンの「非対称形でずれた長方形」の原型である）や、オーギュスト・ショワジーによるアテネのアクロポリスの平面と透視図（すでにコルビュジエの『建築をめざして』のなかで、直線ではないダイナミックな力を説明するために引用されていた）、シンケルによるグリーニケのカジノ、そしてミースのガラスの家の考えの前奏曲として、カウフマンにとても愛されれゼードルマイヤーに嫌われたルドゥーによる〈農地管理人の球体の家〉が続いていた。それから、ジョンソンはカジミール・マレーヴィチやシュプレマティストの絵画も、長方形のなかに丸がある〈ガラスの家〉の平面を予告しているものとし、最終的にミースに戻り、ジョンソンの新しい建物の八つの要点を〈ファンズワース邸〉（一九四七〜五〇年）を用いて締めくくった。

〈ガラスの家〉は明らかに箱状であり、そのユニヴァーサルではない反水平的な空間は、

「ミースへの裏切り」であるとたびたび批判されたが、もちろんパラドックスは、ジョンソンがカウフマンの自律性の原則にほとんど文字通りに従っていたことである。ドイツの新古典主義とシンケルへの愛情を明らかにし、しかしそれらをフランスと自由で理想化された古典主義のモダニズムへの知的回り道によって装い、事実ジョンソンは透明な「ルドゥー」の箱を生み出すことで、カウフマンの論文をル・コルビュジエの水平に解放されたドミノのダイアグラムよりもより力強く「証明」したのであった。これは、多くのいわゆる後期モダニストの宿命でもあり、すなわち自ら歴史を作ることなく、すでに書かれた歴史を権威としていた。確かに、カウフマンの世代の歴史家が説明していた進歩的運動に対抗して、逆の方向に歴史を書きなおすことは、「ポストモダニズム」の主な主題であったし、一九六〇年代以降の「新歴史主義」とペヴスナーが呼んだものでもある。ここで、カウフマンが説明した「カント的」建築の自律性は、様式的回顧主義の正当化と過去から引かれたモチーフの明示という終わりない遊戯へと、矮小化されていた。

ジョンソンが〈ガラスの家〉を完成させた三〇年後、建築家アルド・ロッシもまた、カウフマンによる啓蒙主義建築の分析から派生した考えに取り組んでいた。彼は自律性を、美学的、社会的、政治的権威付けが増加し、まん延する領域から建築を守る手段だと見なしていた。そしてその言葉は、歴史的都市の堆積した構造の構成要素である、建築的タイポロジーと形態の内なる構造に言及していると理解していた。

ロッシは、自律的建築の考えと合理的建築の考えを結びつけた。そして、一九七三年にミラノ・トリエンナーレの国際部門を企画した際、ロッシは、タフーリいわく「言語の自律性」

を信奉する建築家たちの独自性を模索し、「合理的建築」の旗のもとに彼らを集めた。このトリエンナーレでは、アルド・ロッシからベルナール・ユエや、レオン・クリエにいたる多くのイタリアとフランスの設計者たちの信奉のもとに、「合理主義」の建築が明らかにされた。建築というのはある意味では自身の領域に基づき、その「言語」は過去の建築からもたらされ、都市におけるその形態と役割は、社会的、政治的関係としての歴史的都市構造の成果である。それは一九六〇年代の政治的風潮のなかでは、社会が空間とシェルターを生み出すと考えられていたのに対し、一九七〇年代には、恐らく明らかな建築の喪失への反動として、建築は自らの決定論を主張したのであった。ロッシが書いた『都市の建築』に刺激を受け、都市分析における一種の構造主義と建築分析における記号論とが、ロシア・フォルマリズムの復興、いわゆるデカルト派言語学、そして文学研究におけるデコンストラクションに並行して沸き起こった。テキストの「自律性」と建物の自律性は、社会政治的決定主義の拒絶、都市開発計画の気まぐれ、そして一九六〇年にペヴスナーがすでに「歴史主義の復興」と名づけていたものなどの、補足的な側面であると見なされていた。

だが、一九五〇年代後半以降の彼の論評や批評的文章で明示されたように、ロッシにとって自律性とは、折衷主義により起源の感覚が失われた時代において、そしてより重要なことに、戦後すぐのファシスト以降の政治的闘争が修正を求めるなかで、啓蒙主義とそれに続く近代運動の純粋な遺産を表すものでもあった。この文脈において、後期啓蒙主義建築がもつ幾何学的形態に対するロッシの熱狂は、単なるモダニストによるミニマリズムの源泉を取り戻す試み以上のものであった。それは、カウフマンを読解することに基づいていたが、『ルドゥーからル・コルビュジエまで』だけではなく、戦後の『三人の革命的建築家——ブレ、ルドゥー、ルクー』（一九五三年）、さらにはカウフマンの死後刊行された『理性の時代の建築——イギリス、イタリア、フランスにおけるバロックおよびバロック以降』（一九五五年）にもよっていた。ロッシは『カサベラ』誌上でこれらの本を論評し、一九三〇年代に書かれた初期の論考に注目して、それらのなかに自身の「新」合理主義のプログラム的源泉を見出し、ルドゥーとブレー（ロッシはブレーの『建築芸術論』をイタリア語に翻訳し紹介した）をル・コルビュジエだけではなく、彼自身のモダニズムの英雄アドルフ・ロースとも結びつけた。ロッシによる初期の批判的文章には、カウフマンの方法による啓蒙主義理論に対する彼が検証した十分な証拠が含まれており、それらは特定のイタリアの事例（ミリツィアからアントネッリ）と近代の類似性（ロース）へと翻訳されたのであった。

ユベール・ダミッシュは「ルドゥー、カントとともに」とタイトルをつけた（これはマルキ・ド・サドの『閨房の哲学』のラカン本人による前書き「カント、サドとともに」に応答しているタイトルである）、『ルドゥーからル・コルビュジエまで』の初めてのフランス語版（一九八一年）の前書きにおいて、一九七〇年代の自律性の考えに対するこうした特別な熱狂は、カント的な思考の継続に直接的に繋がっていると記している。もし『純粋理性批判』における幾何学の起源についてのカントの分析がルドゥーの自律的幾何学と一緒にされるとするならば、そしてそれがルドゥーからル・コルビュジエ、ロースにいたる特別な建築の自律性、そして一九七〇年代後半の新しい新合理主義が主張する自律性と調停しようとするものであるならば、それはどのようなことなのかとダミッシュは尋ねている。

建築の歴史が、様式史の刷新された形と、建築の適切な材料からなるものをまるで考慮しない、制度化された分析の形の間で戸惑っているこの時代において、自律性の考えは、哲学的な感覚によれば、規制された概念という評価を帯びている。ルドゥーをカントによって考えることは、建築において理解とは歴史によってのみ進むのではないのを認識することであり、言葉を換えると、カントによれば、獲得された方法の尊重を伴う歴史として主観的に在る理解が、理性の或る形、もしくは別の形で客観的に関与できるのを認識することである。[93]

ルドゥーをカントとともに考えるということは、歴史のみならず思想として何が建築をオブジェとして成り立たせているかを問うことであり、その思想は先天的に形式的であるか、もしくは建築の領域に内在する条件によって制約される、とダミッシュは結論づけている。

自律性の再考

一九九八年に催された、フィリップ・ジョンソンの経歴に敬意を表した会議において、自律性のテーマは復活し、歴史的な意味からさらにさかのぼられ、ジョンソンの作品の軌跡は、一九四〇年代、五〇年代、六〇年代のさまざまなモダニズムに対して新たに沸き起こった興味や建築の領域に関する更新された先入観に見事に関連づけられた。[94] この会議では、ジョンソンの輝かしい伝説は、根本的に自律性に依存していることが紹介され、それが最初に現れていたのは〈ガラスの家〉のプロジェクトや一九四八年から四九年の建物であった。ポスト構造主義の学際的実験と批判的革新の影響のもとで人文科学と社会科学において似たような要請を受けた、この領域的ルーツへの望ましい回帰は、ポストモダニズムの多様性に確信が持てない世代が抱く数多くの懸念に応えているだろう。抽象による近代の伝統のなかに広く表された、建築の根源へと向かう回帰は、ポストモダニズムの多様性と、「スペクタクルの社会」とその消費主義の結末に関係する、建築にいつでもある疑いに対するものと見なされた。

この会合で配られた資料で証明されたように、ある形の「モダニズム」は、それが古典的で「高尚な」モダニズムだろうと、終戦直後のそれほど議論は呼ばなくともより社会的存在であったモダニズム（共同型モダニズム、家庭型モダニズム、郊外型モダニズム）だろうと、もしくはキースラーによって示されたような「反モダニズム」ですらも、ポストモダニズムよりは好感がもたれ、そしてジョンソンが一九八〇年代に採用した「デコンストラクティヴィズム」よりも望まれたものであった。よって、会合は多くの問題を同時に満足させることを提案し、少なくとも表面上は、彼の折衷的な方の仕事に見られる歴史的、批判的感覚を生み出すような、すべてを包含するテーマがジョンソンには与えられた。そうした折衷的な作品を擁護すると思われるポストモダニズムと相対化理論は完全に捨て去られ、そして知的課題への好ましい回帰、新しいポスト理論、実践的な時代が、秘かに始まったのである。

建築における自律性の考えの、このような往々にして自己矛盾した軌跡のもとに、二〇世紀に渡って「啓蒙主義」の考えの歴史によって喚起されたあらゆる緊張関係をなぞることができる。「第三共和政」で共通していた「進化」と「理性」に関する一般的な前提と、そのフランス革命の自由な解釈から始まり、第一次大戦後の社会民主主義の争いの領域にいたる、一九三〇年代の理想主義者のアヴァンギャルドとその大衆的前衛の結びつきに対するモダニストの保守的な姿勢にいたる、亡命したアドルノとホルクハイマーによって展開された啓蒙主義についての絶望的かつ否定的な批判にいたる、内にこもったポスト歴史主義的保守主義の悲観論に対抗する戦後のフランクフルト学派における民主的価値の再評価にいたる、そして一九七〇年代の建築の刷新された戦略としての「形態」と「構造」への回帰にいたる、そしてついには一九九〇年代の自律性そのものの考えの疑似回顧的な復活にいたるものである。これらすべてでは、自由と秩序を同時に暗示する、形式的かつ政治的な集団的理性と表現的個人といった、カントの自律性の考えの力を証明するものである。[95]

一九八〇年のヴェニス・ビエンナーレでの劇的な講演「モダニティ——未完のプロジェクト」でのユルゲン・ハーバーマスによるポストモダニズムへの攻撃から、アドルノの「後期」マルクス主義に関するフレドリック・ジェイムソンの研究にいたるまで、理論と実践において近代性の軌跡を定義するなかでのみならず、現在における近代性の地位を批判的に再定義するなかで、カント——そして暗にカウフマン——が中心と見なされ続けたことは偶然ではないように思われる。

2 マニエリスト・モダニズム

——コーリン・ロウ——

おおよその構成を示すことから始められ、違いを見極めることに進み、一般的なモチーフが独自の分析的な（あるいは様式的な）戦略の論理（または強制）によって、いかに変形されるかを立証しようとする批評のあり方は、多分ヴェルフリンにその起源を持つと思われる。

——コーリン・ロウ「補遺 一九七三年」

コーリン・ロウは、彼が初めて発表した論文「理想的ヴィラの数学」（一九四七年）の補遺を一九七三年に書き、図像学的な内容の難しさと（読者と批評する側の双方に）「厳密な分析」を求める、「ヴェルフリン・スタイル」のアプローチと彼が呼ぶものには「限界」があることを認めた。[1]「理想的ヴィラの数学」における方法が、ヴェルフリン・スタイル（われわれはこうした議論が作品へ及ぼしたより強力な影響を後ほど他にも見る）であると特徴づけることはまったく間違いないことだとしても、こうした父性の仮説は、第二次世界大戦後の時期においてもイギリスの建築史に対する一九世紀末のドイツの学派による普及力が依然として強いことを示していた。

ハインリヒ・ヴェルフリン■の仕事から発展し、ウィーン学派によって展開された建築の形

■**ハインリヒ・ヴェルフリン**
(Heinrich Wölfflin, 1864–1945)

スイスの美術史家。文化史家のヤーコプ・ブルクハルトのもとで学ぶ。バーゼル大学でブルクハルトの後任を務めた後、ベルリン大学、ミュンヘン大学、チューリッヒ大学で教鞭をとる。主著の『美術史の基礎概念』（一九一五年）でヴェルフリンは、見ること自体に歴史があり、この視覚的な地層を暴くことが美術史の最も基本的な課題と見なさなければならないとした上で、「線的／絵画的」

態分析は、アメリカやイタリアに影響を及ぼしたカウフマンのものとは微妙に異なる歴史をたどってイギリスに現れた。一九二〇年代、ヴェルフリンによる形態分類学の影響力は、ロジャー・フライとクライヴ・ベルによるポスト・キュビスト的分析と、エイドリアン・ストークスによる心理学的解釈に結びついていた。ヴェルフリンの初期の仕事『古典芸術』（一八九九年）の英訳は、フライによって早くも一九〇三年にはイギリスの研究グループに紹介された。そしてヴェルフリンの影響は、一九一四年のジェフリー・スコットによる『人間主義の建築』と一九三二年のヴェルフリンの方法論的論文『美術史の基礎概念』（一九一五年）の翻訳によって強められた。しかしドイツ系の形式の手法によって専門的美術史にもたらされた本当の影響は、根本的に変容してはいたものの、ともにヴェルフリンのもとで学んだふたりの美術史家の移民、ヴァールブルク学派の歴史家フリッツ・ザクスルとルドルフ・ウィットコウアー▪とともにもたらされた。この多様で重層的な伝統の複合的影響は、リヴァプールのコーリン・ロウ、ロバート・マクスウェル、ジェームズ・スターリング▪、ロンドンのAAスクールのアラン・コフーン、サム・ステファン、ロンドンの建築家アリソン・アンド・ピーター・スミッソン▪、ジョン・フェルカー、ルース・オリツキーといった建築史家、批評家、建築家の世代を形成した。

彼らのなかでもとりわけロウは、理路整然として影響力のある近代建築史の領域を発展させ、幾世代かの建築家や後続の歴史家、批評家に影響を与えた。同世代のレイナー・バンハムによる、技術と進歩を志向する構想とは根本から対極的に、ロウによるモダニズムの解釈は内省的であり、形式に関する前例を歴史のなかに求めていた。しかし、ギーディオン▪がバ

に始まる五つの対概念によって、ルネサンスからバロックへといたる様式変遷を記述した。

▪ルドルフ・ウィットコウアー（Rudolf Wittkower, 1901–1971）

—

ドイツの美術史家。ユダヤ人であったためロンドンに移住し、一九三四年からヴァールブルク研究所で教える。その後、コロンビア大学に移る。代表的著作の『ヒューマニズム建築の源流』（原題は『人文主義時代の原理』）では、神を中心とする価値体系から生まれたゴシック建築に対し、ルネサンスの建築は世俗的で、ゴシックのような価値体系とは無縁な形式主義とする見方を覆して、ルネサンス建築も、形式を超えた高位の観念、価値を表していると主張した。

▪ジェームズ・スターリング（Sir James Frazer Stirling, 1926–1992）

—

イギリスの建築家。初期の作品群では、抽象形態を使ったヴォリューム操作が際立ち、ロシア構成主義の影響も認められる。また、コーリン・ロウの影響もありル・コルビュジエ

ロックやキュビストの伝統に見たような、いくぶんポスト・ヘーゲル派的感覚で遺伝または造形に関する出典を提案するのではなく、ロウはそれらの差異と類似性のより深い解釈に向けた、いくぶん相同的、構造的、類似的、系列的な形式についての手続きだと理解していた。ロウによるヴェルフリンの理解によれば、彼の方法は「配置」もしくは彼が好んでパルティ〈構成〉と呼んでいたものの研究に関わっており、そしてそれらは違いを見つけ、文化的もしくは様式的影響力によって強いられたと見られる構成の変容をなぞるために（ヴェルフリンの幻灯機から映し出された隣り合った画像のように）比較を行っていた。後に留保したものの、ロウはこうしたアプローチを彼の経歴の長きに渡って展開し、知覚や偶像的または歴史的枠組みにとって根源的で直観的な視覚的分析の効能を確信していた。彼は「補遺」をこのように締めくくっている。「しかし、並みな直感力でも多くのことが示唆されるならば、ヴェルフリン・スタイルの批評行為（それは一九世紀という困難な時期に成立したものであるが）には、いまだに原則として視覚的なるものに訴えかけるというメリットが、従って衒学の装いを可能な限り押さえて、必要以外の参照は最小限にするというメリットがあるかもしれない」[2]。イギリスの学校で育まれバーナード・ベレンソンに支持された取りつきやすさについてのこうしたロウの主張は、早い時期からの——ウィットコウアーやヴァールブルク学派の人たちによって表されたような——「専門的」美術史との両義的な関係と、フライやベル、イーヴリン・ウオー（ロウ好みのもうひとりの作家）のよりアマチュアらしい——アマチュア・ジエントルマンではないとしても——スタンスや彼ららしさに対する好ましい思いを示していた。それはまた、設計者として訓練を受けていたロウの、インサイダーとしての建築へのアプローチと、

に傾倒、ガラスとレンガを使用した初期の代表作〈レスター大学工学部棟〉ではブルータルな印象も与える。代表作〈シュトゥットゥガルト国立美術館〉に見られるように、後期には一転して、歴史的な建築言語のコラージュを手法とし用い、ポストモダニズムの展開に大きな影響を与えた。一九八〇年度のRIBAゴールドメダル受賞記念講演では、自らを「折衷的なデザイナー」と評している。

■アリソン・アンド・ピーター・スミッソン（一三七頁参照）

■ジークフリート・ギーディオン
(Sigfried Giedion, 1888–1968)

スイスの建築史家、建築評論家。ミュンヘン大学で美術史を専攻し、ハインリヒ・ヴェルフリンのもとで学ぶ。近代建築国際会議（CIAM）に参画、一九五六年の第一〇回まで書記長を務め、ル・コルビュジエらとともに近代建築を大きく舵取りした。その著作を通じ、それまでは比例やシンメトリー、装飾などの観点から語られていた建築に、「空間」の概念を導入、以後、「空間」は建築を語る際のキーワードとして広く一

三次元において固有の形態的方法を構築しようという彼の欲求の、明快な表明でもあった。彼がいくぶん残念そうに記しているように、ウィットコウアーとの二年間は、彼を「出来損ないの建築家」にしたのだった。[3]

一九四五年にリヴァプール大学で建築の学位を取得した後、ロウはルドルフ・ウィットコウアーの指導のもとでロンドン大学の修士の学生となるべく入学の手続きを行った。ウィットコウアーは一九三四年に新たに設立されたヴァールブルク研究所■に参加し、一九三七年には『ヴァールブルク・インスティチュート・ジャーナル』(一九四〇年に『ヴァールブルク・アンド・コートールド・インスティチュート・ジャーナル』となる)の創刊編集者となっていた。一〇年後、研究所が正式に大学に編入された際、ロウは査読員に任命された。ロウの論文「イニゴ・ジョーンズ■の理論的ドローイング」は、ロウ本人の言葉によれば「明らかに、この論文はヴァールブルク学派の期待に即したものだった」[4]。

イギリスにおけるパラーディオ

ロウの修士論文がすぐさま反響を得たのは、まさに自分のおかげだという事実を、ウィットコウアーは後年、一九五三年の論考「イニゴ・ジョーンズ、建築家、文士」のなかで記している。ジョーンズの知的展開を研究していたウィットコウアーの論文は、現存するドローイングの詳細な分析を経ており、それはほとんど目に見えない大きさのディヴァイダーの針穴の重要性を認識しようとするかのように、「イギリス警視庁の本棚からほんの一ページ」を選び出すようなことだと著者が主張するほどであった。ウィットコウアーは、建築家〔イニゴ〕

般化する。主著の『空間・時間・建築』(一九四一年)はハーヴァード大学で行った記念講演をまとめたもので、ポストモダンへと時代が移る一九七〇年代まで建築家の必読書のひとつであった。他に、『フランスの建築』『機械化の文化史』などの著作がある。

■ヴァールブルク研究所 (Warburg Institute)
—英語読みではウォーバーグ研究所。イコノロジーおよびヴァールブルク学派の創始者、アビ・ヴァールブルクの蔵書を元に設立された。当初はハンブルクにあったが、ナチスの迫害により一九三四年にロンドンに移転、現在はロンドン大学のブルームズベリーキャンパス内にある。古代に発し、ヨーロッパの思想や芸術、文学などを形成した古典の伝統を研究対象とし、学際的アプローチが特徴となっている。カッシーラー、パノフスキーらをはじめ、この研究所と関わり重要な研究を残した研究者は数多い。エルンスト・ゴンブリッチもそのひとりで、同研究所の所長も務めた。

がルネサンスの先達であるパラーディオとスカモッツィの系譜に連なる理論的論文を、死に際して未完のまま準備していたという仮説を立てた。「イニゴの事務所には主にジョン・ウェッブによるおそらく一六四〇年代の約二〇〇枚の理論的ドローイングが残されていた。もしこれらは建築理論の準備のために書かれたと誰かが仮定するならば、このドローイングのパズルはいつの日にか明らかにされるはずだと私はずっと信じていた。このたび私の生徒コーリン・ロウが、未発表の素晴らしい論文にてこの仮説を実証してみせた」[5]。ロウはこの優れた「三三〇頁からなる論文を、一九四七年一一月に美術史の修士学位論文としてロンドン大学に提出し、一九四八年に受理された」[6]。この論文には前書きも謝辞もなかったが、一九四五年の時点で彼は「ウィットコウアーのただひとりの生徒」であり、ザクスルとガートルード・ビングも関わっていたことが知られている。ザクスルとビングは、ロウ自身の言葉によれば、「とても感心していた」[7]。またロウの注釈は、彼がもうひとりのヴァールブルク研究所のメンバーであるフランセス・イエイツとも、論文の見解について論じ合っていたことを証拠づけている。

ウィットコウアー自身は、一九四一年に当時ヴァールブルク研究所の所長であったザクスルとともに企画をした写真の展覧会において、こうした異国間の研究の基礎をつくっていた。その際に出版されたカタログ『イギリスと地中海的伝統』（一九四五年）に、ウィットコウアーは論文「イギリスの新古典主義における擬パラーディオ的要素」を発表し、論理的な分野における伝達と変容の問題を提起している[8]。ウィットコウアーはロウの論文が完成するまではイニゴ・ジョーンズに関する研究を発表しなかったものの、古典的シンボルの移動に関する

■イニゴ・ジョーンズ（Inigo Jones, 1573–1652）

イギリスの建築家。イタリア遊学時にイタリア・ルネッサンス建築の影響を受けてこれをイギリスに伝えた。特にパラーディオの建築の影響は大きく、その著作『建築四書』を持ち帰り、イギリスにおけるパラーディオ主義の流行に大きな役割を果たした。ジョーンズの代表作でジェームズ一世の妃のために設計された〈クイーンズ・ハウス〉には、パラーディオの弟子、ヴィツェンツォ・スカモッツィのヴィラ・モリンからの影響が見られる。他の代表的建築作品に「バンケッティング・ハウス」などがある。

■アンドレア・パラーディオ（Andrea Palladio, 1508–1580）

イタリアの建築家。ヴィツェンツァで生涯のほとんどを過ごし、そのほとんどの作品もヴィツェンツァおよびその周辺にある。数回にわたりローマを訪れ、古代ローマの遺構を詳細に研究した。ブラマンテ、ヴィニョーラとともに、ミケランジェロからの影響も見られる。彼の最も重要な著書『建築四書』には、自身のほ

ザクスルの仕事から影響を受けており、初期から当時にいたる絵画、彫刻、建築の事例におけるイタリアの作品のイギリスへの影響の研究での、比較の方法を用いた彼の探求がすでに始まっていたことは、この展覧会からも明らかであった。

「イニゴ・ジョーンズの理論的ドローイング――その源泉と視野」と題されたロウの論文は、とても簡単な構成からなっていた。その生涯、建築的構成、そして「様式的展開」といったジョーンズの手短な紹介に続いて、残りは三つの主要なパートに分けられていた。ひとつめはイタリアとイギリスの先駆者との関係から見た「イギリスの建築論」についての論考、まん中の章はロウがジョーンズ自身によると判断した論考について、三つめはロウいわく「論文として」「整えられた」ジョーンズとウェッブのドローイングを分類したものである。

それはジョーンズ本人によって書かれたものではなかったが、ウィットコウアーはこの「建築論」について言及していた――実際のところ、ジョーンズは、彼が所有していたパラーディオの『建築四書』の欄外の注釈のわきに記したほんの少しのメモと、彼の死後出版された、古代ローマ寺院として再建されたストーンヘンジの研究を残していた――しかし、ロウの論文の主題は、「ジョーンズ本人によるいくつかのものと、またジョーンズの事務所にいたジョン・ウエッブによるいくつかのドローイングの修正が残されており、それはかつてセルリオやスカモッツィ、パラーディオによって書かれたり描かれたりしたものの系譜に沿う、建築に関する重要な理論的論考の出版の準備作業がなされていたことを示しており」、ジョーンズの死に際して未完成、未出版のままとなったことにあった。「(この集団による)ドローイングの内容や計画性の印象は、ルネサンス期の建築書の特徴を思い起こさせてやまな

とんどの作品の図面とともに、古典のオーダー、古代建築などが収められ、広汎な影響を与えた。とくに一八世紀のイギリス建築にはイニゴ・ジョーンズらを通じて大きな影響を与え、最も著名なヴィラである〈ヴィラ・ロトンダ〉はイギリスに一度に三つのコピーがつくられたほどであった。

い」とロウは主張し、「この論文は、これらのドローイングにはこうした建築の理論的仕事における初期段階の研究が表されていることの確立を目標としていた」[9]。

言い換えれば、ロウ自身の修士論文は、書かれた証拠がなく、視覚による検証のみによってつくられて存在する理論的論考についての理論的議論から成っていた。それは先行するルネサンスの建築家たちによってすでに充分に展開されたものとの比較が可能な、「前もって考えられていた体系を示唆する」視覚的な検証であり、ロウは、自らの論考を完成させるのに十分な展開を決して継続しなかったため、イニゴ自身の論文を〔発明でないとすれば〕完成することによって、自身の経歴を「建築教育における説明好きな解説者」として始めたのであった。だが、この取り組みは、彼の指導教官〔ウィットコウアー〕の仕事がロンドン警視庁の刑事のようであったことを凌ぐほどの緻密さであった。

ロウの最初のかつ大きな影響力をもった論考「理想的ヴィラの数学」と同じ年に書かれ、また「マニエリスムと近代建築」の三年前の一九四七年に完成したこの論文は、最初の反復にあったモダン「パラーディオ主義」という彼の考えの展開を正確に理解させてくれる。[10]実際、論文の本当の対象はジョーンズではなくパラーディオと見られるかもしれず、より的確に言えば、ジョーンズはイギリスにおける「パラーディオ主義」の名祖《なおや》の英雄であり、後期ルネサンスにおけるマニエリスムの後継者であり、バーリントンやケントの先駆者であり、そして最初の「新古典主義者」ですらあるのかもしれなかった。

ロウ本人は後年ほとんど認めなかったものの、この論文ではウィットコウアーに由来する歴史的解釈とヴェルフリンに由来する形態分析との類い稀なる統合がなされていた。これはいまだに、イタリアとイギリスにおけるルネサンス期の建築書の本質と役割についての、もっとも簡明な研究のひとつである。一方で、このすぐ後にロウによって発表されるふたつの論考を告げるものとして、この仕事はふたつの点において際立っている。ひとつめは、ジョーンズの模範であり基準であったパラーディオを、理論家かつルネサンスの伝統を系統立てた者として構築したことである。「パラーディオ派は、（ルネサンス建築の）多様な要素を古典的なものであるとし、それらをヨーロッパ的規範をもたらすこととなる学術的レパートリーのなかに吸収した[11]」。自身の「建築的保守主義」と新プラトン主義的な共感によって、パラーディオは「ルネサンスの衝動を科学的明晰さへと引き延ばし、説得力のある感情的深みと、しなやかで柔軟性のある真の慎み深さでもって、自身の考古学に対する執着を強化した[12]」。パラーディオは骨董的な遺産よりも理想的調和に関心を持ち、印刷された建築書を自分のプロジェクトを完璧に伝達する手段だと見なしていた。ロウによれば、『建築四書』はあらゆる建築書のなかで最も影響力があり、「正確かつ簡潔に構成されたそのページ」は「解読できる建築であり、プロテスタントの世界における芸術的判断のための装置であった[13]」。「（パラーディオの建築書は）古代世界を方法論的に概念化したものであり、マニエリスムのもつ劇的な性質を、アルベルティ■も示していた抽象と均衡に関する自由意思による感覚に結びつけるものである。…（中略）…パラーディオは常に明確な方法を用いて一般化を進めていたが、それは彼の強制力が常に作用しているような理性による具体化といった性質を持っていた。マニエリスムに対する独特の称賛は、ルネサンスが前提としていた秩序に似ている案へと矮小化された[14]」。ここでわれわれは一般性と特殊性、および普遍性に埋め込まれた特異性の公式化

■レオン・バッティスタ・アルベルティ（二〇五頁参照）

に注目すべきであり、それはロウにとってル・コルビュジエの言語へと理論的橋渡しをするものとして作用していた。パラーディオのそれぞれの作品は、ある統合された古典主義の「調和と韻律」、「禁欲主義と抑制」への再考を鑑賞者に促すような古代社会の「心理的暗示」の正体を隠していると同時に、「普遍的秩序の断片」を表していた。[15]

ふたつめに、パラーディオが統合者であったとするならば、ジョーンズはパラーディオをイギリスの信奉者に伝え歴史化する者として登場した。ロウが「ローマとヴェネツィアの両義的な遺産」と特徴づけた側面をもつ折衷主義者ジョーンズは、彼が所有していた『建築四書』を模範、規準、備忘録として用いており、その余白にはパラーディオの建物を訪問した際の観察記録や日々の記録、自身のプロジェクトについて書き込まれていた。ジョーンズにとって、「パラーディオのヴィラの体系は、外側の考えの複合的全体の展開への注目を提供するものであった」。古い時代やそのマニエリスム的再構築、スカモッツィの古典主義、初期バロックの抑制された展開、といったことへの参照はみな、「スケールと明晰さにおけるパラーディオ的理想への、継続的な参照によって規則づけられた[16]」。このため、「パラーディオの論考は、自身の印象と結びつけられるような、規範というよりも、規準をイニゴに与えたように思われる[17]」。

〈バンケッティング・ハウス〉から始まるジョーンズのデザインの形態分析を注意深く行い、歴史主義、主知主義、学術的正しさといったイニゴの建築様式の展開の表れ方をたどることによって、ロウは学術主義の段階的な登場を示した。「自然な抑制と古典への性向の折衷によって、イニゴは初期の装飾的で優美な様式から、マニエリスムの要素を暗示していた歴史

■ル・コルビュジエ（七頁参照）

主義の時代を経て、マニエリスムの基礎の上に古典主義が重ね合わされた最終段階へと展開した」[18]。そして、統合者の統合者であるイニゴがパラーディオの『四書』に比肩しうるイギリスでのはじめての出版物のために、準備の整った二〇〇枚以上の図版のコレクションをつくり上げたと推論できる、論文が提示されたのである。

モダン・パラーディオ主義

終戦の直後の時期に、とりわけイギリスにおいて、パラーディオ主義と呼ばれるものに対する関心の復活が見られたことは、文化史における今日の常識となっており、実際その現象はほとんどすぐに歴史の一部となった。バンハムの一九五五年の文章「ニュー・ブルータリズム」は、そのことの参照としてよく引用される。バンハムは美術史における様式（「新経験主義」、「新人文主義」、「ニュー・ブルータリズム」）の流れに沿ったレッテル貼りの運動という流行の傾向だけではなく、一九四九年に出版されたウィットコウアーの『ヒューマニズム建築の源流』に刺激を受けた、パラーディオとパラーディオ主義に対する近年の関心の高まりを示し、またスミッソン夫妻の〈コベントリー大聖堂〉のコンペ応募案にも言及していた[19]。一〇年後にバンハムはこの時期について振り返って記している。

スミッソン夫妻のデザインは（彼らによって）論じられたウィットコウアー教授の『ヒューマニズム建築の源流』よりも時間的に明らかに先行していたが、当時彼らがウィットコウアー流の研究に触れていたことは確かであり、他の人たちと同様にそれらから刺激を受けるといった、歴史研究による干渉がここでもあったことは間違いなく断定できるだろう。

ウィットコウアー教授の本が、戦後世代の建築学生に与えた全般的な影響は、われわれの時代におきた出来事のひとつであった。(アルベルティとパラーディオが理解していたように)宇宙を支配する客観的法則によって、機能と形態とがしっかりと結びつけられた多くの建築理論の解説は、ありふれた機能主義者を滞りなく退場させる方法をいきなり提供し、新パラーディオ主義は当時の秩序となった。『ヒューマニズム建築の源流』の効果は、『近代運動の先駆者たち』以来歴史家からイギリスの建築に対する——良くも悪くも——間違いなく最も重要な貢献をし、歴史の正しい使い方についての優れた議論を突如として引き起こした。問題は、ヒューマニストの原理が引き継がれるべきなのか、それとも原理のようなものの例としてのヒューマニストの原理が求められるのかである。多くの学生は前者を選び、ありふれたパラーディオ主義は、すぐに大勢のありふれた機能主義者となった。一方で——AAスクールよりもリヴァプールで公言されていた——純粋なアカデミズムへと回帰することに特有のリスクに注目しつつも、ブルータリストたちは突然違う方向へと向かい、いつの間にか「パラレル・オブ・ライフ・アンド・アート」展の準備に参加していた。[20]

英国の近代建築におけるあらゆる「パラーディオ主義」は一九五五年までにすでに退けられ

ていたことに、バンハムははっきりと気づいていた。バンハムが記しているように、ピーター・スミッソンはAAでの学生討議を「比例や対称性については話をしない」という言葉で始めたが、そのことをバンハムは、建築家による「新パラーディオ主義に固有のアカデミズムと隠れたアカデミズム全般に対する闘争の宣言」だと述べた。[21] バンハムが、パラーディオ派が参照する「形式主義」から自由であった〈ハンスタントンの学校〉、〈シェフィールド大学〉、〈ゴールデン・レーン計画〉などのなかに現れていた新しい「形式主義」を確定しようとしていたように、論考「ニュー・ブルータリズム」における彼自身の目的もそれと似たようなものであった。バンハムはこれを、近代主義者／構造主義者的「類型論」から新しい近代主義者／視覚的「類型論」への運動だと述べ、後日当時の気分を要約している。

この世代は、自分たちの姿勢の歴史的正当性を、近代建築そのものの伝統と古典主義のより長い伝統という歴史上のふたつの主要な分野のなかに求めていた。…(中略)…近代建築史に関する彼らの洗練の度合いは、当時の世界的基準からすれば図抜けたものであり、彼らの古典主義に対する洗練は、広がりよりも奇妙な関心ゆえに特殊であった。この世代のほとんどは、衰弱したボザール風のトレーニングを多少なりとも経ていたが、…(中略)…誰もがル・コルビュジエを読むことから得られた確信によって古典主義に興味を持ち、また四〇年代末のイギリスにおけるパラーディオ研究の輝かしい再来の影響を受けていた。それはルドルフ・ウィットコウアーと彼の本『ヒューマニズム建築の源流』から直接と、彼の高弟コーリン・ロウの講義を通してである。彼らの多くと同じく、コーリン・ロウも古典的過去と二〇世紀の巨匠の作品の間には直接的な建築的関連があると信じていた。…（中略）…建築的秩序に関する古代と近代の事例を結びつける際、ル・コルビュジエの最初の著作『建築をめざして』のタイトルに暗示されたひとつの本物であり、かつ正しい建築があると考えられた。それは年配者たちからはすでに失われ、教師にはもはや見つけることのできない、確実でわかりやすい建築のイメージであった。[22]

『アーキテクチュラル・デザイン』の一九五四年一〇月号では、バンハムはこの運動を「ニュー・フォルマリズム」と呼び、ジョン・フェルカーとルース・オリツキーに言及し、一九六六年にその原理を述べた。「イギリス人の視点によれば、伝統（「古典」）の重要性は、込み入った様式のなかにあるのではまったくなく、抽象的な知的原則（比例や対称性）や精神の慣習（明晰さ、合理主義）のなかにあるのである。…（中略）…（フェルカーの電気機械工場の平面では）パラーディオ主義は、抽象的な平面の図式に限定されており、部屋の形状にすら関わりがなく、立面の詳細は放っておかれていた[23]」。

しかし、新パラーディオ主義の歴史化が実際に成し遂げられたのは、「比例の体系は良いデザインを容易にし、悪いデザインをより困難にするという」動議をめぐっての、一九五七年の英国王立建築家協会での討論においてであった。ニコラウス・ペヴスナーはこの動議を擁護したが、ミッシャ・ブラックとピーター・スミッソンその人によって反対された。確かに、スミッソンはこの問題が「一九四七年および四八年には、建築家にとって真剣に論ずべきことであった」ことを認め、それは当時パラーディオ風の建物は「何か信ずべきものとして理解されていたからであり、…（中略）…自分たちが自ら行っていること以上のものだと思われていたからである」。しかし一九五七年には、この問題は「時代遅れ」となっていた。「パラーディオ主義再興と呼ぶのに相応しい時期は一九四八年であった」。それ以外はすべてヨーロッパの戦後に起きた衝動の「学術的検死」にしかすぎず、「王立建築家協会でのこの討論も同様であった」[24]。

イギリスにおける新パラーディオ主義の頂点を記すのは、一九四八年であるというスミッソンの示唆は興味深いものである。なぜなら、原理化されたパラーディオ主義の源泉としてたびたび引用されるウィットコウアーの著書『ヒューマニズム建築の源流』は、その時点ではまだ出版されていなかったからだ[25]。この本は一九四九年に出版され、徹底的に批判的な評価を浴びた。例えば、A・G・バトラーは、一九五一年に『RIBAジャーナル』で、ウィットコウアーの本は、「骨が折れ」「読解不能で」、「かなり退屈である」と書いている。しかし、若い建築家のグループには、すでにこの議論のための準備が整っており、スミッソン夫妻、コフーン、バンハム、そしてロウは熱狂していた。バチュラーに反抗して、スミッソンは「ウィットコウアー博士は、起源や年代についての用語ではなく、空間や造形についての用語を用いて建物を描写し分析できる、イギリスで唯一の美術史家であると、若い建築家たちから認められている」と証言し、彼らにとって『ヒューマニズム建築の源流』は戦後イギリスで出版された建築図書のうち最も重要なものであると宣言した[26]。しかし、この反応は一九五一年に書かれたものであり、一九四四年と四五年に『ジャーナル・オブ・ヴァールブ

■ニコラウス・ペヴスナー
(Sir Nikolaus Bernhard Leon Pevsner, 1902–1983)

—— デザインを専門としたドイツの歴史家。イギリスに渡った後は、ケンブリッジ大学、ロンドン大学などで教鞭をとる。主著のひとつ、『近代運動の先駆者たち』の改訂二版となる『モダン・デザインの展開——モリスからグロピウスまで』（一九三六年）では、産業革命によって迎えた新たな時代に対応した様式をデザインの世界は長らく生み出せなかったが、新しい社会に対応したデザインの必要性を最初に説いたモリスによって新たな様式（近代様式）の基礎が築かれ、グロピウスによってその性格が最終的に決定されたとして、一九世紀からの、新たなデザインの流れが生み出される過程を詳述した。他の主な著作に、『美術・建築・デザインの歴史』『モダン・デザインの源泉』などがある。

ルク・アンド・コートールド・インスティチュート』に二分割されて出版されたウィットコウアーの重要な論考「パラーディオの建築原理」は、建築界ではほとんど知られていなかった。したがってパラーディオ主義の原理に若い建築家たちが関心を持つこととなった、他のきっかけを探さなくてはならない。実はこの傾向のはじまりとなったのは、ウィットコウアーの本の出版でも、先立って出版されたその各章でもなく、バンハムの周りの集まりにいたウィットコウアーの生徒コーリン・ロウがもたらした多大な影響によるものであった。形態と原理と、近代運動、そして暗に、さしあたって真にモダニズム的建築が拡大するための「原理」への要求とを、包括的に比較するために、ウィットコウアーによる歴史分析を一九四七年に導入したのは、ロウであった。一九四八年がパラーディオ主義の年だという感触をスミッソンが持っているのは、こうしたことから来ており、ロウの最初の論考の出版と彼の師による『ヒューマニズム建築の源流』の間、一九四七年と一九四九年の間というわけである。

パラーディオの図式化

ウィットコウアーによるパラーディオの分析は、少なくとも当初は、同時代のデザインとのかかる関係を一切仄めかしていなかった。自ら結論として書いたように、ウィットコウアーの目的はルネサンスの比例体系の説明を提供することであり、それは「見通しが限られていたにもかかわらず、いくつかの以前の論考に比べればあまりよく考えられていないことがめざされた」が、「この主題は歴史的なものとなったのである」と彼は記している。[27] ウィットコウアーは近代性についての理解を明らかに欠いていたものの、パラーディオの原理に関する彼のふたつの論考のなかから、ロウはル・コルビュジエと並置されるまったく新しい重要な三つの概念をつかみとった。ひとつめは建築的原理についての考察であり、ルネサンスとは形式的思考や比例の理論ではなく個人の趣向や直感に関わっているとする、イギリスにおける歴史の伝統的な書き手の解釈とはまったく反対であることを、ウィットコウアーの論考は明解にしていた。ラスキンおよびジェフリー・スコットに対する彼の批判は、戦後世代の研究を反映しており、アリナ・ペインはウィットコウアーの意図について、「意味を伝えることを目的とし、それゆえ感覚ではなく精神を目的とした、形態に対する意識的な知性によって動かされた意志である」と述べた。[28] ふたつめは、パラーディオの作品の建設上の原理を明らかにする比例と幾何学の詳細な分析である。三つめの、おそらく最も重要なものは、パラーディオのヴィラの図式的平面のページから導かれる考えであり、それはおのおのの事例で改善され、洗練された空間配置に共通する図式によっていることが示されていた。

この最後の図式が登場する章「パラーディオの幾何学――ヴィラ」は、わずか三ページの長さであるが、その影響力には並はずれたものがあった。ウィットコウアーの目的は、「技芸の掟」、「理性がわれわれに示すもの」、「この技芸の普遍的で必然的ないくつかの法則」に対するパラーディオの執着を示すことにあった。[29] これらの知覚表象を実行しているひとつの例は、「中央軸に広間を、そして両横に正確に左右対称させて、一層小さな部屋をおくこと」であり、「平面の体系化」を通した「より古い伝統からの完全な離別」をパラーディオが生み出したことを主張している。[30] したがって、「中央軸線上にロッジアと大広間があり、両側に大きさの異なる居間と寝室が二、三あって、各部屋と広間の間に、予備の小部屋や階段のための間隙《スペース》がある」という典型的な平面にパラーディオは執着したと、ウィットコウアーは論じた。彼は、一五四〇年代後半以降に建てられたヴィラの「図式化された平面」を一一あまり並べ、それらは「すべて同じ幾何学的公式の異なった表明であり」、「すべて同じ根本的原理から生み出されたものである」ことを見出し、根本的な「パラーディオのヴィラの幾何学的パターン」を含む典型的な平面によって彼の幾何学的要旨を締めくくった。[31] ロネドの〈ヴィラ・ゴーディ・ポルト〉からはじまり、チコーニャの〈ヴィラ・ティエーネ〉、ミエーガの〈ヴィラ・サレーゴ〉、フラッタの〈ヴィラ・ポジャーナ〉と〈ヴィラ・バドエール〉、チェッサルトの〈ヴィラ・ゼーノ〉、そしてピオンビーノの〈ヴィラ・コルナーロ〉へと続く平面のヴァリエーションは、いわばヴィラ・マルコンテンタの「形式」の周りを廻っているようなものであり、それらの究極的な手本は「基本である幾何学的骨格を、最も完璧に実現した」〈ヴィラ・ロトンダ〉のなかに見つけることができた。[32] 要するにヴィラとは「アーキタイプ〔原型〕」であり、それは「基本的な幾何学的主題のヴァリエーションであり、ヴィラの観念的な考えの異なる実現である」と、ウィットコウアーは考えた。彼がパラーディオのデザイン手法を再構築したように、「パラーディオが再三再四同じ要素を実験したとき、彼の心中に去来するものは何であっただろうか？　『別荘〔villa〕』という問題に対して、根本の幾何学的様式〔pattern〕を一度発見してしまうと、彼はそれをできるだけ簡単明瞭に、それぞれの注文制作の特殊な要請に答えて適用していった。彼は手元の仕事を数学のもつ究極の、かつ不易の『確定的な事実』に一致させた。幾何学的基調は、意識的というよりはむしろ潜在意識的に、パラーディオの別荘を訪れるすべての人びとに感知できるものであり、彼の建築物になるほどと思わせる性質を与えているのは、他ならぬこの基調なのである」[33]。こうしたアプローチは、パラーディオのヴィラのファサードの構成についても同じように教えてくれると、ウィットコウアーは続けた。彼はここでも、ヴィラの立体を、幾何学的抽象、立方体のかたちを持つ立体の塊として扱った。それらは次に正面に「描かれた」「ファサードが与えられるべきであり」、それは寺院の正面として、最も注目すべきパラーディオの発明的移行であった。ウィットコウアーはそのプロセスを説明している。

パラーディオの別荘のファサードは、本質的に設計図のそれに類似した問題を提起しているフランスやイギリスと対照して、イタリアのモニュメンタルな建造物は、実現が可能な場合は常に堅牢な立方体という点から考えられている。イタリアの建築家たちは、建築の間口・高さ・奥行の間の容易に感知できる比例を探究していた。そしてパラーディオによる別荘は、このような立体的な性質を最も明瞭に表している。彼は古代の神殿のファサードに自身のモチーフを見つけ出した。神殿とは住宅を壮大にしたものである、というこの考えは、建築構造に関するパラーディオ自身の明晰な概念を興味深く浮き彫りにしてくれる。彼は進化という観点からは、ものを考えることができない。しかし彼は、一定の条件下で、ある種の建物から別種の建物へと移せるような、また、拡大したり縮小したりできるような既成の単位を心に描いているのである。[34]

これらの主題はごく自然に、ロウの修士論文の基礎となった。ロウは、ウィットコウアーがパラーディオの「原理」とイギリスにおける新古典主義建築について『ジャーナル・オブ・ヴァールブルク・アンド・コートールド・インスティチュート』に発表した三つの文章を、参考文献のリストに載せ、そのうえ、自身の「バルバロの理論のレジュメ」はウィットコウアーに依拠し、『ヒューマニズム建築の源流』からバルバロを引用し、「古代の家から湧き出たパラーディオの神殿の概念」のためにも再度師を引用した。しかし、こうしたことを超えて、ロウ自身による形態分析の質の高さは、指導者と生徒とが相互に貸しを負っていることを示していた。ウィットコウアーは、「パラーディオの建築原理」を純粋に歴史的言辞で締めくくっていた。「建築における調和のとれた数学的概念は、『自然と感覚』の時代においては哲学的に覆われ、比例の実践的扱いから消滅したときになって、すでに歴史となっていた主題を学者たちは研究しはじめた[35]」。しかし四年後の『ヒューマニズム建築の源流』では、彼は結論を現在で締めくくっている。「比例関係、それこそは無限である。（ジュリアン・ガデによる）このきわめて簡潔な表現は、依然としてわれわれの研究態度を示している。それこそ、疑念と畏怖をもって比例理論を探索する理由である。しかしこの問題は、再び今日若き建築家の心中に溌剌と生き続けている。彼らはよくこの古くさい疑問に新しい、そして思いもよらない解決法を展開させるかもしれない[36]」。

ジョーンズを通したパラーディオによるルネサンスからのふたつの遺産は、建築全般、とくに近代運動に関してのロウ自身による歴史的視点の基礎から来ていないとすれば、それは単に学術的関心によるものであった。ロウがロンドン時代の論考「理想的ヴィラの数学」と

「マニエリスムと近代建築」（一九四七～五〇年）で洗練させ、またテキサス時代（一九五四～五六年）の文章で補強したように、彼にとっての「モダニズム」が、最初の反復にあった「パラーディオ主義」を直接参照していたのは、ふたつの根本的な点においてである。ひとりの「体系化する人物」――この場合ル・コルビュジエ――の仕事に見られる「パラーディオ主義」の具現化と、文章化された主要な論考『建築をめざして』を通じてのその宣伝であった。ロウのモダニズムは、アーツ・アンド・クラフツ運動から表現主義にいたる、複数の革新者たちが二世代に渡って行った初期の実験と、理想と形式的表象が凝縮された数少ない総合的で模範的な作品――〈ヴィラ・シュタイン〉と〈ヴィラ・サヴォワ〉――の完成があってこそのものであった。そして統一性と時代化の仮定ゆえに、歴史における「進展」という考えに反対することと明らかに矛盾していた、歴史的「時代精神」という明解な理論にも依存していた。彼はこの視点を、テキサス大学建築学科長ハーウェル・ハリスが使うために一九五四年に書いた下書きのなかで表明している。「現代には明白な芸術に対する志向、意思、意欲といったものが存在しないと考えるわけにはいきません。これまでもそういったものがない時代はなかったわけで、我々がこれまで普遍的に存在したものと無縁であると信じる理由はありません。近代建築が単に否定的な合理主義ではないこと、それが積極的な意志を体現したものであることは我々が日夜目にする状況から明らかです」[37]。そしてこれは、ロウの、鋭く、短いながらも（理論と、ときとして歴史に捧げられた、『アーキテクチュラル・レヴュー』■の名高い「緑色の」ページのわずか四ページ分ではあったが）、驚異的な影響力を持った最初の論考の元であった。

「理想的ヴィラの数学――パラーディオとル・コルビュジエの比較」は、デザインにおけ

■『アーキテクチュラル・レヴュー』(The Architectural Review)

――一八九六年創刊のイギリスの建築専門誌。取り上げる対象は、建築デザインからインテリア、ランドスケープ、都市計画までと幅広く、これらの理論面もカバーする。コーリン・ロウやニコラウス・ペヴスナーは同誌へとしばしば寄稿し、ロウの「理想的ヴィラの数学」や「近代建築とマニエリスム」などは同誌に掲載されたもの。レイナー・バンハムは一九五二―一九六四年に同誌のスタッフライターであった。

る比例と幾何学の関係についての関心がすでに『アーキテクチュラル・レヴュー』によって膨らんでいたため、受け入れられる準備がある程度は整っていた。前年のウィットコウアーによる「比例の入門書」についての評論では、比例の今日的運命についてはあまり関心がなく、「過去一〇〇年に渡って、自らの救済を期待してあまりにも多くの比例体系が作られたが、それらはすべて芸術家たちからは無視されてきた。古い普遍性は最終的に去り、美しい比例を発明するのは芸術家の直感のみに残されているというラスキンの確信は、良くも悪くも依然としてわれわれ自身のものである」と結論づけている。[38] しかし雑誌の表紙を占領したロウの論考は、パリのノートル・ダム寺院の西立面図に、黄金比の三角形の使用の想定を示すラインと重ね合わされ、歴史的比例についての一九二〇年の論考の黒白反転がなされたドローイングによって表現されていた。編集者はゴシック様式によるこうした体系の使用が証明可能か否かにかかわらず、「より近代になるほど、非常に多くの建築家が科学を意識的に採用していることは確かである。この号の一〇一から一〇四ページでは、コーリン・ロウはパラーディオの〈ヴィラ・マルコンテンタ〉とル・コルビュジエのガルシュのヴィラとを比較し、ともに数学的用語で表現できる簡潔で正しい比例への信頼に基づいていることを示している」と記している。[39]

数学

美には二つの根拠がある。自然に拠る美と慣習に拠る美である。自然に拠る美は幾何学より生じるものであり、均質性や比例といった不変なるものの属性である。慣習に拠る美は用から生じる。つまり慣れ親しむことから、もの自体にはなかった愛情が育まれるのである。従って過ちを犯す恐れも多分にあるけれども、その真偽は絶えず自然に拠る幾何学の美に照らして検証される。幾何学的形態は本来不規則な形態より美しい。とりわけ正方形と円は最も美しく、平行四辺形と楕円がこれに次ぐ。直線には垂直・水平なる二つの位置のみが美しい。これも自然に由来し、従って必然的なものである。すなわち、直立以外のものは確実でない。

クリストファー・レンの死後一八世紀中ごろに出版された『パレンタリア』と名づけられた断章に書かれたこれらの言葉は、ロウの「理想的ヴィラの数学」のエピグラフとして現れ、パラーディオとル・コルビュジエにおける幾何学と関連する形態の比較的な使用についての議論の枠組みとなっている。[40] レンによる精緻な公式化は、ほとんど同時期にクロード・ペローが「完全な」美と「恣意的な」美の間に引いた、似たような区別に対応している。それは、古典的（古代）または再興された古典的（ルネサンス）時代にさえある様式変遷の説明を試みた言語の比較研究から現れた、歴史的アプローチとの関係のなかで発展を遂げた。この形式化は、純粋幾何学に基づくすべての建築のための基礎的秩序と、社会と文化の習慣による外観の変化をレンが主張することを可能とし、異なる歴史的意味を持つ施設のための適切な様式の検証を可能とした。したがってレンの〈セント・ポール大聖堂〉のための、ロンドン大火の前後両方の、準ゴシック様式のプロジェクトや、ネオ・ゴシック様式によるオックスフォードのクライスト・チャーチの門は、建築の「政治的利用」の判断、およびその国家の「装飾品」としての役割に従って設計されている。[41]

ロウにとって、レンの教訓的な声明は、二種類の建築の対立を暗示していた。類型的か位相的かにかかわらず、建築としての形式的状態が幾何学から派生したと主観的にみなす根本的に「自律的な」建築と、アーツ・アンド・クラフツ運動から古典にまで遡ることができる、社会的もしくは文化的象徴主義の評価によって権威を得ている建築である。純粋に視覚的な点からすると、こうした対立は、それが抽象とリアリズムの間にあるものだと宣言していたが、歴史的な点からは、抽象的形式主義を発展させた一九二〇年代アヴァンギャルドの建築と古典的伝統の正確な形態の再宣言へと回帰する建築との間にあると見ることができた。一方、イデオロギーの次元においては、ポスト・ヒューマニズムのモダニズムとレトロ・ヒューマニズムのモダニズムの間、すなわち広まったものの最終的にはおそらく失われた人文主義者の主観的仮定と、不安定ながらも生き残りおそらく再度獲得されるものとの間の争いであるということができる。

ウィットコウアーによるパラーディオについての見解から、ロウは基礎的な概念――「理想的ヴィラ」――と形態の原理――「幾何学」――を導き出し、それらをパラーディオのヴィラとモダニスト、ル・コルビュジエによる応答との比較に結びつけた。ヴェルフリンの形態についての流儀では、由来にではなく並置や比較によってより上手く議論がされるので、後期ルネサンスの建築家とモダニストの建築家の間のいかなる直接的系列もロウは提示しなかった。彼はパラーディオとル・コルビュジエのヴィラとは「異質な世界に属している」ことを認め、「パラーディオが意味ありげに引き合いに出す盛期古代的地中海文化の世界は、ル・コルビュジエにとってはかなり閉ざされていた」と主張した。[42]

この短い論考の構造はとても簡単である。ロウは、パラーディオ作のヴィラがある田舎風の環境についての雄弁な描写と、それと似たようなル・コルビュジエ作のヴィラの敷地を「ヴェルギリウスの夢」と見なす描写によって、パラーディオの〈ヴィラ・カプラ〉(ロトンダ)と、ポワッシーにあるル・コルビュジエの〈ヴィラ・サヴォワ〉を比較した。「古代の驚くべき幻影の中、通り抜け、歩き回ることをパラーディオが熱望したのは、プッサンの風景画であり、…(中略)…(ポワッシーは)本来の使われ方からすれば必ずしも田園的とは言い難いが、ヴェルギリウスへの感傷は依然はっきりと生き続けている」。[43] ロウが、パラーディオのヴィラ・ロトンダから想像上の敷地として理想郷を喚起させられ、ヴィラとプッサンによる理想郷の風景画を結びつけたことは、もうひとつのヴェルフリンの影響にこだましていた。エルヴィン・パノフスキーは論考「われアルカディアにありき」のなかで、ヴェルギリウスをアルカディア神話の創始者として引用している。そこは荒れ地であり住むのには適さない地帯だとかつては思われていたが、エレジー〔哀歌〕をともなったユートピア的神話にあるシチリアの牧歌的ランドスケープをヴェルギリウスによって授けられており、後にルネサンスの時代には「魅力的な構想」だとして採り上げられ、そしてザクスル他多くの人たちによって研究されていた。[44]

ヴァールブルク風のアルカディアの見解を参照することは、ロウによる分析の進歩的かつ近代的な側面を表していた一方、イーヴリン・ウォーの『回想のブライズヘッド』――この本は、出版されてすぐに戦後建築史の意識に多大な影響を与えた小説としてデヴィッド・ワトキンに引用されている――の第一部の表題としても採用された同じ参照が、ロウの気質のより保守的なもうひとつの側面を知らしめていた。ロウは講義において、オーデンからと同様に、ウォーからもたびたび思いつくままに引用をしたものであった。ウォーの小説のなかでは、「われアルカディアにありき」という観念は、ブライズヘッドの素晴らしい邸宅で繰り広げられた戦前の田園風景の生活と、軍の要請により窓を板でふさがれた邸宅の避けられない死とを、意味していた。第一部の冒頭にある「ここには前に来たことがある」[45]というセリフは、歴史遺産に対して高まっていた感覚に反響し、一九四五年以降のイギリスに吸い込まれていった。それはジョン・ベッチエマンやジョン・パイパーのイギリスであり、ニコラウス・ペヴスナーによる田園案内やゴードン・カレンによる『タウンスケープ』のイギリスであった。建築を専門に描く芸術家であり、ロジャー・フライの『ヴィジョン・アンド・デザイン』とクライヴ・ベルの『アート』の読者であるウォーの語り手は、想像上の失われた楽園の思い出と、田舎道でのドライブの際や風格のある邸宅から見た風景が急速に消え去りつつあるという現実に浸っている、戦争から戻ったすべての芸術家であり建築家であった。その「秘密の風景」のなかにおかれ、「木立のあいだで、灰色と金色に輝いていた」ブライズヘッドは、歴史が停止した真に「コラージュ」的な建築として建設され、イニゴ・ジョーンズによると言われている円屋根、「ソーン風」の書斎、中国風の応接間、チッペンデールの浮かし彫り、ポンペイ風のパーラー、列柱テラスのある、そして「いかにも南イタリアの町の広場にでもありそうな」噴水、などがあった。[46]ウォーの憂いに沈んだ散文、今日とは対比的な過去のあらゆる兆候への深い読解や、現在と未来への毅然とした対峙に直面した無常に対する変わらぬ親近感は、廃墟のなかで再建の仕事に直面している英国人に響くものであった。

だが、こうしたアルカディアと慣習的美の定まらない立場に捉われることを拒絶し、ロウはパラーディオの〈ヴィラ・フォレスカ〉(マルコンテンタ)と、ル・コルビュジエによるガルシュのド・モンジー夫人のための住宅との、建築「本来の」美の基礎である幾何学的、比例的構造による「より明確な比較」へと向きを変えた。それぞれの比較において、ロウのパラーディオと、これに関連してル・コルビュジエの扱い方へのウィットコウアーからの影響は明らかであり、それは平面や幾何学的特性を分析する際の基礎となっていた。ウィットコウアーによるパラーディオの平面タイプの比較をなぞりつつ、ロウは自らが「図式的比較」と呼ぶものを発展させ、ガルシュとマルコンテンタの「根本的な関係」を明らかにした。そして両者における「構成はかなり似ている」と主張し、ウィットコウアーが明確にした「リズミカルに変わる二重と一重の柱間の、六本の『横方向の』補助線」についてのくわしい説明を始めた。[47] ロウは、パラーディオの対称性に対する執着を擁護するにあたってウィットコウアーによる引用に言及し、パラーディオの公共建築の研究が私的領域にも反響していると見なす師に賛成した。また黄金比の矩形を分析するダイアグラムのページを再制作するにあたって、マティラ・ギーカの著書『芸術と生活における幾何学』についてのウィットコウアーの言及をとり上げた。最終的に、ロウは論考を通して、パラーディオとル・コルビュジエの建築はともに精神的エネルギー、「精神をプログラムの根本的相違と調停する知的情熱」の産物だと主張した。[48]

ロウは図版の選択においても、ウィットコウアーに多くを負っていた。平面図の「モジュール・グリッド」についてのダイアグラムでは、〈マルコンテンタ〉と〈ガルシュ〉の一階の平面と立面とが、縦列の構成で隣り合って並べられており（『マニエリスムと近代建築』のなかにこの論考が再録された際には、この効果は失われてしまっていたが）、ウィットコウアー自身のダイアグラムの根拠をはっきりと示していた。これらの類似性のすべては、ウィットコウアーもしくは彼の論考への単純な参照ではないと言わざるを得ない。寛大に論じれば、『アーキテクチュラル・レヴュー』の論考には通常注釈は付けられてはいなかったが、もちろんだからといってその事実が、参照の帰属についてテキスト本文のなかで言及することを妨げはしないのである。

モダニズムの発明

甚大なる偶像破壊という性質を持っていた革命行為の後、それゆえ建物を新しくするというプロセスが始まった。

——「編集後記」『アーキテクチュラル・レヴュー』（一九四七年）

ロウの最初の論考が、一九四七年に『アーキテクチュラル・レヴュー』の第三号に掲載されたことは、後から振り返れば重要なことであった。その年の一月、雑誌の出版五〇周年を祝して、長い年月で初めて編集委員が一堂に会し、方針の宣言を発表し、過去五〇年における建築の発展について論評をした。「二〇世紀の後半」とタイトルが付けられた彼らの声明は、二〇世紀初頭の標準からすれば十分差しさわりのないものであり、専門家および一般の人に対する建築教育という重要な役割を果たすこととなる、長短両方の期間を見据えたものであった。[49] J・M・リチャーズ、ペヴスナー、オズバート・ランカスター、ヒューバート・デ・クローニン・ヘイスティングスは、自分たちは反革命的であると明言し、彼らの雑誌は、「政治的にも道徳的にもそして社会的にすら、革命を導くお膳立てをするものではない」とした。彼らは、『レヴュー』の読者の「眼を再教育する」というそれ以上でもそれ以下でもない任務において、近代運動の先駆者たちよりもさらに考えが開かれているようにと決め、広く「視覚文化の理念」のために尽くすとした。この仕事のためにハイ・クリティシズムの「第三のプログラム」（「研究者たちのフリートークの公開」）と現代建築の紹介という通常のプロセスを続けるだけではなく、立派な建築という形をもつものに限らず、幅広い文化的な製作物に対して開かれているべきだとした。[50] 実際、彼らには「身分が低い階級、福音的なもの」への「要求」があり、それは疑いもなくペヴスナー自身のルター主義とヘイスティングスの大衆主義の影響であるが、パブの建物、タウンスケープ、大衆的なデザインについての評価の高い調査を後押しし、それは『アーキテクチュラル・レヴュー』の続く二〇年間の特色となった。[51] 一方でこの要求は、戦前の教条的なモダニズムと思われるものから導かれた、美学的な側面も持ち合わせていた。「短期のはっきりとした目的としては、革命活動が捨て去った自由と豊かさに立ち返ることである」。この仕事は、「人びとの願望と直に接触すること」を求める建築における「新しいヒューマニズム」と、「さらに人間的な望みを達成する手段となる」建築を求めていた。[52]

こうしたプログラムは、経験を踏まえるうちに「負の特徴」をもつようになり、近代運動の教養の多くを捨て去ったが、それは表現技法を再度活性化することによってしか変えることができないものであった。編集者は、「新しい豊かさと特徴の違い、記念碑性の再興、人びとが常に誇りに思っている特性の育成とそれらの地域的非同一性の発展」を提示した。[53] この目的は偉大なるイギリスのピクチャレスクの伝統への回帰というペヴスナーの要求に完全に合致していたが、一九五四年にコフーンがペヴスナーを厳しく批判したことに示されるように、ピクチャレスク（およびタウンスケープ）のイデオロギーに埋め込まれた「歴史主義」の始まりに対して、ロウの仲間のうちの多くは争う準備ができていた。しかし一九四七年の時点では、近代運動の正統性に対するこれらの「危険」はそれほど明らかではなく、ロウ本人がペヴスナー（およびウィットコウアー）の「マニエリスム」を採用したことに、『レヴュー』の編集者たちが告げていた新しい「自由」の要素を見つけることは容易であるし、それはモダニストのゲームにある概念的、知的「規則」に対するロウの視覚的アプローチにおいても同様であった。

　イギリスにおけるバンハムやコフーン、アメリカにおけるグリーンバーグ■やレオ・スタインバーグといった同世代の多くの批評家と同様に、ロウは、近代アヴァンギャルドの最初の時代は、歴史的にはすでに完結していると確信していた。そのため、自らの役割を建築および建築史の戦後における実践という点から見ており、それは一方では前衛主義のイデオロギー上で、または形式的残留物から、もう片方ではルネサンス以来のより長い軌跡を持つ建築の伝統から、定義されるものであった。その過程で、ロウはいくぶん統合された「モダニズム」の公式を築き上げ、それは自身の残りの人生における批判的な防御装置となった。クレメン

■**クレメント・グリーンバーグ (Clement Greenberg, 1909–1994)**

—

アメリカの美術評論家。モダニズム絵画の自立性、自己批判性を強調し、ミディアムを構成する諸々の制限（平らな表面、支持体の形態、顔料の特性）に注目するその批評はフォーマリズムと称される。批評の対象ははじめ、芸術、文学、政治、社

ト・グリーンバーグは絵画における同様の「モダニズム」を発見しようとし、近代運動そのものの神話である「歴史の終わり」にたどり着いていたように、ロウもまた建築に特有のモダニズム運動と、より伝統的な生き残りの分離の鍵として歴史に立ち戻った。ヴェルフリン、ウィットコウアー、ペヴスナーから発展を遂げたロウの建築分析は、グリーンバーグのキャンヴァスへのアプローチと同様に、新カント主義的であった。マネ以降の絵画に現れた「平面性」におけるモダニズムの根源と定義を特定しようとしたグリーンバーグに対して、後のマンフレッド・タフーリのように、ロウはさらに遠くルネサンスにまで遡り、それは展開していた建築手法の試金石となった。したがってロウとグリーンバーグの両者によって定義された「モダニズム」は、それぞれきわめて異なる視点からではあったものの、T・S・エリオットのものと似ていた。それは、テリー・イーグルトンが述べたように、「近代性を完全に超越した未来へと後退するために前近代の源泉へと向かう、ふたつの顔を持つ一時的なもの」に基づいていた。[54]

こうした文脈からすると、ロウが初期に行ったパラーディオとル・コルビュジエの比較は、単にマニエリスムの考えをモダニズムに適用することによってたまたま生まれた結果ではまったくなく、ウィットコウアーの気楽な読書や日曜日のバンハムの家でのロウとの気楽な会話から生まれ、チームXやインディペンデント・グループの数人の若いメンバーに採り上げられた、流行りの考えということでもなかった。それどころか一九三〇年まで、ロウにとってル・コルビュジエは近代性をもったパラーディオとして現れていたのである。一九五九年の「ル・コルビュジエ――ユートピアの建築家」と題された考察で、ロウはパラーディオの

会と幅広かったが、一九四四年の雑誌の美術批評欄を担当以降は美術へと傾斜し、戦後は理論的指導者としてアメリカ美術を牽引、アートの中心がパリからニューヨークへと移行するうえでも大きな役割を果たした。ヴェルフリンの「線的（彫塑的）／絵画的」という対概念を援用し、より絵画的なものへと進むプロセスとして、ジャクソン・ポロックらの抽象表現主義へといたる絵画の歴史を記述している。

影響と同じように、ル・コルビュジエの影響を述べている。「それは主に図版を載せた書物というメディアを通じて及ぼされている。もしその性質を理解したいのであれば、彼の初期の論考『建築をめざして』と彼の建物とプロジェクトを載せた『完全作品集』を見るべきだろう。なぜならそれらの本で、彼は参照の範囲を広げ、それを受け入れるようにわれわれに強要し、問題を提示したうえで、それに対して彼自身の言葉で応えているのである。これらによって、ルネサンスの偉大な体系製作者のように、ル・コルビュジエは自らを、建築の生き字引のような、もしくはすべてが秩序づけられ、すべての矛盾が取り払われた世界の指標として、提示しているのである[55]」。

ロウの議論では、パラーディオとル・コルビュジエの比較は、本を製作した建築家たちの比較という水準にとどまっているが、ウィットコウアーというフィルターを通すことにより、パラーディオはル・コルビュジエによるモダニズムのある特定の形態をつくり上げるための引き立て役であることがはっきりとする。ここで、最近の論考でグイド・ツリアーニも述べているように、われわれはウィットコウアーとロウによる二種類のダイアグラムの、それぞれの本質と役割を注意深く区別すべきである。彼らのダイアグラムはふたつの異なる柱間のリズムを示しており、ウィットコウアーのものはＡＢＣＢＡであり、ロウのものはＡＢＡＢＡであるが、それはふたりの歴史家の役割がそれぞれ完全に相違する戦略を持つことを示している。「ウィットコウアーのダイアグラムは、彼にとってパラーディオのヴィラの内容の提示を構成している、内在する関係の構造を描いている。一方、ロウのダイアグラムは系列的な組成であり、彼の視点によれば、特定のデザイン選択の適切もしくは不適切な本質を評価する正しい関係と序列の構造を保証するものであった」[56]。議論をさらに進めるならば、そのような「デザインの選択」をロウは「モダニズム的」であると見なしたのであり、パラーディオによって確立されたデザインの選択の同様な組み合わせの背景に対するものと見ていた。ウィットコウアーにとってダイアグラムとは、パラーディオの空間配置についての歴史家による記述を、分析的に強化することを意味していた。一方ロウにとっては、ダイアグラムの採用およびそのコルビュジエの「ヴィラ」への重ね合わせは、すなわち支配的かつ古典的な規範の移行、侵略、改変を示すための戦略であり、同様の方法によってあらゆる近代建築を、つくるのではなく読むことへと、いざなうのである。[57] このような読解法は、ニューヨーク・ファイヴの作品に見られるような、デザインアプローチのモデルとしてであり、また反対のグレッグ・リンのデジタルデザインの実践のなかにあるような今日の形態主義の系列としてもあり、幾世代にもわたるレイトモダニストの作品を屈折させるほどの強い影響をもたらした。

マニエリスム

マニエリスムが歴史家によって区分され、定義されたのが一九二〇年代であり、近代建築に倒錯した空間の効果が最も強く求められていたと感じられる時期と合致するのも当然と言えよう。

——コーリン・ロウ「マニエリスムと近代建築」

『ヒューマニズム建築の源流』の出版の一年後に『アーキテクチュラル・レヴュー』に掲載されたロウによるふたつめの論考「マニエリスムと近代建築」では、ウィットコウアーからの影響がさらに顕著であった。にもかかわらず、一九三四年の『芸術会報』におけるミケランジェロ■の〈ラウレンティアーナ図書館〉に関する論考と、「パラーディオの原理」におけるパラーディオの〈パラッツォ・ティーネ〉、〈パラッツォ・ヴァルマラナ〉、〈ロッジア・デル・カピタナート〉の分析といった、ウィットコウアーによるマニエリスムについての基本的な仕事は、依然として認められていなかった。実際、編集者が用意したロウの論考の要約（ペヴスナーの手によると推測されるが、一部はロウ自身によって書かれたようである）は、ペヴスナーとアンソニー・ブラント■のみが先駆者であると述べている。

建築におけるマニエリスムは、二〇年代初頭の美術史家の定義どおりにこの用語が使われているが、かつてバロックに与えられたような注目をごく最近受けている。実際のところ、イギリスで建築との関係においてこの用語の定義を試みたのは、せいぜいふたつしかなく、それはペヴスナーによる一九四六年の『ザ・ミント』における論考と、アンソニー・ブラントによる一九四九年のRIBAでの講義である。しかし、マニエリスムの概念は、ひとつ以上の時代および場所における、芸術と建築のよりよい理解を約束する。この三月、ニコラウス・ペヴスナーは英国のエリザベス様式の魅力的な謎に光をあてた際に、この概念をどのように使用すればいいのかを示した。この論考でコーリン・ロウは、それを近代建築に応用することによっ

■ミケランジェロ・ブオナローティ (Michelangelo di Lodovico Buonarroti Simoni, 1475–1564)

—

ダ・ヴィンチ、ラファエロと並ぶイタリア・ルネサンス三大巨匠の一人。システィーナ礼拝堂の天井のフレスコ画や「最後の審判」など絵画の領域でも大きな足跡を残しているが、自身は彫刻家であり、それ以外の何者でもないと主張し、「ダヴィデ像」「ピエタ」「バッカス」「モーセ」などの傑作を制作した。「サン・ロレンツォ聖堂のメディチ礼拝堂」には、彫刻の拡張としての建築という考えが明瞭に現れている。晩年はローマで過ごし、数多くの建築の仕事にたずさわり、サン・ピエトロ大聖堂の建築主任もとつとめた。建築での代表的作品は他に「ラウレンティアーナ図書館」などがある。

てまったく新しい地平を開き、近代建築の表面上の価値を受け入れて満足していた人たちを驚かせるような結論にたどりついている。

作者、C・F・ロウ（美術学修士、建築家）は、現在リヴァプール建築学校で教鞭をとっている。一六世紀と今世紀の建築の間のアナロジーは、現代建築について一貫性のある理論を考案するにあたって無視しえないと、彼は確信している。[58]

ここで言及されているふたつの出典のうち、一九四九年三月に「建築におけるマニエリスム」として出版されたブラント▪のRIBAでの講義は、マニエリスムの概念の同時代の建築への応用にかなり直接的に関わっていた。[59] 彼はまずこの言葉の定義を試み、建築関係の聴衆に対して強調したのは、マニエリスムは「見せかけ」などではなく、そのものが際立った様式であり、美術史家による最初の記述は絵画について一九〇〇年ごろに行われていた。最も重要な例は、ウィットコウアーにならって、ミケランジェロの〈ラウレンティアーナ図書館〉であり、「ブルネレスキ▪の宣言に見られる要素はすべて採用されており…（中略）…単にひっくり返されている」。柱は壁に埋め込まれ、大きな荷重があるという視覚的な印象にもかかわらず渦型の持ち送りは小さい。柱は「奔放な方法」で扱われている。壁は「粗野に」中断されている。[60] このような転倒は、「パラーディオといった建築家の一見明らかに古典的とされるもののなかにも見て取れる」と、ウィットコウアーによる〈サン・フランセスカ・デラ・ヴィーナ〉のファサードのダイアグラムを使って要点を図示しながら、記している。[61]

▪**アンソニー・ブラント（Anthony Frederick Blunt, 1907–1983）**
——イギリスの美術史家。戦後はロンドン大学で教鞭をとりイギリス王室の美術館鑑定も行ったが、諜報機関のMI5に所属した時期があり、またソ連の二重スパイでもあった。ニコラ・プッサンの専門家だが、美術史家として扱った対象は幅広く、ルネサンス、バロック、ロココからウィリアム・ブレイク、さらにピカソにまで及ぶ。建築では、バロックやロココ、またボッロミーニに関する著作を残している。

▪**ブルネレスキ**（二〇四頁参照）

ブラントは、マニエリスムとはある特定の時代の様式を超えたもので、ペトラの岩の墓標からブレイクの水彩画や、ルドゥー■からソーンにいたる一八世紀後半の建築といった、異なる時間と場所に共通する現象であると述べている。それらは「ダイナミックな効果を生み出すために採用された、比例のゆがみ、詰め込まれた空間、極端な誇張」といった特徴を持っていた。「ある時期のある建築に対応する要素を見つけることもできる。例えば、ルドゥーといったフランス人の仕事のなかにである。……(中略)……彼の建築には、厳密にマニエリスム的な恣意的な要素の並列を見ることができ、いくつかの事例においてはジュリオ・ロマーノといったマニエリスムの建築家からの直接的な剽窃も見られる」[62]。だが、ロウによる解釈の文脈において反響しているのは、ブラントがマニエリスム的要素を直接ル・コルビュジエに帰属させていることである。ブラントにとっては、ル・コルビュジエによる内部空間の扱いが鍵であり、完全に閉じたいかなる形態も意図的に避けていると思われるところに現れる感覚であり、一方で解釈を最大限許容し、もしお好みならば、空間の定義を不確かに行うのである」[63]。そして彼はレクチャーを、『建築をめざして』のなかに書かれていたミケランジェロの〈サン・ピエトロ大聖堂〉についてのル・コルビュジエによる賛辞を、そのまま引用して締めくくったのである。[64]

ブラントの講義の次にロウが認めたふたつめの出典は、ペヴスナーの論考「マニエリスムの建築」であり、それは批評家ジェフリー・グリグソンが編集し、W・H・オーデン、ショーン・オケイシー、グラハム・グリーンなどの作品も掲載されていた『ザ・ミント――文学、芸術、批評の論文集』に発表された。マニエリスムに関するこの短い紹介は、この主題につ

■クロード=ニコラ・ルドゥー（二四頁参照）

いてイギリスで最初に披露したかのように書かれていたが、「一般化を信用せず」、「より論理的であまり実践的でない概念の法則の完全性と体系」に無頓着な経験主義的精神を持つイギリスに修正をもたらすためにも書かれていた。[65] ペヴスナーはドイツとオーストリアの美術史家たちが導入した「様式」という言葉を支持する議論を行い、この分野における用語のより正確な理解を確立しようとした。「各時代の様式に関する固有の用語は、多くのデータを合理的な順序に保つためにそこにあり」、芸術作品を「整頓する」手助けをし、ルネサンスをバロックから区別し、（ヴェルフリンの言葉によれば）「静的なものを動的なものから、簡潔なものを拡散的なものから、限りあるものを無限のものから、理想的なものを超現実的もしくは超表現的なものから」切り離した。[66] 彼は建築において「マニエリスム」が何を参照しうるかを検証する前に、一九二四年から二五年のその「発見」の効果を明確にすることを記し、この単語の絵画への最初の応用の概略を示した。[67] サンミケーリ、ジュリオ・ロマーノ、ペルッツィ、ミケランジェロ、ピッロ・リゴーリオ、アンマナーティ、ヴィニョーラ、パラーディオ、セルリオによるポスト反宗教革命の建物における「形態上および感情的特徴」についての彼の議論は、第二次世界大戦の後に英国で受けいれられた際、手早く確立されたマニエリスムの領域のなかに、それらの作品や作家を位置づけていた。一貫して、ペヴスナーは「不快なバランス」（サンミケーリの〈パラッツォ・ベヴィラクア〉）、「明解さの欠如」、「不協和音」、「不安定な安定性」、「落ち着きのなさ」、「不調和」（ペルッツィの〈パラッツォ・マッシーミ〉）、「凝りすぎ」（ピッロ・リゴーリオの〈ピウスの小邸宅〉）といった言葉を使い、それらはすべて「自意識過剰の」、「異議を唱える」、「いらいらした」、「厳格な境界の範囲から超越」しやすい、といった様式の特徴としてまとめられ、「眼を喜ばすというよりも害する目的を持った」様式であるとされた。[68]

広範な参照、慎重な形態分析、ピウス五世とロヨラの厳格な時代の特別な様式としてのマニエリスムの説明、「人間への無信仰、物事への無信仰」とは「離れていかめしい、楽しみのない様式」などを伴っていたペヴスナーの論考は、イギリスの見識をもったエリート、とくにコーリン・ロウとその仲間たちに多大な影響を与えたことは明らかであった。[69] イギリスのプラグマティズム、「視覚的違いのなさが悩ましい」「近代建築家」、「それと同様の悩みをもった」批評といったものに対する、ペヴスナーの皮肉は、戦前の鑑定家階級が展開した理論や批評の言葉を再定式化することに懐疑的であった世代に、自然と訴えかけるものがあった。ついに、マニエリスムとは、画家のような視点をファサードへと応用するだけではなく、より空間的な問題であるという彼の認識は、建築全般に関するモダニストの考えと同調したのである。ペヴスナーは「建築とは壁や壁の配置がすべてではない。それは第一にまとめ上げられた空間である」と述べ、「映画のような方法で」「少なくとも誰かの眼を通して」「面白がられる」ことが求められるため、「空間について書くことは壁について書くよりもずっと難しい」ことを認めていた。[70]

ペヴスナーは、ミケランジェロに関するウィットコウアーの評論を粗雑に引用した際、亡命者でありロンドン大学の同僚であったこの仲間に対して、あまり好意的ではなかった。ミケランジェロの〈ラウレンティアーナ図書館〉についての長い分析へのまえがきでは、ウィットコウアーが定義したようなマニエリスムの言語によってミケランジェロについて考えた者はこれまでいなかったという平凡な意見を寄せていた。ブルクハルトからシュマルゾウにいたる多くの学者が気づいていたこの建物の「不調和」は、「闘争」の痕跡として解釈されていたのであり、ペヴスナーが見なしていたように「痙攣し、凍りついた」建築ではなかった。[71] ウィットコウアーのラウレンティアーナについての徹底的な分析を、ペヴスナーが無視したのは、偶然ではなかったのである。

実際、ウィットコウアー自身のマニエリスムについての考えは、建築史におけるライバルたちのものとはきちんと折り合えなかった。ミケランジェロに関する一九三四年の論考のなかでくわしく述べられていたように、この様式に対する彼の考えは、ラウレンティアーナの設計の段階を再構成するという緻密な研究からもたらされていた。それはマーガレット・ウィットコウアーが一九七七年に記したように、「建築におけるマニエリスム様式の存在の証明」に関わっており、なぜならばフォス、ドヴォルジャーク、ダゴベルト・フライ、フリートレンダーといった初期の歴史家たちが導入したこの言葉は、絵画の研究から生まれたものであり、建築やその要素の配置に対して特定されたものではなかったからである。[72] この指摘を補強するように、ウィットコウアーの論考は「マニエリスム建築の問題」と名づけられた失われた章がまえがきとされることになっていた。[73]

ウィットコウアーにとって、建築におけるマニエリスムとは第一に、「調停された衝突、両極端の間にある休みない変動」と自身が称したものによって特定され、彼はこれをラウレンティアーナの「建物全体における支配的な原理」と見なした。そこでは荷重を支えるべき柱は通常であれば分割され支持される壁にはめ込まれ、したがって普通の壁と柱の立場が逆になっている。同様に、上に向かって昇ると表明している階段は、その中央で滝のように下方に向かう動きを与えられており、前室を占めているこの階段は、訪問者にとって休止の時間を的確に表現している。同じように、細部も「解決不能という同様の主題」を示している。内側と外側の建具枠は「ふたつの異なる調停しえない意味」を与えられており、トリグリュフは「付け柱の下の滴」のように垂れ下がり、各要素はその他のものを限りなく中和している。「ひとつの体系によって建築に取り組もうというすべての試みはすぐさま他のものを」「両義的な」ところまで導いているというのが、支配的な印象である。鑑賞者は、「いつの間にか、疑いと不確かさの状況に突っ込まれているのである」[74]。ルネサンスの「自己充足性」、安定性、動きの欠如の感覚、およびバロックの明解なダイナミックな動きとは反対に、マニエリスムは「機能の二重性」を存続し、それは「マニエリスム建築の基本的法則のひとつである」[75]。

対立をマニエリスムの第一法則とすれば、次にウィットコウアーが明確にした第二の法則は「転置の原理」である。[76] ヴェネツィアの〈サン・ジョルジョ・デ・グレッキ〉のファサードで示されたように、付け柱は重なり合い、垂直軸を探す試みはことごとく失敗し、「転置はファサードの明快な読解を禁じ、目は端から端へ、上から下へとさ迷い、引き起こされる運動はまたしても多義的と呼ばれうる」。こうした原理はルネサンスにもバロックにもまったくなじみがないものだとウィットコウアーは主張し、マニエリスムと呼ばれる様式が存在することを示し、ラウレンティアーナはその「至高の表現」であるとした。[77]

ウィットコウアーの分析は、彼がマニエリストと規定した一五二〇年から一六〇〇年の歴史的時期だけに限定されなかった。すでに一九三四年には近代全般についての試論を展開しており、一五世紀初頭から一九世紀中ごろに渡る一貫性を見ていた。そして「マニエリスム」は、完全に静的ではなく明らかに動的でもない建築についての一般的な用語となっていた。美術史が「慣習的に」静的なルネサンスから躍動的なバロックという流れの展開を考えていたのに対し、ウッィトコウアーは、マニエリスムは「静的な建物にも躍動的な建物にも適応できる両義的な概念を持ち」、時代を通してしばしば異なるスケールで現れるとした。彼によれば、真の中断は一九世紀中ごろに近代の鉄骨造が導入された効果によってなされ、それはルネサンス以前のゴシックのフライング・バットレスのように、もはや壁を必要としない構造を生み出した。しかし、一四世紀から一九世紀の間において、壁は主要な要素であり、機能や構造を妨げることなくその表面での円柱による変化のある遊びを許容していた。もちろんここで、ギーディオンによって確立された、近代建築は骨格の原理と「機能的」要求の正直な表現に基づくという一般的な了解にウィットコウアーは従っていた。だが彼は、ロウが熱心に開拓することになる近代批評におけるひとつの抜け道を残しており、それはラウレンティアーナの特徴を述べる際に、「建築に対する完全に新しいアプローチの始まりであり、まだ探究されていないか、誤って解釈された建築史の広い領域の鍵であり、続く二世紀以上の間に起こりうることの説明でもある」とした。[78] そしてもしウィットコウアー自らがその期間を一九世紀まで延長できていたならば、建築はもはやシカゴフレームの持つ明晰さにではなく、同じ原理に従った分析によって、表面と構造、歴史的伝統と近代の両義性に対して専念するべきではなかっただろう。

　ロウは、ウィットコウアーのミケランジェロに関する権威ある論考を無視し、「イギリスにおける（「マニエリスム」という用語を建築に応用しようという）一般的な試み」はブラントとペヴスナーのもののみであるとしていたにもかかわらず、ウィットコウアーの言説全般を自身の近代建築の扱いと同化させていた。ル・コルビュジエのラ・ショー・ド・フォンの住宅のファサード全面は、ヴィチェンツァのパラーディオの邸宅、ツッカリのフィレンツェの小住宅、ロンドンのサフォーク・ストリートのジョージアン様式の住宅と比較された。ソーンはマニエリスムであるというブラントの指摘を採り上げ、一九世紀初頭のロイヤル・アカデミーでの講義用挿絵としてソーンが描いたツッカリがマニエリストのモチーフであると幾度も強調しさえしている。ロウのブラントへの依存は、この論考の結びの箇所で、ミケランジェロについて語るル・コルビュジエを自由に引用した際にもまた現れていた。

だが、「マニエリスムと近代建築」の中心となったのは、ルネサンス以降の建築史の入念かつ簡明な再構成であり、折衷主義とピクチャレスクの視覚的性質に対する構造の合理性とプログラムに対する道徳的倫理との戦いであり、理性の希求と視覚的満足とに分離していた近代運動を通してなぞられる葛藤であった。ロウはこうした展開のすべては、そうした葛藤とともに、ル・コルビュジエにおいて頂点に達したことを見出し、彼の『完全作品集』は「一六世紀のあらゆる偉大な建築論文に引けを取らぬほどに展開され、かつ論理的に述べられたものである」と位置づけた。[79] しかし、ル・コルビュジエが直面した真のジレンマ──それは「理想的ヴィラの数学」の明らかな成功によって、ロウおよび彼の仲間たちにもおそらくもたらされた──は、コルビュジエが「感性に対する態度を限定できないこと」であった。[80]「絶対的な価値」、「普遍的で快適さを与える真理」の強化のための数学的操作によって、「立方体、球、円筒、円錐、そしてそれからつくられるもの」として現れたものに捧げられた「感覚的賞賛」が問題となったのである。[81] このことから、広く知られた言葉「光の下で一体にされた立体《マス》の巧妙で正確、かつ壮大な戯れ」は、物質に外から注がれる知的な考えの「正確さ」と、物質そのものの視覚的属性の正確さとの間において、決しておさまることのないル・コルビュジエの内にある「自己分裂」とロウが見なしたものを明らかにした。ロウはここで、ル・コルビュジエの第一次世界大戦以後の世界と一六世紀における反宗教改革の世界の類似性を用意し、どちらの文脈もバランスと調和は不可能であることを描いていた。「もし一六世紀マニエリスムが激しい精神的、政治的危機の視覚的指標であったなら、今日類似した傾向が再び起こることも予期されない訳ではないし、それに匹敵する対立を指摘するには及ぶまい[82]」。

　このようにして、ロウはマニエリスムとモダニズムに共通する混乱と誇張を体系的に比較した。中心的であり周辺的な平面。鳥瞰といった抽象的な視点による知的な確信を視覚的に求める作品。ミケランジェロやミース■たちに見られる、適切であると同時に解明不可能な空間的複雑さ。ヴィニョーラやミースに見られる、両義的な空間構成。そして最後に、〈サン・ピエトロ大聖堂〉とル・コルビュジエの救世軍の建物に表された、異なるスケールをもった調和しない要素がもたらす親密さ。こうした比較によってロウは「我々は自分たちの時代につくられるものを現実に測ること」が可能となった。〔救世軍の建物は〕「攻撃的ではあるが深い識見に基づいたソフィスティケーションで構成されており、大きなスケールの可塑的エレメントによってガラス壁の比較的小さな規則性が対比的にきわ立っている。ここでもまた、不協和なもの同士が完全な一体化を主張するのである。サン・ピエトロと同様に、この複合

■ルードヴィヒ・ミース・ファン・デル・ローエ（八頁参照）

的かつモニュメンタルな奇想から視覚を解放するものは何もないし、曖昧さのない満足も決して得られない。撹乱は完璧である」[83]。そして、ロウはひとつめの論文ほどはパラーディオとル・コルビュジエを比較せずに、ここではミケランジェロとル・コルビュジエを比較している。この意味において、論点はマニエリスムと近代建築というほどではなく、「ミケランジェロ風」のル・コルビュジエおよび「マニエリスム」な近代建築についてである。もちろん、マニエリストにせよモダニストにせよ「マニエリスト」であることを第一の目的として始めたわけではなかったし、それどころかともに自分たちは無作法な反抗者であると考えていた。パラーディオの邸宅と〈ヴィラ・シュウォブ〉の空白と思われる壁面は、「ルネサンス・ヒューマニズムの建築的伝統」とモダニズムの領域のなかで、一つひとつ、また丁寧に解釈がなされた[84]。ロウは「パラーディオによる通常のものの転倒」とル・コルビュジエの「形態的両義性」を確認したが、それらは古典的なものとモダニストの一致という「内部の核を混乱」させるように上手く意図されていた。しかし同様に、ドヴォルジャーク、ペヴスナー、ウィットコウアーが指摘したように、こうした混乱は歴史的意味からすれば古典的なものからはずっと遠いものであった。どちらかといえば、それはロウが「普遍的不調」と名づけたものの、そして古典主義や近代主義といったものをひどく苦しめる根本的な「内在的矛盾」の兆しであったのである。

　こうした初期、中期、そして学術的末期といった歴史的感覚を与えられ、モダニズムが新古典主義へとずれることと、パラーディオ主義が一八世紀末の新古典主義へとずれることは、ともに避けがたく、それはまた退廃の兆しであった。こうした状況にあって、ロウを一八世紀へと導いたのはウィットコウアーではなくカウフマンであり、それは死後に出版された一九五五年の『理性の時代の建築』を読解することでなされた。ロウは、ポスト・コルビュジエ主義およびポスト・ミース主義を、近代建築を（情熱的にではなく偽りで）刺激したイデオロギー的内容を欠いた形態的結晶の時代だと見ていた。革命は失敗に終わったのである。ビルディング・センターでの一九五九年のル・コルビュジエの展覧会の論評で結論づけられたように、「あらゆる革命の成功は、同時に失敗なのである」。近代建築は今やどこにでもあり、「公式の芸術」であって、「何か新しいことの継続的な象徴ではなく、近代建築は近頃ではあらゆる存在の意匠となった」[85]。「ネオ・パラーディオ主義のヴィラは英国風庭園のピクチャレスク的点景となり得たに過ぎないし、ル・コルビュジエもおびただしい模倣と退屈なテクニックをひけらかす慰みものの源泉と化した」[86]。ロウがいくぶん落胆して「理想的ヴィラの数学」を締めくくったように、「ネオ・パラーディオ主義者や、「コルブ・スタイル」の代表者の作品には、オリジナルに在る壮大な質を見出すことはできない」。しかし一九四七年の時点ではロウにとってその区別は明白であり、「これらの区別を強調するには及ぶまい。派生的な作品の場合、堕落した「法則性」のみに固執する、という簡潔な指摘だけで十分であろう」[87]。

ここに、疲労感、既視感、終わりなく繰り返されるありふれた表現という感覚を、一九四七年と一九五〇年の初期の論考という早い時期においても、ロウが抱いていたことを指摘することができる。それは現代の作品に対する彼の評価のなかにも広がっており、シュペングラーのようなこの批評家／歴史家は、歴史の終わりにあって人生の倦怠感によってすでに倦んでいた。こうした荒れ地にあって、後で見るように、ロウのかつての教え子でありまた友人でもあったジェームズ・スターリングのみが、マニエリスムから新古典主義への移行を克服したという批判から自由であった。それは晩年のジョン・ソーンのような、折衷的であり結合的、抽象的であり象徴的といったものであり、イデオロギーのない形式主義や内容を伴わないレトリック、レイトモダンの制度化されたタイポロジーを発明するための鬱陶しい転倒のまさにその力といったものなどから救い出すことができる、あらゆる長所を発展させていたのである。

モダニズムの終わり

コーリン・ロウは疲れた傍観者ではないかというこうした感触は、ニューヨーク・ファイヴに関する彼の論考を読むと確信に変わる。例えばル・コルビュジエを支持したギーディオンや、反対にル・コルビュジエを批判したペヴスナーといった、批評的権威づけといった類いの明白な感触はここには見当たらず、批評家による建築家の行為への加担だとタフーリによって酷評された「操作的」批評の兆しも見当たらない。タフーリですら彼の根本的に批判的な性格にもかかわらず、経歴のある時点においてアメリカン・ファイブに熱心に関わっていたとき、ロッシによるネオラショナリスト・タイポロジーがクリエやその他の建築家たちへ与えた衝撃をはっきりと記録していた。しかしロウは、この持ちあがった問題に対するいかなる確固たる判断からも逃れたがっているようであった。そのため、『ファイヴ・アーキテクツ』(一九七二年)でのロウによる序文のなかでましな部分は、この本の内容の延長上にある議論ではなく、ありふれた成功をしていた近代建築の失敗の検証に費やされていた。議論の要点が置かれたのは、ヨーロッパのモダニズムにおける道徳的、ユートピア的推進力の消失、イデオロギー的でないと思われるアメリカの近代建築、およびモダニストの領域の復活と延長を通して歴史的「意味」を回復するために残された入口であった。ロウの言葉によれば、アイゼンマンは「コモで啓示を受けたように思われ、ヘイダックは統合的なキュビストのパリと構成主義のモスクワの両方への加盟を望んでいるように思われ」、グレイヴス、グワスミー、マイヤーは「明らかにコルビュジエ流の方向性」を有していた。ニューヨーク・ファイヴによって提示された議論は、「ほとんどが建物の形に関してであって、その精神に関しては間接的にすぎなかった」というロウの結論は、建築を意味のある言語としようとしていたこの新しい形態主義の本質と向き合うことを避けていた。[88]この本の、一九七五年のオックスフォード・ユニバーシティ・プレス版に挟み込まれた二段落分の訂正表においてさえも、作品の「ブルジョワ的で」、「国際人の博識」と「論争好きな二番煎じ」という特徴といった、極端に歪んだ評価よりは少しましな賛辞をロウは贈っている。その唯一の長所は、明らかに「それはある人びととある建築家が望んだものであり」、したがって少なくとも「原理的には」、失敗を起こしにくいという事実にあるとした。[89]

結果として、ロウは究極的なまでに聡明な分析的視点をもっていたものの、われわれはすでにすべては起きてしまったと信じている批評家と向かい合っているのであり、彼は一九四五年の世代のなかに位置づけられ、宿命的にもしくは冷静に、歴史的出来事はポスト歴史の反復と窮地のなかに終わっているという信念によって慰められている人物なのである。

モダニスト・マニエリスム――スターリング

ロバート・マクスウエルは、ジェームズ・スターリングの活動の初期に、一九五五〜五六年の『アーキテクチュラル・レヴュー』に掲載されたふたつの論考「ヴィラ・ガルシュからジャウール邸へ」と「ロンシャン」は、同誌に掲載されていたロウによる最初のふたつの論考を意識的に模範にしていたと、推測している。[90] 確かにスターリングは、卒論の指導を受け、一九五一年以降彼の仲間たちと親しくなるなど、リヴァプール建築大学にて当時影響力をもち、モダニズムへの「転換」を支持していたロウから強い影響を受けていた。しかしスターリングの論考を読むと、コルビュジエ流の近代性を模倣を超えて根本的に再評価するための戦略が明らかになるが、ロウがその問題を公然と考えていたのは後になってからだけである。スターリングの論点のひとつめは、正典とも言える〈ガルシュ〉から、いまだに誤解されていた〈ジャウール邸〉へと注目を移行することの必要性である。ロウ好みの比較方法を使って、スターリングはこのふたつの住宅をル・コルビュジエの語彙の「両極」である、「合理的、都会的で、プログラムに沿ったもの」に対する「個人的で、反機械的」なものと位置づけた。[91] ガルシュは依然として規範であり、同時に「ネオ・パラーディオ主義の傑作」であり、ル・コルビュジエによるハイ・モダニズムの変奏の典型でもあった。軸性を持つ立体であり、建物には正面から入ることを求め、空間的動きの戯れは室内にしっかりと組み込まれていた。対照的にジャウール邸は、主要なファサードを示さず、外部には空間的活発さがあり、内部は静的である。特筆すべきは、〈ガルシュ〉の滑らかで白い機械の美学と、〈ジャウール〉の粗いコンクリートと煉瓦構造の違いである。どちらも屋上が緑化されているが、片方には優雅なサンルームがあり、もう片方は手入れがなされていない芝生と土のままである。片方は洗練されており、片方は粗野である。片方は邸宅であり、もう片方はプロヴァンス風もしくは伝統的なインド風の田舎屋である。もし様式というものが「ある態度の結晶であるならば」、この明らかに根本的な移行はどのように説明できるのだろうか。スターリングはこの問いかけに対して、美学的にではなく社会的な言葉で答え、過激で革命的なアヴァンギャルドとエリート的性格を持つガルシュを、家庭的でどこにでもありうる〈ジャウール邸〉と対照的に扱った。ガルシュは、「二〇世紀的自由の進歩」を予期した（正しく）「ユートピア主義」のものであった。それは新しい「現状」に応答するものとしてジャウール邸に残され、「都会でも田舎でも、文明国の家族ならばどんな家族にも住める」ようにと達成された。[92]『アーキテクチュラル・レヴュー』では、素材と空間的構成の対比を示す写真が二ページに渡って続き、それはスターリングの最初の集合住宅〈ハム・コモンのフラット〉を直接的に予感させたが、そのプロジェクトは実質的にほとんど〈ジャウール邸〉を元にしていた。「死んだ時代のためではなく、まだほとんど訪れていない新しい生活方法のための記念碑」は、活き活きとした家庭的な家にとって代わられ、それは伝統的な素材と（実際にも形態的にも）親しみやすい日常的な美学によって建てられ、唯一のもしくは序列的な正面というものを示していなかった。レイナー・バンハムは、三ヵ月後の『アーキテクチュラル・レヴュー』にてこの新しい様式を「ニュー・ブルータリズム」と名づけ、家の周りの歩行という歩き回る視点を用いていたが、それはスミッソン夫妻が〈ハンスタントンの学校〉を発表する際に使われた写真のテクニックと同様のものであった。

この新しい視点の登場は、スターリングのふたつめの論考「ロンシャン――ル・コルビュジエの礼拝堂と合理主義の危機」で確かなものとなった。ヨーロッパとアメリカの分裂が認知できる建物について、スターリングはSOMのゴードン・バンシャフトによる〈レヴァーハウス〉と、ル・コルビュジエによるマルセイユの〈ユニテ・ダビダシオン〉の比較から始めている――後者はロウの論考「シカゴフレーム」のなかで要約されている。[93] ここで対比されているのは、テクノロジーと芸術であり、工業の製造過程および工業製品の「機能主義」と「ある特定の用途の建物をデザインするヒューマンな方法」である。[94] スターリングは、このふたつのあり方は〈ロンシャン〉の外観によって根本的な異議申し立てをされており、この建物は純粋な形態と空間をもつ建築を「詩の純粋な表現」といった性質をもつ極端な「可塑性」へと拡張し、機能的問題を明らかに捨て去っていたとした。[95] このような可塑性は、建物の周りを動き回るときにのみ理解できるとスターリンは論じている。そのような動きは、入口へと続く丘を登る道筋によって強められ、独特であり私的である作品の外観によって強調される。ここに芸術はテクノロジーに打ち勝ったのである。

しかし、スターリングは、明らかに分離されていた美学とテクノロジーとを、ロウが全面的に拒絶していた「地方の」そして無名の建築という、第三の語彙によって調停した。そのような建築とは、ル・コルビュジエには地中海への参照によって表わされ、スターリングにとっては昔から関心を持っていたリヴァプールにある新古典主義のドックの建物であった。よく知られているように、若かりしロウの個人指導によって進められていたスターリングの五年次の卒業計画は、新しい街のコミュニティ施設の中心ゾーンの計画であり、そのなかの建物のひとつであったコミュニティ・センターは細部まで設計されていた。スターリングはその計画において、資料の読み込み（計画および建築的参照）および「コミュニティ」の建築を探すための旅行――アメリカ、フランス、イギリス横断――といった調査の内容を記録していた。彼は、ともにル・コルビュジエによるマルセイユの〈ユニテ・ダビタシオン〉とパリの〈スイス会館〉、グロピウスによるケンブリッジシャーの〈インピントン・ヴィレッジ・カレッジ〉、ニューヨークの〈ピーター・クーパー・ユニオン〉、そして家に近いリヴァプールの〈イースト・ウエヴァートリー協会〉を訪問した。スターリングによるコミュニティ・センターの全体計画は、明らかにル・コルビュジエによる一九二九年のムンダネウムの計画から着想を得ており、それには個々の建物の配置を整える「規則線」も含まれている。コミュニティ・センターもまた、ピロティによって持ち上げられているため見かけはコルビュジエ風であった。批評家は、たびたび再生産されたファサードのドローイングの原理に対するコルビュジエ風の影響を記し、それをロウとスターリングの学友ロバート・マクスウエルによるものとした。卒業計画のなかで、スターリングは「構造的形態の美学」という見出しの下、ピロティを持つ建物の美学的理論を発展させている。「建物を脚柱に載せることが自然にもたらすのは、建物を浮かせることであり、もし柱の上の物体に水平性があれば、すべての方向に対して外側に向かうのである。（幅よりも高さがずっとある）箱をその際で脚柱に載せることは、その垂直性に対する矛盾であるから、そうした形態は槍のように地面に突き刺さるべきなのであり、柱の上に載せることはその方向に反することである。横に置かれたスラブのような形や、テーブルの天板、置かれた本のようなもののみが、柱の上において浮かせるこ

■ヴァルター・グロピウス（四三頁参照）

とができるのである」。[96]ここで、スターリングは、偶然ではなくロウの口調が反響している言葉によって、ル・コルビュジエの〈スイス会館〉やマルセイユと似たような流儀を用いて、計画したコミュニティ・センターを柱に載せるという彼の決断を説明している。

しかし、事例と彼自身の模型の写真が貼られたページの束のなかからは、ひとつのページが失われていた。それは別のフォルダーのなかから見つけられた、リヴァプールのドックの建物の写真であり、煉瓦造の新古典主義の構造がドーリア式の柱によって持ち上げられ、スターリングのコミュニティ・センターのデザインとまったく同じ視点から撮られていた。製本された卒業計画からのこの写真が「紛失」したことが故意かどうかにかかわらず、当初は含まれていたということは、スターリングの二重の忠誠心と呼びうるものの根本的な本質の鍵を提供してくれる。それは一方はモダニズムに対してであり、同時にモダニズムの機能的起源に対してであるが、後者は、ル・コルビュジエにとっての地中海、一九世紀イギリスのより工業的な形態――合理的建築のいわば「自然な」様式である「古典主義」、ル・コルビュジエによるパルテノンからルーブルへという規範や、ロース■による「ウィトルウィウス的」伝承といった感覚のいずれであろうとも、伝統的建築の流儀からでっち上げられたものであった。スターリングの場合、イギリスの機能的伝統の古典的モチーフは、彼がこうした構成要素を組み合わせ、古典的、伝統的起源を与えつつ、論文の完全に近代的性格を維持することを可能とした。いずれにせよ、この写真はスターリングが地方のまたは地域的古典的建築に最初から興味を抱いていたという意見を裏づけるが、通説にあるように、若いレオン・クリエはそれに惹かれてはいなかった。

■アドルフ・ロース（二一一頁参照）

当初から、スターリングはロウのシュペングラー風の諦観や懐古的帰属趣味からの解毒剤であった。実際、スターリングとガウワンによる〈レスター大学工学部棟〉（一九五九〜六三年）についてのロウの描写は、ソーンの「神秘的光」を肯定した、ウザリング・ハイツのウドルフォ城とデシマス・バートンの温室の結合といった、ウォーによるブライズヘッドの描写と同じようなものであった。[97]

こうした文脈からすると、スターリングは常にモダニズムの特質すべてを探し求めており、その意味するところをモダンの一般的な受容を知らせる説明の源泉として役立つようにし、同時に、イギリスの温室やドック、ドイツの古典的博物館や歴史的出来事といった、地域性の伝統的「古典的」起源を認識していた。おそらく、この歴史と近代性、ハイ・クラシシズムと土着性の複合的なダンスを最もよく示している事例は、〈シュトゥットゥガルト州立美術館〉であろう。ロウの歴史主義が求める卓越した「コラージュ」がなされ、スターリングは、すっかり伝統的とも言える近代の道具「回遊する建築〔promenade architecture〕」という手法によって、シンケル■の〈アルテス・ムゼウム〉を、記憶——中央にある屋外の廃墟の「パンテオン」——と近代性——鮮やかに塗られた鉄骨と折り込まれたガラスの庇——とが結びついた構成へと変形させたのである。[98] ロウは、〈アルテス・ムゼウム〉とル・コルビュジエの〈シャンディガールの議事堂〉の親子関係は受け入れることができた。「伝統的な「ポシェ」を備えた慣習的で古典的な「方法」と、〔コルビュジエの〕歪められ、対立し合う部分的な動きの変化を示してはいるが極めて類似した「方法」。恐らくそれは伝統的な「ポシェ」に代わるものと理解してよかろう」。[99] しかし、結局ロウはシュトゥットゥガルトには満足できなかった。最終的に、

■**カール・フリードリヒ・シンケル**
（三一頁参照）

彼の過剰な古典好みと、古典的近代の展開によって、パラーディオのヴィラとル・コルビュジエの〈ガルシュ〉がともに持つ不在を拒絶した。それはファサードについてであり、ファサードの面がないと、建物はその正面性と、したがってあらゆる「鑑賞者の眼と、人が建物の魂とあえて呼ぶもの（内なる活気の状態）とが交わる形而上学的平面」を失うとロウは信じていた。[100] スターリングのアクソノメトリック（主要な面を決して生み出さない描法）の使用は、一点透視法を流行らないものとし、またファサードをさらけ出し、そしてロウにとっては、透明性、重ね合わせ、壁が活気あるものとなることの鍵となるものであった。

モダニズムと伝統的な古典主義に対するスターリングの二重の執着は、後から見れば、ル・コルビュジエやマルセル・ブロイヤーといった建築家が一九二〇年代と一九三〇年代に表現したような、モダニズムそのものが持つ主要な推進力と対立するということはまったくなかった。なぜなら一九二〇年代にル・コルビュジエや他の建築家によって提案されたように、近代運動はふたつの側面をもつ機械であったからである。それは一方では、形態についての戦略が新しい社会秩序の役に立つように、アヴァンギャルドのイデオロギーに仕えたコラージュ、モンタージュおよび形態主義全般に関するあらゆるテクニックを採り入れた、形態に関するモダニズムに捧げられていた。もう一方では、そのようなモダニズムは、伝統的でなく、建築的でない抽象化された工法に基づいた、社会との「時間を超越した」関係を求めており、それは古典的秩序のなかには自らの表現がない、継承された古典主義の原理の普遍化と手を携えて進むと見られた。したがって、ヴィラが、パラーディオ風の変形されたタイプのなかに自らの構成［parti］を見つけたり、地中海の農家から想起される形態言語や、船や飛行機や車から採られたモチーフといった偶像性を見つけることは、矛盾とは考えられなかった。新しさと普遍性、近代と古典、テクノロジーと伝統の間にある二重の視点は、一九二〇年代においてその主唱者にまったく明らかであったわけではない(『建築をめざして』におけるコルビュジエの記述の大部分にもかかわらず)。しかし、「理想的ヴィラの数学」や「マニエリスムと近代建築」といった論考におけるロウの批評と、『アーキテクチュラル・レヴュー』の戦後すぐの号におけるペヴスナーと彼の同僚により採り上げられた古典的、機能的伝統の地域的ヴァージョンへの興味によって、他の人びとと同じように、スターリングの世代にはそれはとても明らかなことであったのである。

3 未来派モダニズム

――レイナー・バンハム――

バンハムは近未来を創作し、ロウは近過去を創作した。私の世代にとってそれらは議論の両極であったが、ある種の人たちにとってはどちらも受け入れがたかった。

――ロバート・マクスウェル、コーリン・ロウの紹介「RIBAへの感謝　その一」

建築家であった歴史家コーリン・ロウは、ネオ・パラーディオ流であるル・コルビュジエ■の歴史的、モダニスト的「マニエリスム」のなかに、同時代の実践に向けた答を見出したが、一方で、技術者であり美術評論家であったレイナー・バンハムは、近代建築の言語が一九二〇年代末までに疲弊していたのかどうかはっきりとした確信を持てないでいた。バンハムは、一九一八年から一九三〇年の期間についての歴史的記述である『第一機械時代の理論とデザイン』のなかで、二〇世紀の新しい技術的、社会的状況に対応する建築の創作という近代運動の秘かな願望によって、近代建築の言語を窮地に追い込んだのは、まさにそれに対する形式主義的で学術的な抑制であったと論じている。ロンドンのユニバーシティ・カレッジにて歴史家ニコラウス・ペヴスナー■の指導のもとに書かれたこの論考で、バンハムは当

■ル・コルビュジエ（七頁参照）

■ニコラウス・ペヴスナー（八五頁参照）

時のイギリスにおける学術的郷愁と彼が見なしたものによる試みへの反論と、二〇世紀前半に見られた技術的野望の復活の両方をなしとげようとしていた。ペヴスナーによる事例はバンハムの議論の鍵となるものであり、それはウィットコウアー■の歴史的本質と理論的分析がロウの初期の論考にもたらしたものと同様であった。ペヴスナーは一九三六年の「近代運動」の考えを定型化し、一九四〇年以降のドイツにおけるモダニズムと、イギリスにおける経験主義の間の複雑な折衝を行った。それは、疑似歴史家（＝バンハム）の機能および技術に関する権威の基礎を築くこととなり、バンハムが一九六〇年代の科学の飛躍的前進を全面的に受け入れることを可能とした。またペヴスナーは、建築において美学的な基盤を放棄することへの抵抗と、学術的ではなく「機能的」な美学としてのイギリスのピクチャレスクの受容を通して、バンハムに影響を与えた。結果として、生涯に渡って反アカデミズムであったバンハムは、建築の「ブラックボックス」のなかの秘められた言語と後に名づけるものへの憧れを、終生捨てることはなかった。[1]バンハムにとって、新しい形の「ピクチャレスク」風の建築イメージと新しい技術や素材の必要性とを結びつけることは、窮地に陥っていたモダニズムの形式主義に対する、少なくとも偶発的な解決方法であった。

■ルドルフ・ウィットコウアー（七三頁参照）

モダン・ピクチャレスク

ピクチャレスクとは、グリッド、軸線、モジュールまたはその他の学術的予測に基づかず、それよりも、部分の自由な集まり、異なる素材の自在な並置、それぞれが好ましいようにあること、そして視覚的混沌の世界における近代運動と、計画者の生命線を導く原則である実験的アプローチに基づいた、初めてのただし必ずしも究極であることを必要としない美学的原則であった。

――『アーキテクチュラル・レヴュー』所収、
ペヴスナーの「C20ピクチャレスク」に関する編集付記

■『アーキテクチュラル・レヴュー』（九一頁参照）

ニコラウス・ペヴスナーが編集へ参加した一九四一年以降、『アーキテクチュラル・レヴュー』■は強調しきれないほど大きな影響を、当時のイギリス建築に与えた。ペヴスナーの協力を受け、この雑誌は（いまだイギリスの文脈のなかにはしっかりと納まっていなかった）モダニズムと真正の建築に関する地域特有のルーツへの信仰を擁護した。ペヴスナーによる編集作業と継続的な寄稿を通じて、世に知られていなかったヴィクトリア朝への歴史的興味、その土地特有のもの、編集仲間の「タウンスケープ」への親近感、また彼の『近代運動の先駆者たち』における英雄が例証した近代機能主義の伝統への信仰といったものが、そこでは巧みにうまく組み合わせられていた。そしてペヴスナーは、生地ドイツから持ち込んだ時代精神に対する信念を、彼が帰化したイギリスへととても冷静に伝えることができた。[2] これらの関心事は、ピクチャレスクに対するイギリス人の基本的な才能と彼が見なしたものや、より重要なことに、ピクチャレスクの近代建築そのものへの影響とによって、まとめ上げられていた。[3]

ペヴスナーは、『アーキテクチュラル・レヴュー』による「ピクチャレスク・リヴァイヴァル」支持を非難したバジル・テイラーのラジオトークに対して鋭く反論し、以下のように自説の要点を述べた。[4] ピクチャレスクを運動だと捉えるテイラーの解釈は間違いであるだけではなく、ピクチャレスクの重要な遺産は近代運動における構成に関する実践のなかにも見つけることができる。ピクチャレスクは「偶発的」で「秩序がない」というテイラーの批評に対し、ペヴスナーは「多様性」と「不規則性」をピクチャレスク固有の表現だと提示し、まさにこうした性質こそがモダニズムの成功のもとになっているのだと主張した。彼は、グロピウス■による〈デッサウのバウハウス〉の建物、ル・コルビュジエによる〈シュトゥットゥガルトの住宅〉とモスクワのセントロソユーズのプロジェクトを例として引用した。これらの建物の美学的な特徴は、「直方体の形状、モールディングの排除、大きな開口など」だけではなく、より重要なことは「それぞれの建物の自由な配置、素材の混ぜ合わせ、修辞性、自然さ、荒さと繊細さ、そしてそれ以上に区画全体の自由な計画」を備えていることだとした。[5] こうした属性は、モダニズムの「機能と技術から刺激を受けた想像力の自由な実践」を、「アカデミーの墓場のルール」や近代運動によって捨て去られた「拘束服」から区別するものだと、ペヴスナーは結論づけた。[6] ヒッチコック■にとって一五年前にそうであったように、ペヴスナーにとって「二〇世紀初頭の近代革命と一〇〇年前のピクチャレスクの革命は、まったく共通する原理を持っていた」[7]。

テイラーのラジオトークは、イギリスにおける近代主義派の建築家たちからは心底嫌われていたピクチャレスク・リヴァイヴァルのひとつの形であった、「タウンスケープ」――『アーキテクチュラル・レヴュー』に支持され、同誌のアート部門の編集者ゴードン・カレンによって後押ししていた――と名づけられたおなじみの運動をある程度標的としていた。ペヴスナーの「ピクチャレスク・モダニズム」という考えは、すぐさまアラン・コフーンからの手

■**ヴァルター・グロピウス**（四三頁参照）

■**ヘンリー=ラッセル・ヒッチコック**（六一頁参照）

紙という形となってコーリン・ロウ派からの荒々しい反応を引き起こした。ピクチャレスクに「深く関連している」と自身が呼ぶ歴史主義における折衷主義と、近代運動に相応しい「様式そのものの秘密」の探求との区別において、コフーンはロウに従っていた。[8] ピクチャレスクは、近代的実践に影響を与えた際に、例えば、パラーディオ■やエドウィン・ラッチエンスやル・コルビュジエといった明らかな「ピクチャレスク」から区別して、その歴史的文脈から述べられるべきであったとコフーンは論じた。「これら三人はピクチャレスクという観点からすると等しく成功しているだろうが、しかし、それぞれこの言葉の定義には納まらない内容を持っていることは明らかである[9]」。コフーンの議論の中心にあったのは、自由な組み合わせや素材の混ぜ合わせといったピクチャレスクのいかなる性質も、視覚的序列といった、機能的序列を反映した対比を提供するその他の特性なしでは「無意味である」という考えであった。そして、ペヴスナーが採用したような純粋に視覚的な性質と、ロウによって支持された教訓的、精神的構造物から派生した視覚的な性質とを区別すべきだとコフーンは主張した。

ペヴスナーはコフーンへ回答するなかで、建築の機能的側面ではなく美学についてのみ話しているのだと強く主張し、その際には彼が四〇年代初頭の『アーキテクチュラル・レヴュー』に書いた批判的論考と同様に、ピーター・R・F・ドナーというペンネームが使われていた。[10] これらの文章は、あとがきにも記されたように、「建築デザインの美学的な側面に対して率直なものであり」、近代建築の効率に対する機能的原理を当然のものとしていた。[11] それらの論考のうち最初のものはフランク・ロイド・ライトがＲＩＢＡで少し前に行った講義

■**アンドレア・パラーディオ**（七六頁参照）

――有機的建築というタイトルで話された――に対する直接的な攻撃であり、とりわけライトによる「有機的」と「古典的」という対比的な区分についてであった。ペヴスナーは、この区分は完全に間違っていると思い、「新しい建物と古い建物を分析する際には、…（中略）…より正確で、より議論的で、発見的な価値がある建築的な対立性である」「動的」と「静的」を好んだ。[12] 彼は、古いもの――シンメトリーな、ハムステッドにある一七世紀の〈フェントン・ハウス〉（静的）に対して伝統的な〈コストワルド・ハウス〉（動的）――と新しいもの――一九二七年にシュトゥットゥガルトで開催されたヴァイゼンホーフの展覧会のためのヨーゼフ・フランクの住宅（静的）に対してマクスウェル・フライの〈キングストンの住宅〉（動的）の両方の事例を挙げた。これらの言葉の選択は、ペヴスナーがこうした構成上の性質の多様性において判断することを可能としたが、しかし彼を最もいらだたせたのは、対称性は軍隊の秩序と同じではないかという、ライトによる古典の単純化した扱いであった。「踵を合わせろ！　前を向け！　右向け右！　左向け左！」[13]。一九四一年の夏にドイツから亡命してきたペヴスナーにとって、こうした関連性は自らが示したように「挙足歩調」に対して「ラウンジチェア」を置くのと同様のことを連想させた。[14] 結局、穏やかな対称性を持つ〈フェントン・ハウス〉は、軍隊的構成を持つと誤解されることは決してなく、なぜならこの家はイギリス人の主人によって建てられたものであり、彼らは「落ち着いて物静かな、自らを確信している人種であり、このような家に住むように選ばれ、フランネルのズボンと白いネクタイを身につけてくつろいでいるように見える唯一の人種だからである」[15]。そのようなバランスが再び進化することを、ペヴスナーは望んでいた。「家庭的な建築のバランスのとれた形。家庭的にも格式があるようにもみえ、家庭的だからといってだらしないこともなく、またプロイセン風に形式ばっていない形」[16]。

ペヴスナーの意向を示すこうした「バランス」の要求は、ライトにはあまり向けられず――彼は手ごろな標的になったにすぎない、それよりもイギリスの近代運動そのものに向けられ、それはマクスウェル・フライによる議論のなかにも現われていた。ペヴスナーは、グロピウス派のモダニズムへの支持を放棄することに消極的であり続けていることを表明し、そのことは著書『近代運動の先駆者たち』のなかではっきりと示され、またフランクが設計した〈シュトゥットゥガルトの住宅〉への賛辞でも見てとれた。フライは、非対称性のなかの「張りつめた緊張感」と「複雑なパターン」を見せていたが、一方でフランクは、平安、堅牢さ、「そして十分に満足のいく完成度」を示していた[17]。彼は、フライの「ひたむきな専心」に対する「自由、賢明、寛容そして落ち着いた精神」に対しては中立的であったが、それは「声明でも…(中略)…自己主張でもなかった」[18]。フライとイギリスのモダニストたちは、暗に、また対比的に、いくぶん「緊張した面持ち」、窓の配置の「いくぶんリズムの落ち着きのなさ」を示し、構成のなかにある「だらしない終わり方」をそのままにしていた。疑いなく、ル・コルビュジエの形態原理への彼らの信奉が、そうした不安定な形態となったわけだが、ペヴスナーが記したように、ル・コルビュジエのリズムは「もっと、重力から解き放たれたダンサーのようであり」、一方グロピウスは「完成した機械」のリズムを持っていた[19]。

ル・コルビュジエの影響に対するこうした間接的な攻撃は、再びドナーというペンネームを使って一〇月に書かれたふたつめの文章では、直に対立するように形を変えられていた[20]。

ペヴスナーはエミール・カウフマンを取り上げ、純粋な形式主義と純粋建築の「不合理さ」を明るみに出すために、彼の『ルドゥーからル・コルビュジエまで』と同じようにもっともらしい神話である住むための機械を並べて見せた。カウフマンによって都合よく一緒に集められたルドゥー■とル・コルビュジエは、ペヴスナーにとっては不可能で「思いもよらない」状態の究極の例であって、「それは芸術を目的とする建築であり、純粋抽象芸術としての建築であった」[21]。ルドゥーの究極的な「抽象的形式主義」の例として、ペヴスナーはカウフマンの『ルドゥーからル・コルビュジエまで』の挿絵のなかから三つのデザイン、「驚くほど近代的な外観を持つ」門の家（〈サンティポリットの市門の計画案〉）、「樵《きこり》のためのピラミッド状の家（〈樵夫《しょうふ》の家〉）それと〈農地管理人のための球状の家〉を引用している[22]。カウフマンにならって、ペヴスナーはこれらの「抽象的な立体の価値」を、「個人の自立と崇高さ」についての空想的な原理を確証するものだと説明している。なぜならば、「それぞれの塊は、地面から分離され、近隣から分離され、また機能からも分離しているからである」。ここに建築は「抽象芸術となり」、「機能的正しさとは何の関わりもなくなっている」。実際、ペヴスナーは以下のように述べている。ブルジョワ階級の実際の力の衰えとともに、「球状の家の部屋の形は、現実的な視点からすればまったくばかげていることは指摘するまでもない。その壁に収まる家具はない。湾曲した窓は、許されないほど高価なものである。湾曲したドアは、建具屋や建設業者にとって厄介な問題となるだろう」[23]。

ペヴスナーは次に、ルドゥー本人が「純粋主義建築」と名づけた特徴をル・コルビュジエに適用した。建築という抽象芸術を空間のなかから生み出す際に、ルドゥーの量塊のあるプ

■**クロード＝ニコラ・ルドゥー**（二四頁参照）

ロジェクトとは対照的に、ル・コルビュジエはルドゥーの場合には「不毛という印象を与えていた」形態を、「魅力的で刺激的」な探究となるように再構成し、そして「まさにコルビュジエによるきわめて驚くべき空間的パフォーマンスへと仕立て上げた」[24]。ペヴスナーはル・コルビュジエの「衰えることない想像力」と「明快で鋭敏な知性」への尊敬を隠さず、シュトゥットゥガルトの「ヴァイゼンホーフ・ジードルンク」展におけるル・コルビュジエの住宅は、「きわめて魅力的で、きわめて魅惑的なあらゆる方向へのさまざまな視界と結合された…（中略）…雰囲気の調和がある」とした――それはピクチャレスクの本質である。しかし、一方で、彼は凡庸な批評も提起しており、それはイギリスの読者たちを楽しませ満足させていると信じていた。「シュトゥットゥガルトの住宅はルドゥーの球状の家よりも非現実的ではないであろうか。それは、もしブラウン夫人が低いスクリーンの背後のベッドに一〇時に入り、ブラウン氏は一時半まで働きパイプを吸いたい場合、彼らの幸せを邪魔していないだろうか。また、もしブラウン夫人がブリッジ・パーティーをしているときにブラウン氏が仕事から戻ったとしたら、彼はスクリーンの後ろの冷たい風呂に直行するのだろうか。風呂のなかで歌うのが好きな人もいる。しかし彼はできない。彼には水しぶきを立てる自由すらない。またもし誰かが病気にでもなったら、家中が麻痺してしまうのではないだろうか」[25]。イギリス人の中産階級の夫婦が、彼らのライフスタイルをル・コルビュジエ風の住宅に合わせようとする試みを描いたいくぶん滑稽なイメージは、さりげなくうまい効果を生みだしている。彼が結論のなかで皮肉めいて述べているように、依然ペヴスナーにとって「空間創造者としてのル・コルビュジエと、広く使われ、ほぼ常に誤用された住むための機械の理論を発明した書き手としてのル・コルビュジエ」の間には不可解な矛盾があったのである。[26]

これらペヴスナーの初期の文章にある、ピクチャレスクの視覚的規範と機能的見せかけへの批評の不思議な混合は、それは彼の教え子であるレイナー・バンハムによるスミッソン夫妻■の〈ハンスタントンの学校〉の評価に活力を与えた。バンハムは、この学校をニュー・ブルータリズムの事例だと見なし、まさにこのふたつの明らかに調和しない特徴からできていると考えていた。

歴史主義と機能主義

三〇年代における形態的厳格さと画一性に対して、反感が向けられたのは当然であった。しかし、答えとなるのは奇妙で風変わりな外観の効果ではない。答えは、平面図、配置、ランドスケープ、その他のなかにある。それぞれの建物は合理性を保つべきである。あなたの建物をきちんとしたものに保とうとするにしても、あなたが生真面目である必要はないのである。

——ニコラウス・ペヴスナー「近代建築と歴史家もしくは歴史主義への回帰」

「近代運動」という考えを創作した最初の歴史家のひとりであるバンハムが記したように、ペヴスナーは一九六一年の一月に、その後反響し続けることとなる警鐘を打ち鳴らした。今日名高いRIBAでの講演で、ペヴスナーは当時の実践における歴史と歴史家の役割の変化に対する不安感を表明した。[27] 歴史と建築は、近代という時代において最終的にその共謀関係

■アリソン・アンド・ピーター・スミッソン
(Alison Smithson, 1928–1993
Peter Smithson, 1923–2003)
——
ともに、イギリスの建築家。第一〇回のCIAM(近代建築国際会議)開催を準備し、次の一一回でCIAMの活動に終止符を打つことになるチームX(テン)の中心人物。チームXは、CIAMの掲げた建築、都市計画の理念および方法に異議申し立てを行い、生成変化するダイナミックな建築、都市のあり方を模索、こうした活動はアーキグラムへと接続されていく。スミッソン夫妻の作風はニューブルタリズムと称されるが、デビュー作の〈ハンスタントンの学校〉(一九五四年)では、ミースのイリノイ工科大学の建築群が参照され、彼らの著書のタイトル『レトリックなしに』そのままに、架構の形式が折版や鉄骨、レンガなど、素材の違いによって明示された。五〇年代にはAAスクールで教鞭をとり、ピーター・クックやリチャード・ロジャースらを育てた。

から分けられたが、建築に回帰する前例を建築家が歴史的様式に探し求めているように、当時において再度結びついているように思われた。もちろん建築家たちは、今回は近代様式そのもののほどにはゴシック様式や古典様式に回帰したわけではなく、イタリアのネオリバティ様式、フィリップ・ジョンソン■の作品、ル・コルビュジエの〈ロンシャン〉における新表現主義などに見られるモダニズムの「新しい」形を生み出したのである。ペヴスナーは、「新アール・ヌーヴォー」、「新デ・スティル」、「新アムステルダム派」、「新ペレ」を付け加え、それらすべてに近代運動における隠された根本的な原理を見出した。内部が見えるように完全に透明な外観をもち、「形態は機能に従う」という倫理的命令を抱えた近代運動の作品から、ペヴスナーは外観に関する新しい傾向の歴史的道筋をたどった。そこでは必ずしも機能には対峙していなかったものの、「機能的に優れていることへの信頼感をもたらさない」方法によっていた。[28]

ペヴスナーの結論は、自己嫌悪におちいった歴史家による、耳目を集める自白であった。「歴史主義の復権はすべてわれわれの責任だと言えるだろうか。つまり私自身個人として、(a)『アーキテクチュラル・レヴュー』として、(b)歴史家として」。[29]彼は、一九三六年の彼自身の著書『近代運動の先駆者たち』と、多くの人に新しい歴史主義を擁護していると誤解された続く『アーキテクチュラル・レヴュー』の記事において、確かに「こうした歴史家、いわば、とくに私自身のような哀れな立場にいる歴史家」が及ぼすまさに影響について、自分自身を責めた。[30]ペヴスナーにとって「歴史主義」とは、「独創的な行動を妨げ、前の時代に発想された活動によって置き換えられる程度の歴史の力を信じる流行」を意味していた。[31]バン

■フィリップ・ジョンソン(二一四頁参照)

ハムが後に自分の師匠を熱意を持って弁護するなかで断言したように、ペヴスナーは「歴史主義」という言葉を、普遍化され、相対主義的もしくは様式的折衷主義との関連で用いており、それは一九世紀後半と二〇世紀初頭におけるドイツ学派の歴史的手法による言葉から派生するさまざまな意味をもったものでも、それから結果として生じる歴史的決定主義の感覚でもなかった。[32]

ＲＩＢＡでのイベントでは続けてレセプション・パーティーが行われ、ペヴスナーは主要な出席者を写した写真の真ん中にいたが、彼の左には応答者ジョン・サマーソン▪が立ち、右にはブラック・タイで正装をしたバンハムが立っていた。[33] 後から考えれば、とくに意識せずにつくられたこの状況は、十分に未来を暗示していた。ペヴスナーは、近代か否かにかかわらず、あらゆる建築の「イギリス性」を決定する中心的な位置に居続けた。サマーソンは、モダニズムのプログラムに対する支援をほとんどすべて撤回し、サー・ジョン・ソーン美術館のキュレーターという彼の立場から導かれた一八世紀の研究にのめり込んだ。一方バンハムは、正装を脱ぎ棄てて長髪とカジュアルな装いを好むようになり、アメリカへの巡礼の旅へと向かい、ロサンゼルスの環境学から、バッファローの穀物倉庫、それからサンタバーバラを経て、ついには西部の砂漠のカタルシスを伴う風景にたどり着いた。この写真のイメージは、また別の側面からも未来を暗示していた。なぜならそれはペヴスナーによる未完の近代建築史から生み出され、理論的なピクチャレスクの美学で武装されたものであり、バンハムが自身の博士論文で編み上げたものであった。そのうえ、モダニズムに通底する機能主義の見事な要約によって、第二次産業革命におけるテクノロジーの最新の展開を抱えていた、

▪ジョン・サマーソン
(Sir John Newenham Summerson, 1904–1992)

イギリスの建築史家。ロンドン大学、ケンブリッジ大学、オックスフォード大学などで教鞭をとる。一九四五年から四〇年間にわたり、ジョン・ソーン卿博物館の館長を務める。専門はイギリスの建築で、ジョージ王朝時代の建築についての著述を多く残し、中でも『一五三〇―一八三〇年のイギリスの建築』は定本として名高く、広く一般の読者にも読まれている。他の著作に、『ジョージアン・ロンドン』『18世紀の建築』などがある。

アヴァンギャルド・シンボリズムを超えた機能主義の支持へとバンハムを駆り立てたのは、サマーソンであったからである。

機能主義者のモダニズム

かつてレイナー・バンハムは、ある時代の歴史は、必ずしも暦とぴったりとは一致しないと述べたことがある。見通しのきく一九六〇年から振り返ってみると——一九五〇年ごろのイギリス祭の時期の——ミッド・センチュリーの建築は、〈ロンシャン〉に続く時代の出来事に比べると、モダニズムの過去からあまり自由になっていないように思える。[34] サマーソンは、評価の高いその年の文章「近代建築理論の事例」のなかで指摘したように、建築的趣味の変化を測定する「二〇年の法則」と彼が呼ぶものを表明し、一九五七年は「建築の危機の年」であったという正しい提案をした。[35] 実際、バンハムとサマーソンが一九五〇年代後半に求めていた分水嶺は、年代順と建築的宣言について些細な諍いはあったものの、CIAMの活動を通じた普遍化と「形態の機能の神話」に基づく近代運動と新しいフリースタイルとの間にあった。その新しいフリースタイルは、バンハムがたびたび主張した「機能主義の終わり」によるのではなく、「大文字の機能主義」というスローガンの死と、「それに伴う束縛のない幻想的な作品の局面の形態による妄想」によるものであった。[36] ペヴスナーが直後に「新歴史主義」と述べた「幻想」に対して、バンハムとサマーソンは代替案を示そうとし、根本的に再考された機能主義は、近代運動によって信奉された広く象徴的な装いではもはやなく「本物の」科学に基づくものであるとした。バンハムは自らが「もうひとつの建築」と呼ぶものを探求する際に、軍隊の権威や大企業の技師、生物学の研究者、社会科学者に関心を向け、一方でサマーソンは「近代建築の理論」の基礎となるプログラムの新しい概念の大筋を示した。

ふたりとも、モダニズムとは根本的に「機能主義的」であると捉えていた、近代運動の初期の歴史家たちや建築家たち——ペヴスナー、ギーディオン■、ヒッチコックといった——による前例に従っていた。こうした機能主義の本質は歴史家ごとに異なっていたものの、しかし近代建築に対する規則は超越的であると思われた。それはさまざまなアヴァンギャルドの形態や様式の違いを無視するための方法であり、統一された口実もしくは建築的モダニティの基礎を与えるためであった。ペヴスナーはル・コルビュジエ（形式主義者）を批判して、ヴァルター・グロピウス（機能主義者）は賞賛し、そして新しい歴史主義だと特徴づけられた「様式」の復権に対して後日激しく非難したことをわれわれは見てきたが、それはこうした機能主義者としての立場からであった。それは近代の巨匠の第一世代がチームXから批判されたのと同じ立場からであり、他の人びと同様、機能主義に対して十分に寛大であったり人間味にあふれていることはなかった。そしてもちろんこのような兆候のもと、そうした歴史家や建築家からアーキグラム■は公然と非難されることとなった。ギーディオンからは一九六七年版の『空間・時間・建築』のなかでであり、スミッソン夫妻からは一九七三年の『レトリックなしに』（邦題『スミッソンの建築論』）のなかでである。

サマーソンは、近代建築のあり方に基づいて近代建築の理論を構築するという考えを、論考のなかで退けた。そして近代建築の選ばれたレパートリーのなかから形態的特徴を抽出すること、形態の文法を提供すること、形態がアイデアを具体化する方法を説明することは、

■ジークフリート・ギーディオン
（七四頁参照）

■アーキグラム（Archigram）
——一九六一年に結成され一九七〇年代初頭にかけて活動したイギリスの前衛建築家集団（解散は一九七六年）。実作はなく、同名の雑誌（一九七〇年まで刊行）を刊行し、生成変化する未来都市の姿をSF的なグラフ

「参考にするために近代建築におけるパラーディオのようなものを付け加える」だけであり、「望みのない見かけ倒し」、「アフォリズムの寄せ集め」、「平凡で夢見るジャーゴン」となるのが落ちである。そうではなくて、建築の「理論」は、「建築の本質に関する哲学的概念に基づく関連する考えの表明」であるべきであり、一五世紀から継続的に修正されてきた理性と古典における、地中海世界を信仰する一団に帰されるのである。「ペローは、古代遺産とはいかに理性的に見るかだと言った。ロドリは原始的古代遺産は、理性に関する唯一の源泉だと言ったように思える。デュランはロジエを見下して、合理化とは経済を意味すると言った。ピュージンは古代遺産を見下し、ゴシックをいかに合理的かと讃えた。ヴィオレ・ル・デュクはゴシックを讃えて、合理性の典型だとした。ついには、あらゆる様式を貶める声が聞かれるようになったが、もし合理主義が求められるのであれば、穀物倉庫は称賛されその美しさが認められるであろう」[37]。

しかし、こうした合理主義の伝統に反して、サマーソンは古典にとって代わる新しい形の権威を見出した。それは、ラースロー・モホイ=ナジによって先行されていた「生物学」であった。モホイは、「生物学的すべてにおける全体的現象である、人間の生命に関するきわめて深い知識が利用できるようになって初めて、建築は完全な形で実現されることになる」と述べた[38]。モホイにとって生物学的なものとは、「芸術家の役割が最終的に機械論的用語で説明可能になった際に」[39]実現される「サイバネティックス（人工頭脳工学）の、ごくわずかな暗示」を求め、機能に関する幅広い考えに適合するデザイン理論を要求する精神物理学的なものだと、サマーソンは述べた。このようにして、サマーソンは古典的形態や合理的形態を、

ィックによって鮮烈に印象づけた。メンバーのひとり、ピーター・クックによる〈プラグイン・シティ〉（一九六四年）は、メガストラクチャーとそれへと着脱可能なプレファブユニットより都市を形成するというもので、ロン・ヘロンによる〈ウォーキング・シティ〉（一九六四年）では八本の脚をもったメガストラクチャー=都市が世界中を移動するイメージが描かれた。

プログラムの近代的概念と彼が考えるもので置き換え、ルネサンスにおける「有機的アナロジー」は、今日では科学によって成し遂げられたとした。建築理論は、「骨董品（形態の世界）から、プログラム（社会的形式の部分的断片）へと移行したのである」。こうしたことから、サマーソンの有名な結論が導き出された。「近代建築を統一する源泉は、社会的領域、言い換えれば、近代建築のなかにあるひとつの新しい原理、すなわち建築家によるプログラムのなかにあるのである」[40]。

サマーソンは、プログラムとは、「特定の機能に相応しい性能のために求められる、空間の寸法、空間の関係、その他の物理的状態の描写」であると定義し、それらすべては「時間のなかのプロセス」、すなわち静的で古典的な伝統から尊重されるものとは異なる関係を許可するリズミカルに反復されるパターンに関わっているとした[41]。素朴な機能主義にも似た、彼が確定したこの問題は、こうしたプログラムに関する考えを適切な形へと翻訳する方法から必要とされたのだが、サマーソンはこの問題に対して直接的な答えを示さなかった。バンハムによる一九五五年のニュー・ブルータリズムに関する論考のなかでの地政学に関する主張を「魅力的な囮《おとり》（私はこれを囮だと思う）」として退けたものの、技術者の役割が拡大するにつれて彼の周囲の実務において現れてきた「見慣れない複雑な形」に対する狼狽をサマーソンは表明している[42]。実際、彼の結論は最終的には悲観的なものとなった。同等であり相反する最重要の原理を持つふたつの理論が相入れないことに気づき、プログラムを唯一の原理だとするあらゆる理論は、「知的考案品」かもしくは知られないままとなると彼は述べた。「失われた言葉はいまだ失われており」、この喪失に向かい合うことによるわれわれの居心地の悪さは、すぐに単なる「引き起こされた暴力的な一撃によって心に残された傷跡」になるだろう。[43]

三年後、バンハムはより楽観的に書いている。バンハムは一九五〇年代に夢中になった様式について嘆く際に、サマーソンの側に立ち、「当時は進取的な製造業者たちが自家製の評論家キットを生産していた時代であり、それを使えば野心的な理論家は新『何々』主義の括弧のなかに何か適当な言葉を入れさえすればよく、そうすることで仕事の準備ができたのだった」。そして、「着手されていた包括的な理論のほとんどは間違っていると証明され、その理由のひとつとして、ほとんどの命名は建てられた、もしくは計画されたものの純粋に形態に関する側面に集中しており、ほとんどすべての流行は卓越した(もしくはほとんどそうである)エンジニアや技術者に多くのところを拠っているという事実を考慮できていなかった」ことに気づいた。バンハムは、「新しく同様に強制的なスローガン」が必要だと主張し、自らいくつかを提案した。それらは「予測されたデザイン」、「もうひとつの建築」、「すべてがパッケージされたデザインサービス」といったものであったが、なかには「もっともろい美学」というものさえあった。[44]

未来派の復活

未来派の都市は、多くの製図板の上に再来し、そこここで実現され始めた。

——レイナー・バンハム「未来派と近代建築」

バンハムは、同時代の人びとがパラーディオ流の過去に熱中していることを年表に記載し、ロウを彼のロンドンでの仲間だと見なしていたものの、ペヴスナーやサマーソンが広めたものとは異なる歴史と当初から強く結びついており、それは過去ではなく「近未来」の歴史だと後日述べたものであった。インディペンデント・グループへの参加やポップ・カルチャーやSFの世界への早い時期からの進出、そしてとくにペヴスナーの指導による博士号のための作業は、マニエリスムや新古典主義の過去は今日とはほとんど関係がないことをバンハムに納得させるものであった。そのうえ、ペヴスナーが『近代運動の先駆者たち』を終えていた一九一四年以降の歴史的「空白」を埋めようと努力するなかで、機械時代のモダニストによる構想は、彼らのアカデミックな文化の名残への執着によって裏切られていたことを、バンハムは確信した。より大事なのは、この時期についての真っ当な歴史は、テクノロジーおよびその展望へのわかりやすく感覚的ではない理解によって真に影響力を持っており、近代建築に関する伝統的歴史家たちからは放っておかれていた建築家たちを、掘り起こすことになるだろうとバンハムが信じていたということである。そのような流れとしてまず挙げられるべきは未来派であり、バンハムは一九五七年一月のRIBAでのレクチャーにて彼らのことを取り上げたのである。[45]

ペヴスナーによる注釈やギーディオンの『空間・時間・建築』改訂版（一九五三年）のなかの六段落といった、バンハムにとっての英雄に対する、先行する学者たちのわずかな関心をたどりながら、調査の結果「こうしたきちんとした明らかに整った状況は、美術史的時限爆弾によって吹き飛ばされた」と宣言した。[46]バンハムは、アントニオ・サンテリアの『メッセージ』を華々しく取り上げ、それをF・T・マリネッティの『宣言』と照合することで未来派を復活させ、それは一九〇〇年代の多くのアヴァンギャルド運動のなかのひとつにすぎないのではない主要な力であり、モダニズムのイデオロギーに重要な影響を与えたとした。彼の目的は、サンテリアと未来派を結びつけ、よりアカデミックであり遠くを見ていない、例えばトニー・ガルニエの「工業都市」に対抗して、「新都市」(一九一四年)の建築的イメージの力を示すことにあった。バンハムにとって、機能主義的モダニストであるマリネッティによる機械的感性の喚起、およびそのサンテリアによるイメージへの翻訳は、モダニストたちには決して実現されなかった構想の真の根源を示していた。こうした構想は、例えばル・コルビュジエのもののように単に象徴的な秩序というのではなく、自らが運転するレーシング・カーの中身を知る者による技術的理解に基づいた秩序であった。この構想からもたらされたのは、ル・コルビュジエの「現代都市」だけではなく、ロシア構成主義の想像上の都市であり、同様にマルト・スタムのプロジェクトであり、より近年ではバービカンからニューヨークにいたる都心再生のさまざまなレベルでの高密度な計画である。バンハムは、ニコラウス・ペヴスナーの『近代運動の先駆者たち』のなかにまさに未来派風の口調を見つけ、自身の「時限爆弾」を、ペヴスナーに対する陰湿で皮肉っぽいオマージュで締めくくった。「未来派は注釈のなかにしか見当たらないような扱いだったが、それにもかかわらず(ペヴスナーの本は)未来派の閃きによって燃え上がり、高揚しており、それは近代建築の潜在意識のなかに深く食い込んでいたのである」[47]。このようにしてもうひとつの建築についての熱狂的な探索が開始されたわけだが、バンハム自身によるペヴスナーへの捧げもの『第一機械時代の理論とデザイン』は、未来派以降の英雄であるバックミンスター・フラーを見出していた。

理論とデザイン

当初バンハムは、自身が「静寂の領域」と呼んだ一九一〇年から一九二六年の間の近代運動の歴史、およびジークフリート・ギーディオンの『フランスの建築』（一九二八〜二九年）の主題とのちの『空間・時間・建築』（一九四〇〜四一年）の間を埋めるのは、歴史家としての使命だと捉えていた。当時共有されていた仮説では、近代運動の偉大な年月の終わりは、第一次世界大戦ごろの日付とされていた。したがって、ペヴスナーは『近代運動の先駆者たち』を一九一四年のドイツ工作連盟の工業デザイン博覧会で締めくくっていたし、一方ギーディオンの『フランスの建築』はそれよりいくぶん早く世紀の変わりめとしていた。

バンハムは、一九六〇年に『第一機械時代の理論とデザイン』として出版された博士論文のなかで、異なる見解を示した。[48] そこでは、未来派運動のテクノロジーへの熱狂が近代建築史の中核をなすという自らの革新的な視点を紹介し、またル・コルビュジエによる論考について英語では初めてのくわしい分析を行った。バンハムは、『建築をめざして』は「二十世紀のすべての建築上の著作のなかでも、最も影響力が大きく、広く読まれたが、また最も理解されることの少なかった」と認識していた。[49] そして、ロウによる読解やロンドンにおけるル・コルビュジエ評価の流行に反して、コルビュジエの本には「一般的な感覚の言葉による議論が全く」欠けていることを見つけた。[50] この分析は、ル・コルビュジエへの尊敬と見られるものは誤って与えられていたことを指摘するという、バンハムの欲望以上のものを明らかにしている。この章のなかで後ほど論じるように、バンハムによる『建築をめざして』の分析は、生涯にわたって通底していた彼の使命と一致しており、それは機械論をアカデミズムの束縛から解放することに捧げられ、彼がル・コルビュジエのなかから見つけ出したふたつの主題であった。『理論とデザイン』を通して強調したように、近代建築が持っていた象徴主義の限界を克服するような方法によって、バンハムは科学とテクノロジーを理解した。ル・コルビュジエはスポーツカーとパルテノンの比較を繰り返していたが、バンハムは、フラーのダイマキシオン地上誘導滑走車とグロピウスのアドラー・キャブリオレーの車体とを比較した。「グロピウスのアドラーは、恰好はよかったものの、流線型の、次世代のリアエンジンを持つ最先端の車と比べれば、機械的には後退していた[51]」。

したがって、一九六一年にペヴスナーが「歴史主義」に関して講義をしたときに正装していたものの、様式的モチーフが明らかに再び取り上げられたことによって、バンハムが打ち負かされるということはなかった。不満を理解し、新しい世代に歴史的近代主義を再度紹介するという責任をある程度引き受ける一方で、批評家および歴史家の役割——批判的歴史家の役割ではないとしても、おそらく批評家兼歴史家の役割さえも——を忠実に守る——新未来派の口調で自らを呼んだような——闘士としての、自身の曖昧な態度を放棄する気にはなれなかった。彼は、まったく悔いることなく、新しい歴史主義とは、ミース■やコルブといった「強い」事例を見るかぎり、スカンジナヴィア流のモダンやイギリスのピクチャレスクといった平凡な落ち着きに対する反抗の兆しであると述べた。「戸棚に鍵をかけて『もうこれ以上歴史はいらないでしょう。あなた方のためになりませんよ』と言うことはできますし、または他で手に入れられるあらゆるものと区別がつかなくなるまで水増しすることもできる

■ルードヴィヒ・ミース・ファン・デル・ローエ（八頁参照）

でしょう」。責任は「歴史家にではなく、教師であり実務も行っている建築家やデザイナーにあり、ですから彼らは歴史家よりも強い指導力を発揮しなくてはならないのです」[52]。

バンハムはこの議論を、ペヴスナー本人のものの直後に続く講演のなかで前に進め、師に対する生徒およびバンハム自身の将来的な興味を示す見取り図として提供した。劇的な題名を持つ「近未来の歴史」は「歴史は未来への唯一の導きである」という、警鐘を鳴らす宣言とともに始まっている。[53] バンハムは、歴史を、社会科学もしくは推論的原理と見なしていた。科学においては実験の結果がグラフにプロットされうるものであり、それを敷衍することによって未来のふるまいが導かれるのだが、「実験の観察結果がプロットされたグラフとなるように、歴史も未来となるのである」[54]。そして歴史家には、「それがどこに導かれるのかを示す点を超えて」カーブを描く役割があるのである。バンハムの話は、第二次世界大戦以降の建築的思考の主要な潮流をたどっており、「建築の流行は、建築理論の真空部を埋めることができる最も強力で手に入れやすい影響に従っている。コルブがいくぶん後に採用したことを真似して、歴史は一九五〇年代初頭の溝を埋め、他の者たちはデトロイトの様式や電化製品の豊かさに向かい、他の者たちは再度ＳＦへ、もしくは歴史主義者には影の部分に向かい、このようにしてエンジニアリングは常に空白を埋める有力な源泉であり続けたのは当然である」[55]。

一九六〇年代という同時代にいたって、人間科学は最も強い影響力として浮上してきたとバンハムは論じた。まず一九五〇年代には社会研究と環境研究があり、それから五〇年代後半の知覚研究、そして外部から内部へと理論的に移行して、「人間は内部空間のなかでいかに作用するか。刺激、無意識の反応、神経および脳の活動、…（中略）…有機体および環境」という研究にいたった。[56] この点において、建築に直接的に関わる用意がされていたのは、徹底的な物理学と、人間に対する完全な研究の系譜にある生物学であった。生物科学に関する比較的近年のわれわれ自身の経験に照らしてみると、とても興味深いことに、ピーター・メダワーとマクファーレン・バーネットが参照されていた。免疫学的反応――有機体／環境の極限撹乱――とクローン選択説によって一九六〇年にノーベル賞を受賞していたこのふたり組は、膨大な数のオーストラリア産の羊の毛の不規則性を研究し、最終的にわれわれの時代においてドリーを産み出すこととなるクローン理論を解決し、細胞再生被害によって引き起こされる毛のモザイク病から体細胞の突然変異をなぞっていた。

バンハムはこう結論づけた。「イギリスの建築家も世界の建築家も、人間科学の知的冒険に加わることで建築を変容させることができるのであり、さもなければ想像力により飛躍することに失敗して、内省へと舞い戻ることになるだろう」。[57] 一方で科学において建築を放棄する用意ができていた批評家たちを驚かせたのは、バンハムがひとつの補足として美学について書いていたことである。「一九二〇年代のインターナショナル・スタイルによって巨匠たちの機械的着想を表現した形式と同じような、間違いなく表現ができる方法を見つけられなければ、人間科学は建築にはならないのである」。[58]

プログラム、科学、歴史

形態とテクノロジーの間にある軋轢をより理解するために、バンハムは次に、『アーキテクチュラル・レヴュー』のゲスト編集者として、「一九六〇年以降の建築」と題した探究シリーズを採り入れた。[59] 赤いアクセントと太い活字によって鮮やかな黄色い誌面に印刷されたそれらの論考のひとつめは、一列に並べられた「伝統」と「デザイン」についての議論と明らかにデザイン好みの結論によって、今日高い評価を得ている論考「在庫品調査」であった。それから武器システム、コンピューター、人間科学の専門家による、「科学的側面」についての一群の論考が続いた。このシリーズは、建築の伝統的主題の理論的枠組みである「普遍的人間《ユニヴァーサルマン》の未来」について、バンハムが司会を務めた建築家のシンポジウムとともに続けられた。この探究は、バンハムによる二本立ての「再考下の歴史」、「近代運動の傑作」に関するアンケートと、教え子の診療用椅子に座らされた師ペヴスナーに対するより個人的な批評「歴史と精神医学」によって締めくくられた。そして公平さを示すために、同じ黄色の誌面において、J・M・リチャーズ、ヒュー・キャッソン、ヒューバート・デ・クローニン・ヘイスティングス、そしてペヴスナーといった『アーキテクチュラル・レヴュー』の編集者たちによる覇気のない一連の見解といった形で、保守派による返答も認められていた。当然のごとく、バンハムは巻末の言葉を書き、これらの編集者に賛成できない箇所には欄外に注釈を加え、そのうえ最終的なまとめも書き加えた。このシリーズを通した彼のメッセージは明快であった。「大文字の機能主義」は死に、真の科学に基づく小文字の機能主義は――長年モダニズムに約束されていたように――最終的に生き延びたのである。

　バンハムは、最初から明らかにしていたように、歴史批評における直近のライバルであったジョン・サマーソンに対しても応答しており、サマーソンは近代建築における統一の真正な源のみがプ、ロ、グ、ラ、ム、のなかに見出せるとしていた。バンハムが興味を持っていたのは、まさにこのプログラムの問題であり、いかにそれを構成するかであった。モダニズムに固有の形態─機能という二分法のどのような見解も克服できないという疑念を表明していたサマーソンとは異なり、科学、テクノロジー、社会学といったものからの適切な入力によって、プログラムは再度中心になりうるとバンハムは感じていた。そのうえ、いかなる新しいプログラム的目的を表現する建築言語も、見つけられる可能性はないという信念を持つサマーソンに再度反論して、バンハムは自身のイメージの理論を前進させ、プログラムに関する新しい理論の視点を幅広く定義するなかで、「形態と機能」を含むすべての関係性を含んだ方法として、今回にかぎっては美学が科学的主題になりうると願っていた。彼が、スミッソン夫妻のハンスタントンの学校について書いたように、「これは不揃いの端部や剥き出しの表面といった表面的な美学だけではなく、建物の初源的構想にまで到達する根本的な哲学なのである」[60]。

バンハムの「一九六〇年以降の建築」のシリーズへのひとつめの寄稿には、「パラーディオ──ル・コルビュジエ」についてロウが採用した二列組の比較の技法が使われていた。

伝統とは、たとえばアン王女様式などを指すのではなく、専門家が現在の状態と未来の進歩にとって必要だと考えているような、一般的な知識の集積(一般的な科学的知識をも含む)を意味する。その逆でテクノロジーとは、科学という道具を使って、一般常識だと考えられているものやそれに基づく概念、──たとえば、住宅、都市、建物といった「基礎的概念」を含む——を一挙に無意味にしてしまうかもしれない潜在的な何かを探り出すための方法を意味している。哲学的には、すべての概念は、それが伝統的であろうとなかろうと、同時存在的なものだと言えるかもしれない。というのは、すべての概念を新しく生み出すのは個人であるにしても、だからといってその概念を実際に応用することが無意味だとは言えないからである。今や、「何が可能か」ということがもはや「何であったか」に支配されはしないということがわかり、その結果「何であるのか」という世界は瞬時に崩れ去ったのである。[61]

こうした結果、建築はもはや「形態と機能」の問題ではなく、深刻に「伝統とテクノロジーの間に切り裂かれ」、建築家は科学、職能、歴史といった完全にバランスが取れているわけではない三つの文化的影響への対応を強いられるようになった。したがって、バンハムは反対動議をした後に、「人の集まりの職能的活動」および「人間社会への貢献」と理解される、建築の関連事項を調査する試みを提案した。その最初のものは、職能の歴史と建築家と定義される人びとの特定の役割といった点からのみ定義されうる。ふたつめのものは、対照的に、「人間活動に相応しい環境を与えるもの」として定義しうるものであった。そして前者は単一の建物のデザインや施工に関する定義によって限定されることを避けられず、一方で後者はあらゆる領域のデザインへと拡大される必要があった。[62]

「伝統」という見出しのもとに、バンハムは二〇世紀初頭の失敗した「革命」と彼が呼ぶものの歴史をたどった。社会学とテクノロジーの自覚的な行きすぎた重視によって引き起こされた「建築的」価値に対する反応。「建築への回帰」への要求。引き続き沸き起こった、ウィットコウアーによって明らかにされた「ウィトルウィウス的人間」からル・コルビュジエの「モデュロール」における最新の反復にいたる、比例体系への回帰に対する興味。[63] 軸性、パラーディオ主義、ルイジ・モレッティに率いられていたイタリアの新造形主義の魅力は、グロピウス、ジョンソン、ミース・ファン・デル・ローエといった広がりを見せる建築家たちの古典的原則への熱狂を表明していた。バンハムは、ウィットコウアー、ロウ、ブルーノ・ゼヴィ、そしてイエール大学におけるヴィンセント・スカーリーのダイナミックな教育の影響を指摘し、「ソーンとシンケルの死後、絶えてなかった『作業の伝承』の伝統に豊かさ」を付け加えた。ミースは、かつては技術的用語によって分析されていたが、今日ではドイツ新古典主義の伝統の継承者と見なされるようになった。[64] こうした歴史への回帰は、スカンジナヴィアにおける「新経験主義」やイタリアにおける「ネオリバティ」として知られるような、より地域的歴史主義を伴い、これらの運動は地域の素材の価値に投資し、「(一般の市民が)想像できない建物は作らない」ことを特徴とした。修正主義者の歴史に向かい機能主義から距離を置くこうしたすべての潮流に対して、バンハムは「形式主義者」というラベルを貼った。彼が望んでいた「もうひとつの建築」を生み出すのではなく、これらの潮流は新しい形態を単に倍加しただけであった。「滑らかに展開された」モダニズムという初期のイメージに対して、バンハムは、年老いた「巨匠」が自らの道を失い隠居しているという、才能の干上がったプールというイメージを提示した。J・J・P・アウトとミースは孤独な隠遁状態にあり、グロピウスは「形式主義者の長老」となり、ル・コルビュジエは(モダニストの目には)不可解

■ブルーノ・ゼヴィ(一八八頁参照)

■カール・フリードリヒ・シンケル(三一一頁参照)

な〈ロンシャン〉を建てていた。

この論考におけるバンハムのもっとも重要な貢献は、彼の言葉によれば、ギーディオンの選ばれた記憶と新しい歴史家たちによる完璧な記憶への意志との間に捉えられた、近代運動に適用された歴史という考えそのものの評価という彼の結論にある。こうした後者の態度は、一年後にペヴスナーによって述べられた「新しい歴史主義」、すなわち二〇世紀初頭からのあらゆる折衷的な源泉のうえに描かれた「近代運動のリヴァイヴァリズム」に対するバンハムの批判であった。しかし彼はまた、スミッソン夫妻の〈ハンスタントンの学校〉によって示された、新しく異なった方向性を刺激することで、それを確かなものとした。この建物では、鉄に関する技術の「現実主義者」による見解が、ミースによるより抽象的な扱いや、またはスターリング■とガゥワンによる〈ハム・コモンの集合住宅〉における注意深く計算された耐震壁とは距離が置かれていた。それはル・コルビュジエの〈ジャウル邸〉における原始的なイメージではなくて、構造的限界により関心を持つ現実主義であった。建築における科学とテクノロジーに対する歴史的基礎についてのこうした新しい関心のみが、形態主義や歴史主義なしに建築を推進することができ、それはジョン・ヨハンセンの〈エア・フォーム・ハウス〉に沿うものだと、バンハムは論じた。

バンハムの二列に並べられた論考のうち「テクノロジー（工学）」という見出しの方は、もうひとつの建築への基礎となる全体的な環境の潜在力とその科学的根拠についての彼の評価を示していた。バンハムは、今日の職能は廃れて技術革命の急進的な本質が理解できなくなるような、建築そのものがとても大きな変化を遂げるとした。したがって、専門家はバック

■ジェームズ・スターリング（七三頁参照）

ミンスター・フラーが彼のドームによって構造的形態に貢献したことを理解したものの、「人類にとってのシェルターの必要性」という彼のより根本的な探究は退けられた。「住むための機械としての住宅」という公式ですら、「住宅」というものを、例えば住宅が標準的なキャラヴァンのように見えるのではなく、キャラヴァンが標準的な住宅に見えるといった間違いを犯していた。ル・コルビュジエが給水塔のモチーフを〈シャンディガールの国会議事堂〉に使用したような、テクノロジーをフェティッシュなものにするのではなく、新しいデザインの状況を生み出すように働く潜在力のある革新として、自動車（ジャン・プルーヴェ、クーロン、シェーンによるプレファブリケーションによる実験）の背後にある理論を論じたのである。

したがって、自分が依頼した、続く「科学的側面」、「武器のシステム」、「コンピューター」、「人間科学」といった題を持つ一群の論考について、バンハムは「モダニストのものか伝統的なものかにかかわらず、かつての建築ではなく知識に基礎をおいた近代建築の新しい理論を組み立てる最初の段階となった」と述べた。[65] このようなことを目標として、ゼネラルエレクトリック社のA・C・ブラザーズは、イングリッシュ・エレクトリック社によって開発された武器のシステムへのアプローチの概略を示し、IBMのM・E・ドラモンドはオペレーションズ・リサーチ、システムズ・シミュレーション、リニア・プログラム、待ち行列理論といった新興分野を説明し、後にバートレット建築学校の学長となるリチャード・ルウェリン・デーヴィスは社会的活動を数学化することの潜在力について寄稿。

この三つの論考に対する、バンハムのコメントはとても批判的であった。ドラモンドはコンピューターが建築計画に貢献しうる、オペレーションズ・リサーチ、システムズ・シミュレーション、リニア・プログラム、待ち行列理論といった四つの領域の概略を示すことから始めたが、コンピューターは建物の美学的見掛けにはほとんど何も加えないと警告した。「コンピューターは冷たく硬い事実を扱っている。美学的感覚といったものはまったく持ち合わせていない。そのうえ、コンピューターには想像力がない。したがって、建築にとって道具としては使えるだろうが、依然として建築とは人間のために美しいものを作るということなのである」[66]。しかしバンハムはこうした「数学」と「芸術」の間にある伝統的な分離とは、古くからある形態／機能の分割を複製しているだけであり、「数学とは建築家に不可欠な伝統的道具であるだけではなく、美学や人間心理学のその他の側面は『冷たく厳しい現実』に対して必ずしも用意する必要のある神秘的なものではもはやない」と論じた[67]。

バンハムはテクノロジーを幅広い領域から借用することを明らかに好んでいたが（例えばブラザーズによって説明されたロケット工学は「トータル・プランニングとチームワーク」から学べることを提供した）、近代運動の神秘性に対してそうだったように、同時代のテクノロジーに対する建築的フェティシズムに対しても懐疑的であった。「この世紀を通して、建築家たちは技術的、科学的文脈のない概念を崇拝するようになったが、それが自分たちの願いとは関係なく技術的展開の過程によって展開されると、彼らは落胆することとなった」[68]。バンハムは、アイロニーを自覚しつつ、自身の熱狂に対して結論づけた。「一世代前には、『機械』が建築家をがっかりとさせた。明日そして今後は、『コンピューター』または『サイバネティックスかトポロジー』がそうさせるであろう」[69]。同様に、バンハムはドラモンドに答えて、電子的計算とは「この便利な道具を、コンピューターと建築とがどれほどお互いに関係を持てるのかを見極める彼ら自身による正確な必要性を精査することなしに、専門家がみな、哲学的本質の幻想的で一般的な品物を鵜呑みにしたがるような話題の例である」とした。[70] バンハムは、一九五九年にRIBAにて、建築おける「コンピューターに関連する精神的技法」について重要な話しをしたチャールズ・イームズを例として挙げ、コンピューター利用の可能性と、「その射程」を検証する、より分析的なアプローチの必要性を訴えた。

バンハムは、バートレット校にて将来彼の指導教授となるナフィールド財団のルウェルン・デイヴィスに対してはより寛容であり、彼の論考には、「柔らかい」と思われる社会的および心理的事実を分析する道筋を開いたと主張した。「心理的事象は数量的価値に当てはめることができる(統計技術はそうした数量を測定するのにますます適したものとなる)。それらは数学的操作を認めるようになる。……(中略)……もっとも嫉妬に守られた建築の「職業的秘密」に関した増加する提案は、すでに計量可能である」。[71] このことは、建築的プログラムのすべての側面は数学的価値に当てはめることができるように、計量可能なものと不可能なものの間の溝は最終的には狭められることを意味すると、バンハムは解釈した。彼は自身の論考「歴史と精神医学」におけるモダニズムの歴史的言語に関する疑わしい問題を取り上げることによって、建築の伝統と技術的「進歩」(伝統はレースで負けた)の比較の脇にあるこの理論を支持した。

このシリーズを通して、「自分は視覚的価値(すなわち美学)に関わっていると本当に立ちあがって発言する建築家は全くいないが、建物というものはもし視覚的に失敗していれば、興味を惹かれないものだ」[72]というペヴスナーのいらだちに対して、バンハムは辛辣に応えている。「自分は視覚的価値に関わっていると立ち上がって発言する建築家がいないのは、視覚的価値はデザインにおける六個（一〇個？　五〇個？）の重要な価値のうちのひとつにすぎないからだ」。そして、「自分がどこにいるのか全然わからなくとも『非建築』を得られる」ようなバンハムの科学的プログラムに対するペヴスナーの恐れに対し、バンハムは自身の「科学的美学」の概念を繰り返した。「確かに、充分に科学的な美学は今日では不可能であるが、三〇年前に比べれば千パーセント可能である」と彼は付け加え、「科学的な美学によって、設計の基礎および指針として、ある特定の色、形態、シンボル、空間、光の段階、音響の質、質感、遠近法の効果の、人間の観察者に対する実際の影響の（科学的証拠の通常の法則によってなされた）観察を利用することを意味する」[73]。すなわち、この一九六〇年のシリーズは、同年出版された『第一機械時代の理論とデザイン』におけるバンハムの結論を支持しているようであった。「これまでわれわれが建築と考えてきたものと、われわれにその何たるかが現在わかりはじめている科学技術とは、両立しない二つの領域なのかもしれない[74]」。

このもっとも広い意味で考えられた建築的プログラムに関する新しい感受性の登場は、一九五〇年代後半のバンハムとジョン・サマーソンの楽観主義を思い起こさせる。それは（知覚、情報、テクノロジーのいずれも）科学への注視は最終的に、近代運動の機能主義の根本的再概念化を導き、建築を機能の観察から自由にするためではなく、機能主義を膨大に広がった領域に当てはめるためであり、バンハムの視点によれば、トポロジー、視覚、生物学、遺伝学、情報理論そしてすべての種類のテクノロジーを含むのである。

バンハムは、一九六〇年の論考「在庫品調査」のなかで、工場生産された住宅のサービス室のための「クリップ留めされた構成要素」について言及していたが、五年後の『デザイン・クオータリー』の記事のなかで「クリップ留めの構成要素」の完全な理論を展開した。それはアーキグラム・グループに大々的に捧げられた『アーキテクチュラル・デザイン』特別号での紹介のために同年に再出版され[75]、そこで彼は「クリップ留め」の系譜をたどっている。それは標準化による「終わりのない」という考えからはじまり、ルウェリン・デイヴィスに従って、ミースからスミッソン夫妻の一九五五年の未来のためのプラスチック・ハウスと同様に、フランスのイヨネル・シェーンとアメリカのモンサルによって導入された「設備を伴った小部屋」という概念までであった。あたかもデトロイトの車のように、工場で生産された部品を敷地で組み立てるという、大衆を対象とした大量生産品の家という概念は、すでに一九六一年に「クリップ留めの哲学」の論考を描くようバンハムに発想を与えていた。そして、ジョアン・リトルウッドのために発想され「巨大な新未来派の機械」として翻案された、セドリック・プライスの〈ファン・パレス〉は、バンハムが一九六〇年に求めていたプログラム的革命のすぐそばを走っていた。この巨大な「反―建造物」は、「あらゆる可能性の場であり、そこではあらゆることに参加する可能性が存在していた」[76]。確かに、アーキグラムに「プラグ・イン」の採用によってクリップ留めの考えを反転させ、バンハムはすでにこの概念を自らの理論のなかに内包する用意があった。「このふたつの概念の極端な形式を過度に区別するべきではない。なぜなら技術的には、それらはしばしば同じプロジェクトのなかで密接に混同され、美学的伝統は機械的区別の細部を凌駕するものだからである」[77]。「美学的伝統」に回帰するにあたって、バンハムは「もうひとつの建築」に関する彼の真の課題を明らかにし、それは技術的にこれまでのすべての建築を凌駕し、表現的形態をもつ建築を求めていた。[78]「支配的な建築」が採用していた工場生産方式（一九六〇年代に地方自治体の共同体によって採用されていた学校建設のための工場生産方式CLASPシステムによる、タイルを吊るした学校といったピクチャレスクな工場生産方式）に反対し、彼は「コンピューター化された都市はおそらくどのようなものにも何にも似ていない」と予告した「サイバネティック主義者やO氏やR氏」の理論に対しても同様に異議を唱えた。こうした理由で、バンハムはアーキグラムの〈プラグ・イン・シティ〉に熱狂し、「われわれのほとんどは（コンピューター化された都市が）何かのように見えることを望んでおり、形態が機能に従い忘れ去られることを望まない」と説明した。[79]

バンハムにとって、彼が〈ズーム・シティ〉、〈コンピューター・シティ〉、〈出来合いの都市〔Off-the-Peg City〕〉、〈完全に使い捨ての都市〔Completely Expendable City〕〉そして〈プラグ・イン・シティ〉と名づけたアーキグラムのプロジェクトは、その美学的質によって予見されるようなテクノロジーにとっても重要であった。「アーキグラムはプラグ・イン・シティがきちんと機能するように作られるかを確約できないが、それがどのように見えるかは伝えることができる」。彼らの提案が技術者にとって受け入れられるものだとしても、もしくは大衆的で軽薄だと軽蔑されるにしても、彼らは重要な形態の教えを提供している。バンハムは、一九五〇年代の美学に対する技術の貢献についての提案から、アーキグラムにいたるまでの運動をなぞり、彼らのプロジェクトでは「美学はテクノロジーに歩調を合わせた秩序を提供していた[80]」とした。後にも言葉を足している。「彼らは理論的には不十分であったが、描写力や造形力には長けていた。彼らはイメージ産業のなかにいて、今日にあってもっとも抵抗しがたいイメージのいくつかを生み出す力に恵まれていた[81]」。

このようにアーキグラムは「イメージ産業」だと明らかに軽蔑して述べる際、バンハムは一九五〇年代中ごろに発展した理論へと回帰していた。「イメージ」の概念は一九五〇年代にエルンスト・ゴンブリッチによって最初に出され、バンハムはそれをブルータリズムについて述べる時に採用した。一九五五年の論考「ニュー・ブルータリズム」では、バンハムは、古典的美学から逃れ、伝統的な判断の規範に従わなかったが、一方でそれでもなお「視覚的に価値があり」、「建物は視覚的属性がすぐさま理解できるものであるべきで、目に捉えられた形態は建物を使う経験によって確かになるべきだ」ということを求めている何かを言及するために、「イメージ」という言葉を使った。バンハムにとって、この「イメージが可能であること」とは、建物とはいくぶん「概念的」であることを意味し、現実よりも形態から機能への関係についての考えであり、建物が古典的に正式であったり抽象的にトポロジカルであることを要求しないのである。「イメージ」がジャクソン・ポロックもしくはキャデラックに言及しようとも、それは「視覚的に価値のある何かであり、とはいえ古典的美学の基準による必要はないのである」。バンハムはトマス・アクィナスの言葉を借りて、「イメージ」とは「見ることができ、感情に作用するものである」と定義した。[82]

このことは、建物が伝統的な言葉において「正式」である必要がないことを示唆している。正式でもありうるし、いまだ概念でもありうるのだ。[83] よってバンハムは「ありふれたパラーディオ風」と彼が呼ぶものと同様にありふれた機能主義者を攻撃し、スミッソン夫妻の〈ゴールデン・レーン・プロジェクト〉を「形式的手段ではない一致した視覚的イメージを生み出している」例として引用したが、この建物は視覚的動線、特定可能な居住単位、全体のイメージのなかの部分としての人間の存在を伴っており、それは「人の存在が建築をほとんど凌駕するように」[84]人びとがコラージュされたパースのなかに表されていた。シェフィールド大学と同様に、ゴールデン・レーンでは、「非形式主義が、バリーやポロックの絵画に見られるのと同様に構成において肯定的な力となっていた」[85]。この効果は、スミッソン夫妻の構成に対する全般的な態度の結果であり、彼らは伝統的な形態の用語によってではなく、明らかにざっくばらんな、非公式なアプローチによっていた。それは定規とコンパスの初歩的な幾何学ではなく「トポロジーに関する本能的感覚」に基づく、構成に関するアプローチである。幾何学を超えたトポロジーの存在は「もうひとつの建築」の発端を画するものであるとバンハムは結論づけ、もうひとつの建築は、貫入、動線、中と外の関係、そのうえ統覚の表面といった特徴を通してその質を提示し、最終的にはイメージにその力と内容とを与えるのである。[86] したがって美と幾何学は、イメージとトポロジーにとって代わられるのである。バンハムにとって、イメージとは科学的路線に沿うなかで唯一「教えうる」美学だとして一九六〇年から主張してきたものと明らかに関係している。「(おそらくピクチャレスクを除いて)学校で教えることのできるいかなる美学も、見ることとの記憶要因を認識するものではない」[87]。

バンハムは、自身のイメージ理論に相応しいものを〈ハンスタントンの学校〉のなかから見つけ出そうと明らかに全力を注いだが、スミッソン夫妻ですら美学的状況に対する反応に欠けていることを、「ニュー・ブルータリズム」の出版から一年もたたないうちに見つけ出した。ホワイトチャペル・アート・ギャラリーにおける「ディス・イズ・トゥモロー」展におけるグループ展示を評して、スミッソン夫妻、ナイジェル・ヘンダーソン、エドゥアルド・パオロッツィによる〈パティオ・アンド・パヴィリオン〉(中庭の小屋の中に集められたオブジェがあり、それはスミッソン夫妻の言葉によれば、「人々の習慣において根本的に必要なものをいくつかのシンボルによって」表していた)は、「高尚な感覚、受け入れられた価値とシンボルが確認され、伝統的な価値にきわめて従順なニュー・ブルータリスト」であると断じた。[88] 一方で、ジョン・フエルカー、リチャード・ハミルトン、ジョン・マクヘイルによるインスタレーションは、まさに「ブルータリスト」のものであり、なぜなら彼らは「視覚的幻覚、スケールの反転、傾いた構造、断片化したイメージを用いることで混乱した反応を引き起こし、「部分的でその場限りの意味しかないイメージに対し、ばらばらにされた自らの感覚に、それぞれが責任を負ったタブラ・ラサ(白紙の状態)へと鑑賞者を引き戻す」[89] アーティストであるためだとした。究極的にはこの運動の信頼性は、ブルータリズムによる抽象的な概念の拒否と「具体的なイメージ(大量の伝統と連想、もしくは新しさとテクノロジーが持つエネルギーを運ぶことができ、しかし多くの出展者が捉われていた幾何学的規則による分類に抵抗するイメージ)」の使用とにある。[90] であるから、バンハムにとってイメージとは、日常や技術的欲望についての象徴が受動的なだけではなく、鑑賞者の感覚的知覚を能動的に共有するものであり、その効果は混乱やショックや置換といったモダニストのあらゆるテクニックを使って経験に埋め込まれたのである。

そして、こうしたイメージの理論は、アーキグラムの実際のイメージを誘惑的かつ人目を引くようにした広告のテクニック、ポップおよびオプ・アート、コラージュとモンタージュ、スーパーグラフィックやその他のわかりやすくすぐれた口実を超えて、アーキグラム自身が望んでいることについてのわれわれ独自の解釈を深めるようになった。なぜならば、トポロジーやイメージとの潜在的関与を総合的な経験の確認と見ることは、建設のプロセス、すなわちアーキグラムから派生した、その表面的効果を超えた建築のための「プログラム」を始めることとなったからである。こうした意味において、少なくとも一九六五年のバンハムにとって、そして「うまく調整された環境」といった、より保守的な建築のパラダイムへと彼が後退する以前において、スミッソン夫妻の「言語の欠落」を提供したのはアーキグラムであった。

実際、一九六〇年代の「もうひとつの建築」を問うあらゆるもののなかで、無関係で無害の遊びと思われる装いをしていたものの、アーキグラム・グループは伝統的建築のプログラムに対する最も根本的批評を発していた。その論調は一九六一年五月の『アーキグラム』の第一号に仕掛けられ、そこではデヴィッド・グリーンが「煉瓦の詩」を「カウントダウン、軌道のヘルメット、機械的身体の運搬とレッグ・ウォーキング」の詩へと、論争を呼ぶように置き換えていた。続いて一九六三年から一九七〇年の間に八つの号が発行され、かなり大きなスケールを持つ消耗と消費の問題を含んだテーマが展開された。ＩＣＡ（インスティチュート・オブ・コンテンポラリー・アート）で一九六三年に開催された展覧会「リヴィング・シティ」において、またそこでのプロジェクト〈プラグ・イン・シティ〉（ピーター・クック、一九六四年）、〈コンピューター・シティ〉（デニス・クロンプトン、一九六四年）、〈アンダーウォーター・シティ〉と

〈ムーヴィング・シティ〉（ともにロン・ヘロン、一九六四年）によって、環境に再度形を与えるために、彼らはテクノロジーのあらゆる潜在力を探究していた。インフラッタブル（膨らますことのできるもの）、インフラストラクチャー、ポッド（さや）、ブロッブ（しずく）、ベルブ（水ぶくれ）、グロブ（一滴）そしてグループ（べとべとしたもの）といったものは、ノマディズム、社会的解放、終わりなき交換、インタラクティブな応答システム、またセドリック・プライスの導きによる、材料や心理的なレベルの悦び、楽しみ、快適さといったものに捧げられた文化のエンジンとして提案され、どれもが議題とされている総合的環境（人間的、心理学的、エコロジー的、そして技術的）にしっかりと置かれるように、しゃれっ気のあるテクノロジカルな詩としてデザインされていた。

　これらのイメージがもつ不安定化させる力と、その歴史との歴然とした関係は（「デュシャン」においてと同様にマンフレッド・タフーリによって明確にされていた）、明らかであったが、新しいものやまだ発明されていなかったテクノロジーと、これもまたまだ発明されていなかった新しい社会を支える潜在力に彼らが関わっていることもまた明らかであった。彼らの伝統的モダニズムに対する風刺的立場とその社会的、精神的、技術的失敗に対する批判において、アーキグラムによるユートピア的イメージは、モダニストの原則をその究極（したがって理想）にまで延長しようとしていると思われた。こうした点から、SF的ユートピアのイメージは、巨大な全世界的社会の複雑な環境的、社会的、技術的条件によって決められた伝統的な全体芸術作品のまったく新しい形を信じていた、ウルムのトーマス・マルドナードといった人びとによって構想されていたトータル・デザインのプログラムに結びつけられた。ここに、ユートピア主義左翼の「サイケデリック」な野望は、ごく滑らかに、合理的中道であった体系的なサイバネティックスに出会ったのであった。[91]

しかし、アーキグラムとバンハムのつかの間の協調は、ヴァーチャル建築やグローバルな視野のもとにある今日の実験に、歴史的に先行していただけではないようである。マーク・ウィグリーは、アーキグラムは建築史のスクリーンに映された「SF」やポップの単なるきらめき以上のものであると指摘している。[92] バンハム自身も、「もうひとつの」建築によって求められる条件の系統だった探究である、一九六九年に出版した『環境としての建築』においてそのことに気づいていた。ロンドンのサウス・バンク・センターに新しく建設されたクイーン・エリザベス・ホール（一九六七年）を検証し、一九六〇年代初頭のデザインにおけるふたつの主要な力であった、ル・コルビュジエ流の打ち放しコンクリートとアーキグラムの「プラグ・イン」の美学が結合されていることを記している。この建物に関するたいていのコメントは、そのブルータリズム流の特徴に焦点をあてていたのだが、バンハムは、ロン・ヘロン、ウォーレン・チョーク、デニス・クロンプトンの設計チームに対する貢献を記した。「実際、ル・コルビュジエの流儀とプラグ・インの要素はひとつの同じもので表明されており、建物の輪郭はメインのサービス・ダクトの外部への露出からもたらされている」。[93] 外観が持つ「ロマンチックな」輪郭、そして建物の塊の周りを巡るコンクリートで包まれた空調のダクトから、バンハムは彼が『ニュー・ブルータリズム』にて持ちこんでいたふたつのテーマが一緒になっていることを見てとった。それは構成におけるのと同様に、移動する観察者の存在がもたらす新しいピクチャレスクの「イメージ」と、「もうひとつの」建築が持つ技術的革新とである。このようにして、新しい建築の公表に際して（視聴者とその経験における）美学の役割についてのバンハムの主張は、形態と機能の間に横たわるモダニストの宿命的な溝を塞ぐことができ、ひとつの言説となった総体としての環境的問題と技術的、形態的発明を包含しうる方法として、プログラムの概念を再度知覚する可能性を引き起こした。

『環境としての建築』は、バンハムの「もうひとつの」建築のための「もうひとつの」歴史に関する探究の、生産的な段階を表している。その冒頭の弁明において、「世の中がもっと人道的にできていて、建築家の第一の人間的責任がどこにあるのかもっとよくわかっていたら」と記し、まったく保証がないことを認識しつつも、構造と設備の研究の目的を分離し、前者が後者より優位だとする建築史の視点を酷評した。こうした分離は、「人類が建物を使用しまたそれから報われるということに関しては何の意味もない」と彼は論じた。[94] この画期的な調査は一九世紀および二〇世紀のいくつかの偶像的建物における設備とその使用（または誤使用）の進化に関するものであり、その最後に、『アーキグラム7号』に発表された「扱い」を引用し、「『アーキグラム8号』には建築はまったく見あたらないようであり」、同時代のデザイナーのうちバックミンスター・フラーとアーキグラムのメンバーのみが「記念碑的構造の再度の保証と心理的支持を破棄する意思を持っている」ことをバンハムは見つけ出した。[95]

建築を超えて——ロサンゼルスでのバンハム

歴史的研究論文ですか？　そうした古い世界の、学術的で、すでに重荷を背負った概念が、ロサンゼルスといった都市のまったく前例のない人間的現象を把握できると主張するのでしょうか？　内燃機関、サーフィン天国、排気ガスの村、航空宇宙都市、システム・ランド、西洋世界の夢工場としても知られるこの都市を。

――レイナー・バンハム『ロサンゼルス――四つの環境学の都市』

もし「ニュー・ブルータリズム」と「環境としての建築」の研究が、二〇世紀後半におけるもうひとつの建築の発展に寄与した、モダニズムの歴史についてのバンハムによる調査のきっかけだとすれば、個別の建物の「環境」という狭い考えを、環境学〔ecology〕というより広い枠組へと広げるようにバンハムに促したのは、一九六五年から一九七一年にかけての彼のロサンゼルスでの体験であった。ロサンゼルスは、「即席の風景のなかにある即席の建物」[96]から成っており、その「歴史」（とくに建築の歴史）はほとんど知られていないものの、それがなくとも上手くいっているような都市である。ロサンゼルスを構成する「地理、気候、経済、人口統計、システム、文化の独特で驚くべき混合」は、都市集落における環境的条件と建築を同等に捉えることができる、まったく新しい種類の建築史をバンハムがでっち上げることを促した。さらに、この新しい歴史は、「建築」とは調査における可能な限り広範な領域を意味するものだと理解した。人気のレストランや名前も思い出せない集合住宅から著名な建築家による作品まで、すべては最も幅広い定義のもとに「建築的なるもの」として受け取られる文脈におかれた。これは、ペヴスナーによる「英国の建築」シリーズの「地域の」歴史や、サマーソンが『ジョージアン・ロンドン』で展開した都市建築の歴史すらを超える歴史となり得るものであった。バンハムにとって、科学的機能主義の展望はより広いプログラムに必然的に繋がり、それは単にクライアントの要望を採用したり、その時の時代精神を形に翻訳するだけではなく、都市の地理的条件を最も幅広い一式によって考慮するものであった。

一九六八年夏に放送されたBBC第三プログラムのラジオ・トーク・シリーズをもとに構成された『ロサンゼルス――四つの環境学の都市』は、当時美術史の仲間うちでは急進的だとされていた言葉「環境学（エコロジー）」の意味を十分に探究するために、建築史と歴史的地理とを結びつけることの潜在的な力を描いていた。この本の評者たちは、歴史家の関心の背後にあるロサンゼルスという主題そのものを見る者から、一九六〇年代の社会的騒動の起こりに重なってバンハムの熱狂があると見る者までと幅広かったものの、この仕事が持つ見通しのより一般的な意味を記すことには失敗していた。バンハムのこの本は「建築と社会」と名づけられたシリーズの一冊として依頼され、英国の歴史家ジョン・フレミングとヒュー・オナーによって編集されたが（このシリーズにはジェームス・アッカーマンによるパラーディオについての洗練された研究書的論考も含まれている）、この本は確かに建築史の領域においては例外のように思われた。『ロサンゼルス』は、この都市にあるすぐれた建物についての調査ではなく（それはすでにデヴィッド・ゲバートとロバート・ウィンターによって成し遂げられていたとバンハムは記している）[97]、都市部の組成や構造を包括的に検証するという新しいアプローチを採った、最初のかつ最高のものであった。バンハムのこの試みは都市建築に関するきわめて根本的な視点を開発し、建築史の領域に大きな影響を与えた。建築を環境学の考えと結びつけ、そのタイトルは関連する問いを示そうというバンハムの意図を告げていた。建築は環境学とともに何をすべきか。建築における環境学とはどのようなものであるのか。そしてより重要なことに、そうした環境との関係から考えられる、建築の本質とは何なのか。
これら三つの質問に対するバンハムのまとまった答えは、地理的、社会的、歴史的文脈のみならず（それらはすでに一九六〇年代後半には建築の社会史家には一般的な方法であった）、新しい世界的規模の大都会における活動的で変化をし続ける歴史的場所として、都市建築研究の道筋を提供した。必然的に、それらはかつて学者たちが研究していた建築を全般的に再定義することになり、高速道路からホットドッグ・スタンドまで、上級の建築の美学的コードには単純に制限されない形態表現の多様性といった、人間が作った構造物のあらゆる形態をバンハムは含めていた。ここには、もちろん、初期の評者たちによって指摘された問題がある。批評家として、バンハムはポップ・アートとポップ・カルチャーの擁護者だと自らを規定し、また技術的革新と変化に対する彼の明らかな熱狂からも、この本をロサンゼルスのポップの歴史と見なすのは安易すぎるという評判があった。ある評者は、この本に対して「安物」とのタイトルを贈った。[98]
伝統的には「非建築的」とされる構造物（サーフボードすら）を含み、これまでいかなるまじめな批評家もほとんどまじめに取り上げてこなかったロサンゼルスを主題として扱うことは、建築史の全領域を揺るがそうとするバンハムの意図が、まさにまじめなものであることを必然的に分かりにくくしている。しかしこのことに対する彼の姿勢は当初から明快であり、この都市が「歴史的研究論文」の目的として相応しいかという自らの問いに応えて記している。「この都市はその建設された形態において包括的かつ一貫性のある質を有し、歴史的研究論文として一番の主題に順位づけられるのに相応しい統合がなされている」[99]。そのために、デザイナー・ハウス、ハンバーガー・スタンド、高速道路の構造物、土木構造物といった多様な形をもつ建築を、全体的文脈（地域のすべての要素や地理的構造）のなかのその場所を見つけられる「包括的統一」に入れ込もうとバンハムはプログラムに関して意図したのである。すべての都市域を取り込もうとするこうした試みにおいて、バンハムはロサンゼルスという特別な条件によって都市的建築のきわめて徹底的な視点を展開することを強いられ、過去三〇年に渡る建築史の領域に大きな影響を与えたのであった。

実際のところ、ロサンゼルスはバンハムがかつて「トラッド（伝統的）」な歴史と呼んだものを誇張するのに必要な手段であることが判明したが、それはまさに「トラッド」な都市が都市であることや、「トラッド」な都市における道端や広場の建築が「トラッド」な場所を拒否するためであった。それはまさに、ロサンゼルスは、その地域の場所における構造が、個々のグリッドや組成よりも重要な都市であるためであった。それはまさに、そのなかば自覚的な「ポップ」カルチャーのためであった。最後に、それはまさにそこでは「トラッド」な歴史家にとって都市とはそうあるべきではないというすべてがあり、あるべきでないすべてにおける歴史のようなものを、建築史が描く可能性があったためであった。[100] ここにバンハムの思考の展開に対して、評者たちが「ジャーナリズム的」としたようにではなく歴史家として接近することは重要であり、なぜなら彼はロサンゼルスに出くわしたのであり、そこは明らかに都市のなかで最も反歴史的であり、建築と都市の歴史に対する複合した反応の効果を彼が探究していたからである。

フランスの学生の反乱、ホーンゼイ美術学校での「革命」、ヴェルヴェット・アンダーグラウンドのアルバム『ホワイト・ライト／ホワイト・ヒート』、ジャン＝リュック・ゴダールの『ウイークエンド』の上映、ロバート・ケネディの暗殺、進行するヴェトナム戦争、ワルシャワ条約によるプラハ侵攻。こういったことを採り上げていたラジオ番組に続いて、知的議論と文化的コメントのチャンネルBBC第三番組のリスナーが、レイナー・バンハムによるロサンゼルス訪問についての四回にわたる機知に富んだ、これまでよりずっとましな話題を提供されたのは、一九六八年の夏のことであった。その内容は八月二二日から九月一二日にかけてBBCの内部機関誌『リスナー』に掲載された際に、順に「サンセット大通りとの出会い」、「錆びたレールのある道路の風景」、「ビバリーヒルズ、もまた、ゲットーであった」、「自分のことをするという技法」とタイトルが付けられていた。[101]

バンハムは、ロサンゼルスへとバスで旅したときの、中心街のバス・ターミナルはサンタモニカ駅よりもサンセット大通りや彼のウエストウッドのホテルに近いだろうという間違った思い込みを話すことから、この都市のレイアウトに対する彼の困惑の物語を始めた。サンセットは中心街から海へと向かうロサンゼルス峡谷の側を横断する幹線のひとつであることに、彼は気づいた。この話の要点は、ノーフォーク育ちで、ロンドンに住み、車を運転しないバンハムが、「ロサンゼルスでくつろいでいる」ことを可能な限りリスナーに示そうとしていることのようだ。さらに面白いことに、車による移動、高速道路、気候、スケールといった明らかに大きな違いにもかかわらず、実際、ロンドンとロサンゼルスとには多くの共通点があり、それはともに小さな村の集積であり、終わりもなく続く戸建て住宅地域が広がっていることだ、と彼は論じている。バンハムにとっては、構造的および空間的な共通点が魅力的なのであった。

ふたつめのトーク「錆びたレールのある道路の風景」で採り上げたテーマは、ロサンゼルスにおけるインフラストラクチャーの編成の探究であり、その基盤はそれほど高速道路にはなく、よくあるように、一八六〇年代と一九一〇年の間に建設された膨大で広範な路面電車にあった。パシフィック・エレクトリック社による都市間ネットワークは、一九二四年から一九六一年の間にロサンゼルスにおける労働と生活のシステムの基幹を少しずつ形成していった。しかしこの事実は、二年後にバンハムが高速道路システムを賞賛し、批評家を激怒させる前触れにすぎなかった。この街にひと目ぼれして車の運転をするようになり、「自動車の経験」に大喜びし、ウィルシャーから下って海までの日没までの感銘的なドライブを楽しみ、悪名高いこの街のスモッグをロンドンのものに比べて軽視した。「ロンドンではシャツが午後三時には汚くなるが、ロサンゼルスでは二日間着ることができる」[102]。

バンハムの三つめのトークで採り上げたビバリーヒルズは、他の階級や人種の子どもたちの侵略から学校を守るために特定の内部における統合がなされたコミュニティであり、「世界で最も防御的な住宅地であり」、単調な中産階級の戸建て群のなかにある飛び地であり、「相応しくない友だち」がいるリスクのない学校へ子どもを送るためにつくられていた。『リスナー』での記事には、ラルフ・クレインによる、プールサイドでくつろぐ典型的なアッパー・ミドル・クラスの家族の写真が添えられていた。「自分のもの以外のすべてのコミュニティに明らかにまったく関心がないことが、ロサンゼルスの市民生活においてもっとも変わらず気分を萎えさせる点であり」、「ロサンゼルスの人びとの生活を抗しがたく魅力的にしている、自由を謳歌する自由主義者の倫理の醜い背面」である。これはバンハムによる二分法であり、肯定的なものと否定的なものの対比であるが、すぐれている側への肯定がないことがたびたびある。[103]

バンハムの説明によれば、ビバリーヒルズは「自己充足的な、特定化されたエリア」であり、「社会的」にも「機能的にも」「単一の文化」である。もし「ロサンゼルスをヨーロッパの歩きまわれるコンパクトな街のように使うことにこだわれば」、すぐに大学のキャンパスにたどり着くであろうことが彼にとってその証明となった。バンハムもまた、こうした精神構造にほとんど屈服しそうになったことを認めている。「UCLAでは、ランチョ・サン・ホセ・デ・ブエノス・アイレスから外へ出ることはありえない。ウエストウッドの下宿に住み、講義の間をふらつき歩き、学生会館かウエストウッド・ヴィレッジのレストランで食事をし、ヴィレッジの本屋か映画館に行くのである。つまりわれわれがロサンゼルスの人びとを非難するのとまったく同じことをしているのであり、ロサンゼルスの全体性には決して関わらずに限定された視野の狭い生活を送っているのである」。しかしバンハムは「建築や芸術、都市計画、社会問題といったものに関する一見物知り風の刊行物に掲載された、ロサンゼルスをめぐる歪められ誤用された情報の量」は、「短期間の訪問者による急ごしらえの判断による」のではあまりなく、どちらかというと「一学期か、一年か、それ以上をこの都市で過ごし、しかし一九二〇年代に植えられたユーカリ、ジャカランダ、バナナがある、ゲットーにもなりえたウルフスキル農場ともいえる学校の木立の中から決して出ようとしない訪問者による」[104]ことに気づくことで救われたのであった。

ラジオの最後のトークでは、バンハムはロサンゼルスのポップ・カルチャーに対する評価を述べている。一九六〇年代初頭のビリー・アル・ベングストンのバイクの絵からフォン・ダッチのペイントされた潰れたヘルメットまで、ヴェニスに沿って続くどこにでもあるサーフボードの装飾から、ドゥー・イット・ユアセルフの記念碑サイモン・ロディアのワッツ・タワーまで、芸術的手腕で「自分自身のことをする」という伝統。これらは、「あるヨーロッパの批評家たちが結局維持するような、うぶなものでも気取らないものでもない。構造はとてつもなく強く、その表面の装飾は発想の源であり想像力豊かなものである」[105]。それは、エド・ルシエといった現代ポップ・アーティストにおいても同様に真実であり、彼の「26ガソリンスタンド」、「34駐車場」、「サンセット大通りのすべての建物」といった作品はみな、バンハムの目には、評価や批評が不在の、「自分自身のことをする」ことに満足しているという表情を欠いた声明に見える。

後から考えれば、行ったばかりの旅行についての一見取りとめがなく思われるラジオでの思考は、じつは完全に体系だって現れており、なぜならバンハムは彼の四つの最終的な環境学のうちの三つ（ビーチ、丘、高速道路）を注意深く組み上げ、同様にこの都市の建築に代わるもの、すなわちその「ファンタジー」を扱い始めていたことに気づくからである。続く『アーキテクチュラル・デザイン』に掲載されたいくつかの論考（「ロサンゼルス——風景の背後にある構造」など）[106]では、交通ネットワークとその継続的適合化のプロセスに関する彼の見解がくわしく述べられていた。そして『ロサンゼルス——四つの環境学における建築』の全体的な計画は一九七一年の春までには整えられ、その複雑な枠組みが練られていた。

この本の構造は本当に複雑であり、多くの評者は一見統一感がないことをけなし、章立てを直すことさえ提案していた。しかし実際、バンハムによる配列は、ロサンゼルスといった街——その街自身の独特の形態によって強いられた秩序——をどう見るかということのみならず、建築の定義そのものがテクノロジーや大衆的な文化のあらゆる領域によって挑戦されて拡張され、広く都市的、社会的、そしてもちろん環境的文脈のなかに差し込まれる時代にあって、地平と領域が広がる時代における建築史の書き方をも、新たに書き直そうという彼の意識的試みのひとつとなっていた。したがって、建築自身の章のなかに、意識的に建築の「環境学」の章を横断させており、それらにはまたしても都市の歴史と参考文献が記されていた。

この本はこの都市の地形およびインフラの構成についての短い歴史から始められており、「バックミラーを覗く」と題にあり、実際バンハムがそうしたように、高速道路を運転しているときに背後の都市をちらりと見るように、それほど長くない歴史の断片をちらっと見ることができるようになっていた。それに続く四つの章には、それぞれ「サーファビア（ビーチと海岸）」、「丘（サンタモニカ山脈）」、「アイダホの平原（偉大なる平らなセントラル・ヴァレー）」そしてすべてのなかで最も重要な「オートピア（高速道路システムとその関連するもの）」といった四つの「環境学」のタイトルが付けられていた。これらの環境学の研究は、連続する物語のかたちをとらず、ロサンゼルスの特定の「建築」に関する四つの並行する章へと分けられていた。「風変わりな先駆者たち」、「魅力的な」建築、外国からの「難民」によるきわだった作品、ケーススタディ・ハウス運動に埋め込まれた一九五〇年代の新しいロサンゼルスのモダニズムへのオマージュ――バンハムの目には「その様式はかなりのところ」この地域の類型となりえそうであったが、だが実際にはまったくそうではなかった。これらは環境学や建築に関する系統だった研究からははみ出す四つのテーマを持つ章によって中断され、交通機関ネットワークの発展、ロサンゼルスに特徴的な「飛び地」の文化、中心部に関する短い考察についての記述が足された。この最後の章は、伝統的なシティ・ガイドという点からすれば、とても異質のものであった。伝統的なシティ・ガイドは普通古い中心部からはじまり、その「喪失」について懐古的な感覚を示すとすれば、バンハムの見解によると、中心部はすべての地域となった都市の文脈において価値があり、「中心部」は大きなスクリーン上の小さな点にすぎないと思われた。最終的に、バンハムのプログラムに関する結論は「建築についての環境学」と名づけられた。

こうした複雑で多層的な構造は、建築の物語や都市研究における通常の均質性を、取り返しつかなく分解しようとするバンハムの試みであり、作品のモンタージュのようにあるものを他に執拗に挿入することで、物語の流れに反して思考や再考のための休止を促し、歴史家や批評家はあたかも自身の研究目的のまわりをぐるぐるとまわり、それらを異なったスケールの異なった枠を通して、異なった見晴らし台から眺めることとなるのである。

ある水準からすると、この構造はまったく新しいものであり、ロサンゼルスそのものがもつ特別な条件により引き起こされている。これは歴史の高速道路モデルであり、この都市を、運動を通じて、また運動のなかにあるものとして見るのである。別の水準からすれば、モダニズムの歴史家であることに自覚的なバンハムは、大戦間の建築理論とデザインに関するかなりの長さを持った最初の研究を一〇年前に出版していたが、そのための発想を多くの前例から引き出していた。それらには、機能的、技術的要求によって生み出された構造に賛同して、「上級の」建築の排除を求めたモダニズムの宣言が含まれていた。モダニストの「ユートピア」に代わるものとして、バックミンスター・フラーの技術楽天論からロンドンのアーキグラムの現代的作品まで。消費社会とその表現の流儀の賞賛。ロンドンのインディペンデント・グループによる議論と展覧会によって実証されたもの、とくに一九五六年の彼らの「ディス・イズ・トゥモロー」展。[107] 未来に対する科学的予言、とくに、新しい生物学、遺伝、染色体に関する研究の潜在的効果。これらすべての枠組みやそれ以外にも多くのことが、バンハムによる歴史と理論の根本的な書き直しを形成する要素となった。だが、ロサンゼルスの特殊な性格を実証するためには、ふたつの手本がとりわけ重要であった。ひとつめは物語の形式に関するある本からの大きな影響であり、もうひとつはその「環境学的」内容である。ともに、初期のモダニズムに彼が求めた、肯定的な傾向に対して批判し、継承するバンハムの論争的意図を示すやり方であり、上級のモダニストの立場からの典型的な宣言であった。

ひとつめの手本はル・コルビュジエの『建築をめざして』であったが、それはそう言うと驚かれるような先例であり、なぜならバンハムはこの本を学術的な形式主義と呼んで繰り返し拒絶し、不適切なモダニストの機能主義だと批判していたからである。バンハムは以前にも、『第一機械時代の理論とデザイン』のなかでル・コルビュジエの宣言を、「二十世紀のすべての建築上の著作のなかでも、もっとも影響力が大きく、広く読まれたが、また最も理解されることの少なかった建築論」と大げさに称賛していた。[108] しかし『建築をめざして』の構造を分析した際に、それは『レスプリ・ヌーヴォー』の個別の論考を集めたものであり、「普通の意味での論証」を何ら含んでいないものであると説明した。この本は「一定数の主題に関する修辞的ないしラプソディ風のエッセイ」から成っており、「これらの主題が相並んで、ある必然的な連関があるような印象を与えるようにまとめられている」[109]。

バンハムは、このル・コルビュジエの本を読むにあたって、ふたつの主要なテーマを明確にした。ひとつめは建築に対する「アカデミック」なアプローチと彼が呼ぶもので、一九世紀後半にボザールの学校で教えられていたように、ギリシャやローマの手本に由来する形式的な芸術と見なされる建築についてである。ふたつめは「機械論的」話題と彼が特定したもので、技術者の美学、遠洋定期船、飛行機、車といったものに関してである。「機械論」に関する論考が他のものの間に「しっかりと挟みまれ」、これらのテーマは、本を通じて章ごとに次々と現れるとバンハムは指摘している。バンハムはさらに挿絵の修辞性についても記しており、よく知られている向かい合ったページの写真は、歴史的、美学的比較を示しているとした。今日なおル・コルビュジエ読解のまさに最上のもののひとつであるこの分析は、多くの手法を明るみに出した。

まず、明らかにされたバンハムの生涯すべてに通底する任務は、「機械的なもの」をアカデミックなものの拘束から解放することに捧げられていた。バンハムは『第一機械時代の理論とデザイン』の結論で書いているように、「建築を控えめに奉仕するのではなく、活発な力としての科学の再発見を求めていた。科学が進歩と発展を指導することは不可避だという、この世紀初頭の独自の考えは、歴史を崇める連中によって反転させられ、主流に対する限られた補助であるとして薄められてしまった。二〇世紀をあらためて探究し未来派をわがものとした読者は、科学の衝撃をしっかりと手にし、結果がどうあれそれについて述べることの必要性を再度認識していた」[110]。車がどこにでもあるというモダニズムの夢の帰結を、バンハムがロサンゼルスにおいて見出したことは想像に難くなく、それはル・コルビュジエによってスポーツカーとパルテノンの比較という根源志向の形式主義として描かれていたものであった。

次に、『建築をめざして』の物語的構成についてのバンハムの記述は、環境と建築というふたつの主要なテーマに関する論考がちりばめられた、彼自身の本『ロサンゼルス』にそのまま応用されたようであった。この仮説を裏づけるのは、対比的な写真を向かい合うページに並べるという組み合わせが反復された挿絵のレイアウトである。マリブのビーチハウスの海側からと陸側から、サンタモニカ渓谷の一八七〇年と一九七〇年、ロング・ビーチの石油装置に並置された一九四九年のフランク・ロイド・ライトのウエイフェア教会というように、それぞれの事例において「以前」は「以降」と対比されていた。建築的にデザインされたものは技術的形態に対して、未開の風景は開発されたものに、ポップは文化に、といった具合に並べられ、こうした視覚的な比較はル・コルビュジエによる神殿、自動車、技術的構造物、穀物倉庫をすぐに連想させた。こうした意味において『ロサンゼルス』は、一九二〇年代のモダニズムの中心的宣言と見なされたものに対するバンハムの応答であり、また打ち負かすものであったと結論づけることができる。またこの結論は『新しい建築をめざして』ではなく『参考文献へのドライブをめざして』（『新しい建築をめざして（のドライブ）』と解読できる）と題された最後の章における、ル・コルビュジエに対する彼の狡猾な謝意によって補強されている。

この時期に『ロサンゼルス』の内容に影響を与えたふたつめの重要なことは、おそらくより実体的なものであり、一九二八年から一九三三年にかけて論文の主題としてロサンゼルスを選んだ、ドイツ人の都市地理学者アントン・ヴァグナーの仕事をバンハムが発見したことから生まれている。ヴァグナーはサンタモニカでの調査を完成し、一九三五年に『ロサンゼルス――二〇〇万人が住む南カルフォルニアの開発と生活と街の形態』という書名の、きわめて重要な「地理学的」研究を出版した。[111] ヴァグナーの本の副題は、もうひとつの典型的な近代的大都市ベルリンとの比較を想起させるように計算されていた。ロサンゼルスは、「広がりにおいてベルリンをはるかに超える都市」であるということはまったくなく、[112] ヴァグナーはこのことを証明するために、ふたつの大都市の地図を重ね合わせて見せた。

ヴァグナーによる調査は網羅的なものであった。彼はあらゆる種類の住人に数多くのインタビューを行い、この都市を把握するには、距離の問題があろうとも（バンハムとは違って）たいてい徒歩によって厳密な調査が行われ、「生活空間と通り抜けの道」とを探検し、地図に落としていった。同時に（バンハムと同じように）彼は自分で写真も撮っている。「私は街や地域の表情を数多く写真に撮ったが、それらは空間的、時間的に距離が増した後でも、街の風景の詳細を私の頭に届けてくれるのである」。[113]

ヴァグナーは、あらゆる地理的要因やこの地域の生物圏を調べる必要から、「自然の力」と「人びとの活動」の働きや都市的風景に興味を持ち、「地理的ダイナミズム」と呼んだこの都市の地質的歴史、および構造の詳細な研究からこの本をはじめていた。実際、「ダイナミズム」はこのヨーロッパ人の観察者にとってロサンゼルスを意味する標語でもあった。「瞬く間に進化する風景、多くの通常の都市開発よりも早くその形態を変えるこの都市、したがってずっと大きな空間的単位を包含しながらも、劇的なできごと、運動、そして力の熱狂を求めているのである。とくにロサンゼルスの今日の形態にとって、どのようになるかはどのようであるかよりもずっと特徴的である」[114]。「ロサンゼルスにとって、伝統とは運動を意味する」とヴァグナーは結論づけた。[115] ヴァグナーは一九三三年三月一〇日に発生したロング・ビーチを襲った深刻な大地震にも立ち会い、ロサンゼルスが影響を受けたある種の活動のことをよく知っており、自然と人間の闘争をこの街の建物の特徴だとした。「あまりにも人工的で都市的な有機体における生活は、……(中略)……大災害に対してどれほど安全かということにかかっている[116]」。

この全体的で系統的な、しかしダイナミックで進捗的なこの都市の地理的「歴史」を超えて、ヴァグナーはロサンゼルスにおける継続的な開発ブームとコミュニティの発展を、細かいディテールにいたるまでさかのぼった。それは最初の集落や農園の誕生(これを彼は地図に起こし)から鉄道システム(これも地図に起こし)、一九三〇年代のすべての地域の様子までといった具合であった。これらの地図は、メアリー・バンハムによって夫の後の本のために見事に描き写されたものの元となったことは記しておくべきであろうし、また同時に交通機関のネットワークと土地所有の形式についてのバンハム自身の奥行きのある歴史的の元ともなった。

バンハムの三〇年後の調査のように、ヴァグナーによる「都市景観」に関する体を使った調査は何も省略していなかったが、みすぼらしいものだけは例外であった。そして「建築」は省略していなかったが、荒れ果てたものや大衆的なものは彼の視線やカメラからはずれていた。彼はスタジオ街や「舞台装置の街」を見出し、「掘削機のタワーの林」が立つ油田の「文化的光景」について話をし、簡素なバンガローから、集合住宅、ビバリーヒルズの邸宅まで、あらゆる住居の様式と平面の類型を検討した。そのうえ彼は、延々と続くビルボード（屋外広告）についても述べていた。「主な特徴は正面の見掛けや立面において支配的であり、商業的広告、…（中略）…ビルボードはランドスケープのなかで不完全さを強調している」。そしてビルボードの外観について二ページを使って「電話と電気の洗練されていない柱や線」のなかにあって見栄えを競っていると説明をした。[117] ヴァグナーは、自身の壮大な研究に対して、「この都市地理学の仕事から学ぶべきなのは、建築家や統計学者や経済学者だけではなく、都市的コミュニティのメンバーであるすべての人である」と最終的な判断を下している。[118]

この比類ない仕事を「作られた環境としてのロサンゼルスに関する唯一の包括的な概説」[119]とバンハムは呼んでいたが、そこからバンハムが引き出したものを確かめるのは難しいことではない。都市の歴史はその地質や地形にしっかりと根ざし、その地における環境的状況と同じように流動的に根ざしているという考え。不変性と同様に変化に対しても重要とする都市の考え。建築はその都市の建設の全体性ほどは重要でないとする考え。最後に、どうあるべきかということについてのあらゆるユートピア的、理想主義的、懐古的な構想に反対するように都市を捉える概念。論考「ロサンゼルス――光景の背後にある構造」で要約したように、「ロサンゼルスは、継続的な適応のプロセスや、土地や資源の割り当てのプロセスを表している。…(中略)…ロサンゼルスに関する限り、土地とその使用については最初に話すべきことである」[120]。バンハムによる、この都市の発展の歴史、その交通ネットワークの歴史、スプロールする単一の都市における集落から農園にいたる変容の歴史は、あらゆる際にヴァグナーからヒントを得ている。ロサンゼルスを特徴づけているのはあらゆる種類の「運動」であるというヴァグナーの理解は、もしロサンゼルスの「現地の言語」だと明示されるものがあるとすれば、それは「運動」の言語だとする、バンハム自身の感覚のなかに繰り返されていた。[121]

こうした前例の視点からすると、批評家たちには明らかに軽率で気軽と映ったバンハムによるロサンゼルスへのアプローチは、しっかりと構築されたテキストであり、一部は宣言、一部は新しい都市地理学であり、それらが結びつけられたまったく類のない種類の「歴史」を形作ったものとして現れていた。バンハム本人のポスト・テクノロジカルな、ポスト・アカデミックな、そしてポスト・アーキテクテュア的言説への求めに応える形で、この本はこの都市をそのままの形で参加させるように決然と組み立てられ、スプロールの側面や、美学的混乱や、消費文化的展示への注視を減ずることを拒んでいた。ル・コルビュジエのように「新しい建築」を求めるのではなく、バンハムの宣言は新しく妥協のない構想を求め、それは見たいものをすぐに見ることはできないものの、同じように興味深く満足のいく主題といった他のものをのぞき見することで報われていた。そして、全体化された地理的アーバニズムを求めたアントン・ヴァグナーとは異なり、バンハムは自ら編み出した「環境学」によって、主題と観察における多様性に対して開かれた枠組みを得たのだった。

そして、ロサンゼルスという都市は、バンハムにとって目的を果たすための手段かつ主題であり、その奇妙な魅力は彼自身の仕事の中に新しい感受性を構築することを可能とし、それはちょうど一〇年を超えたころ、同じように誤解された仕事『砂漠のアメリカの風景』のなかで充分に探究されることとなった。『ロサンゼルス』と同様に、この本は評者たちから「ガイドブック」または「砂漠フリーク向けのチェックリスト」にあるようなものだと反応されたが、『ロサンゼルス』と同様にその狙いはより本格的であり、徹底的であった。[122] さまざまな砂漠についての個人的「視点」が集められ、英国やアメリカにおける空想的な先例と比較されるランドスケープを詩的に喚起するものであった。バンハムは明らかに意図していたように、新しい種類の環境の歴史として扱われていたにもかかわらず、それは明らかに作業の論理的な結論であり、著作の二巻目では、全体としての環境的経験に関する複雑な調査でもあった。そしてバックミラーのなかやモハーベ砂漠を横切る「見る人の目」が何よりもまずバンハムの目であるとき、それは風景の経験そのものの現象学に関与するために、建築的なるもの、都市的なるもの、地域的なるものをはるかに超える、空間における客体の意味に関わる感覚を意味すると推定された。一九五〇年代に「イメージ」の理論へと変換されたペヴスナー流の抑圧された「ピクチャレスク」は、『砂漠のアメリカ』において、ヴィジョンと空間、観察者と対象の複雑な理解を生み出すために『ロサンゼルス』で探究された「環境学」の特別な概念と結合し、『ニュー・ブルータリズム』の当初の立脚点となった。[123]「観察者を力、影響、コミュニケーションのあらゆる領域へと導き、その領域は歪められた」。そして環境学の歴史の原理へと変換されたのである。

4 ルネサンス・モダニズム

——マンフレッド・タフーリ——

「操作的批評」ということばによって共通に了解されるものとは、建築（ないし美術一般）に対する分析のうちでも、その目的性が抽象的に掲げられたものではなく、精確な詩学上の方向づけをその構造のうちに孕み、プログラム的デフォルメを受けた歴史分析によって発しているような「計画行為」である。

——マンフレッド・タフーリ『建築のテオリア』

一九六八年の『建築のテオリア』の出版以来、歴史家マンフレッド・タフーリは、今日の実践を正当化し企図するために、過去にさかのぼって歴史的記録を歪める類いの、「操作的」歴史および批評と彼が呼ぶものに対する、頑固な敵対者だと見なされてきた。「操作的批評とは、未来に対して投影された歴史を「計画化」するのだ、といってもよい。その実証性とは抽象的原理のうちにあるのではなく、それがその度毎に手にする結果によって推しはかられるようなものである」とタフーリは書いた。[1] こうした注釈のもとに、マックス・ドヴォルジャーク、エミール・カウフマン、ジークフリート・ギーディオン■、ブルーノ・ゼヴィ■といった歴史家、エドゥアルド・ペルシコ、P・モートン・シャンドといった批評家、アドルフ・ベーネ、ブルーノ・タウト、ル・コルビュジエ■、エルンスト・メイといった建築家を、タフ

■ジークフリート・ギーディオン
（七四頁参照）

■ブルーノ・ゼヴィ
(Bruno Zevi, 1918–2000)
イタリアの建築史家、建築批評家。反ユダヤ法のためにイタリアでの学業を断念し、ロンドンを経てアメリカに移る。アメリカではフランク・ロイド・ライトの作品を見出し、以降、有機的建築を支持するようになる。戦後はイタリアへ戻り、ヴェネツィア大学、ローマ大学で教鞭をとと

ーリはそこに含めた。実際のところ、暗には、近代運動の歴史家と批評家のほとんど誰もがそのリストからは逃れられなかった。ペヴスナー■からバンハムにいたる誰もが、公然とまたは内々に現在および未来の建築をめざすという、歴史分析の流儀を共謀していた。こうした操作的な歴史学の方法論は、近代になって発明されたものではなく、タフーリはその起源を、ベローリのネオプラトン主義の批評や、後にはフランソワ・ブロンデルといった論争的立場に立つ学者、マルク＝アントワーヌ・ロージエのような哲学者、ピエール・パットのような実務建築家のなかに見出していた。こうした批評は、ヴィオレ・ル・デュク、ジェームズ・ファーガソン、カミロ・ボイートといった歴史家に引き継がれ、「一九世紀後半において新建築への希求に自ら加わっていった[2]」。

こうした「建築家かつ歴史家」もしくは「批評家かつ熱狂家」であることへの明らかに妥協なき反対は、タフーリの仕事における重大な裂けめと見なされてきた。彼は〔建築家としての〕実務と活発な批評から身を引き、ヴェネツィア建築大学に就いて、近代の歴史の厳格な評論、文献調査の成果、共同作業、近代運動のイデオロギーの常識にまつわる根本的再評価などに、同僚たちとともに専念した。しかし、ローマやその他の都市の再開発についてのさまざまな研究を都市計画家や建築家と協働して仕事を行った。歴史的探求に関する彼の先立つ試みをくわしく見れば、ヴェネツィアへの移動以前に次の探求への多くの継続を示す歴史的分析の方法を確立していたのみならず、空間、構成単位、言語、様式への感性を伴った建築家としての修練を積んでいたタフーリが、歴史的再構築と解釈を伝え続けていることは明らかであろう。

る。『L'Architettura. Cronache e storia』を一九五四年に創刊し、亡くなる年まで編集に携わる。主著のひとつ、『建築の近代的言語』には、古典的アカデミズムに対して近代建築を擁護するゼヴィの立場がよく現れている。

■**ル・コルビュジエ**（七頁参照）

■**ペヴスナー**（八五頁参照）

建築家であり歴史家であること

建築の学究者に対する歴史についての適切な準備のみが、過去の現象を正しく解釈し、安易な転移や時代錯誤の反復なしに、今日の要素として機能する手段を設けることができる。

——マンフレッド・タフーリとマッシモ・テオドーリ
「ローマの学生協会と建築家協会のための手紙」一九六〇年

ローマ大学の学生として最後の年、建築教育と職能そのものの間の分裂に関する『カサベラ』誌上での議論に応えて、タフーリは大学教育における硬直したアカデミズムと、カサベラの編集長エルネスト・ロジャースが「イタリアの大学生活における知的道徳的貧困」と言ったものを指摘した。タフーリは仲の良い友人マッシモ・テオドーリとともに、「この国の巨大な問題に寄与する」社会的、経済的、文化的に緊急の課題の研究および実験を含むようにと、カリキュラムの改変を求めた。[3] 彼らが要望したカリキュラムは、都市と地方の分離に対処できるように、都市と建築の計画を統合するようなものであり、「個々の問題に対する偽りの専門化」を終わらせるものであった。すなわち、近代運動によって提案されたものの今日では断片化し統合されていない、実践の理想的統合の復活もしくは進展を、彼らは望んでいた。「建築表現」の問題として、「イデオロギー的関与と民主主義的習慣の不在、および問題の断片化は、建築表現が様式的文法へと回帰することを導く。それは年代物であろうと、モダンであろうと、復古主義であろうと、建築的問題に関する形態的状態についての排他的関心が、そうした形態がある時代の現実もしくは願望を本来表明したという事実を顧みないためである」ということに、タフーリとテオドーリは気づいた。[4] くわしい歴史的探究のみが、一年後にペヴスナーが「歴史主義への回帰」の兆候と説明し、バンハムが批判することとなるネオリバティ運動と戦うことができると、彼らは論じた。

したがってタフーリは、卒業前と直後の両方の時期に、都市と建築の課題に対する綿密な歴史的探究に基づいた統合的な方法の価値を示すことに取り組んでいた。タフーリの都市に関する最初のいくつかの文章は、ローマのナチオナーレ通りの一八七一年以降の研究、[5]（ジョルジオ・ピッキナートと行った）ヘルシンキ中心部の計画の包括的分析——戦後の計画を一八世紀以降の都市の歴史的発展の枠組みにあてはめていた、[6] そして楕円形の広場に続く長い軸線を持つ、ローマ近郊の中世都市サン・グレゴーリオ・ダ・サッソラの、バロック的展開に関する調査の要約を含んでいた。[7] タフーリ自身による多数のドローイングを伴ったこれらの研究の方法は、ありふれた建物の実例として「重要でない」建物に注目するために、当初から大きなスケールの計画と都市の構造に関わっており、それはパオロ・ポルトゲージやタフーリ自身の師であり、後年の協働者であったルドヴィコ・クアローニといった知識人による傾向とは対照的であると、ジョルジョ・チウッチは記している。[8]

サッソラでのバロック的発展に関する報告のなかで、タフーリはこう主張している。広場を取り囲むファサードの幾何学的統一感と軸線に沿った住戸形式の標準化は、この「ラツィオ州における一七世紀の都市様式のうちもっとも統一感のある事例のなかで、都市計画における例外的な介入」となっている。それは「民族的な解釈の不在や、多くの建物を『取るに足りない』と見なす残念な常識の空想的な態度を、簡単に指し示すことができる批評的解釈を求める厳格な考えによって実行されている。そして、もっと深い原因への理解を欠いたまま、それらはみな実務において悲しむべき建築的ポピュリズムへと堕落している事例としてあまりにもよく提案されているのである」[9]。

こうして、ジャン・ルイ・コーエンいわく「歴史家のものとは異なる、建築家の目がもつ分解する能力」は、タフーリが「都市と建築の物質的生産」を歴史的に調査することを可能とした[10]。この調査のために作られた、平面図、住宅の類型、バロックの村の立面の復元といった精密なドローイングは、近代都市生活の出現と中世の仕組みを切り開くその能力への興味を共有し、操作的幾何学を確立した。タフーリは、ヘルシンキやローマについての論文や、彼の歴史手法の展開のためにとりわけ重要であった、〈パラッツォ・ドゥカ・ディ・サント・ステファノ〉や〈バディア・ヴェッキア〉、またはシチリアのタオルミーナにある「古い」教会の調査のために、同様のドローイングを準備した[11]。このパラッツォの〔建設〕年代は、これまで歴史家たちによってノルマン人の侵攻のときから一五世紀までとさまざまに提案されてきたが、タフーリはフレデリックII世の一二二〇年のシチリア帰還から、一二五〇年の彼の死の間に完成されたいくつかの軍事構造物のひとつだと大胆に論じた。彼はパラッツォを、類型的に結びつけられる建物群からなるひとつの流派であると解釈し、それは「ほとんど均質的な記念碑の流派であり、きわめて統合された空間的概念を持っていた。それはリブ・ヴォールトを用いた独特の造形的表現によって統合された内部空間と、量塊的混合主義と塊に関するこの地方の定義によって特徴づけられた外部空間の、両方においてであった」[12]。当時ローマ大学の美術史の教授であったジュリオ・カルロ・アルガンの形態手法に影響を受けた、このような類型的分析は、タフーリにこのパラッツォをシチリアの建築におけるある種の危機、もしくは移行を引き起こした特別な建築的出来事であると仮定するように促し、それは「豊かな可塑性」と「構造的枠組みの形態的価値」を伴う「ノルマン・シチリアの伝統的建築的趣向とは対極にある」平面と塊の幾何学的規則性によって生み出されていたものであった。加えてタフーリは、「内部と外部、ふたつの異なる空間的質の間の二元論を紹介し、同時に流暢できわめて表現的な厳しさを伝える」パラッツォの装飾的プログラムについても記した[13]。根源的な継続と思われるものを破る、歴史における「危機」の瞬間を明らかにする、タフーリの分析的方法のキーワードとなるものが、ここでは明快に展開されていた。

一般的に言って、建築と美術の歴史には、文化的周期全体を理解するための重要な価値決定を担う、特定の瞬間もしくは唯一の「事例」というものが存在する。われわれは、高度な成熟に達した文化における推移や危機の瞬間を明示するような、建物や様式的に統合された製作物について語るつもりであった。それらは、まさに最も強烈な瞬間において、混乱した方法によって自身を乗り越える必要を理解し、自身の歴史的一貫性を検証する必要を感じていた。したがって、それらの特徴や多様な経験と継続性にもかかわらず、距離のある文化の相補的地平を通して、自らのなかで要約する仕事を生じさせたのである[14]。

タフーリは一九六三年に、同年に本ともなった、ルドヴィコ・クァローニについての研究論文のなかで、同時代の建築に影響を与えようとしてこうした方法を持ち込んだ。この研究では、「実験主義を過去一六年間における文化的冒険の象徴であると評価し」、実験的建築の「巨匠」ではなかったとしても、「最も実験的である」ことを自ら示す建築家の観点から、「継続」と「危機」とを区別しており、それは戦後間もないイタリアにおいて鋭く突きつけられた問いであった。[15]「結果として、クァローニはイタリア建築が抱える苦悩の運命の象徴、もしくは理論的枠組みの参照点となり、彼の仕事をきわめて正確に反映した雰囲気に深く浸った人物であるか、または代表するかどうかにかかわらず（そうしたことはよくあったが）、研究方法、手法、操作的模範の創始者となった」。[16] タフーリは、研究論文を「勲章のような形」では出版したくないと考えており、クァローニをイタリアにおける発展全般の小宇宙的統合と見ることを好んだ。したがって手法的問題とは、「文化的周期の歴史と主唱者の個人的歴史の間」の調停のひとつであった。[17] 重要なことにタフーリは、出版された本では削除された文章のなかで、「批判的歴史」と「操作的批評」の間の難しい折衝を始めており、それは五年後の『建築のテオリア』で部分的には解決されることとなった。クァローニは「批評と操作の間にあるあらゆる隔たりを無効にするようなユートピア的目標のためではなく、活発なプロセスのなかでまさにこうした批評を確立するために、研究に操作的側面を与えようとしていた。それは操作することを一貫して支持し、継続的な検証と克服、そしてある方法においては、それらの共生のなかにおいてであった」とタフーリは説明した。[18]

タフーリのクァローニについての論考は、エドゥアルド・ペルシコによる一九三〇年のイタリア美術への批判的評価の長い引用から始まり、ジュリオ・カルロ・アルガンの建築とイデオロギーについての一九五七年の強い影響力をもった文章からのこちらも長い引用で終わっている。[19]このようにして、タフーリは自らが知的および建築的に負っているものを確立し、歴史的かつ批評的に、この分野における徹底的な再評価のための道筋を明らかにした。よって、戦後の時期に実験的折衷主義的特徴を持っていたクァローニは、一九三〇年代のイタリアにおける芸術的退廃とその固有の「ヨーロッパ的」歴史性の欠如の原因に関する、ペルシコによる開放された考察——モダニズムにおける優れた道徳的歴史的運動から来る孤立——と、アルガンによる戦前のモダニズムの運命と戦後の効果に関する歴史的検証との間に位置づけられた。アルガンにとって近代運動の課題は、「合理的」か否かという単純に言語学的なものではなく、イデオロギーと政治の問題であった。合理的建築という考えは、政治的ではなく文化的水準で問題を解く試みであったが、この文脈においては単純すぎるものであった。したがって問題は、近代運動によって必要とされた「自由」の定義のまわりで展開していた。クァローニに関する文章のエピローグのなかで、タフーリはアルガンを引用している。「あらゆる自由は常に何かからの自由である。このからを定義することは、自由に向かう道筋においてもっとも困難な瞬間である。多分にあり得るのは、ヨーロッパでもアメリカでもわれわれの世紀の前半における建築家たちは、このからを不完全に定義してきた。それゆえ、そのような建築の経験を乗り越えようと試みている今日の建築家は、道徳的衝動の最も真正で活気のあるものを含んでいる、そうしたプログラムの実現を妨げる限界や抑止に打ち勝ったという事実がある」。[20] タフーリにとってクァローニは、初期のネオリアリズムにおいて、その社会的文脈のなかで建築的道徳の問題について再度言及しようと試みていた「アルガンによって記された文化的悲劇」を少なくとも認識していた。

今やイデオロギーの問題は自身の議題として確たるものとなっており、ギーディオンからペヴスナーにいたる未完の歴史のなかで、自らの神話を繰り返そうとした運動についての歴史的検証をタフーリは始めた。一九六三年のマリオ・マニエリ＝エリアによるウイリアム・モリスのアンソロジーについての評論では、タフーリはアヴァンギャルドがもつイデオロギーの「起源」という問題を初めて取り上げ、それをペヴスナーが約三〇年前に規定したまさにその時点に位置づけた。[21] マニエリ＝エリアによる紹介と選択の功績は、一九世紀イギリスにおけるイデオロギー闘争としての近代運動を、歴史的理解へと再び挿入したことにあり、それは階級闘争についての経済学と、ラスキンまたはモリスの新中世主義的「社会主義」による文化的昇華との間の矛盾であるとタフーリは主張した。もし建築批評の目的が未開発の処方や手法を試すことによって予測することであり、また同時に「近代運動の論理的基礎が形成される、豊かで基礎的な素材の体系的な再調査」を通して「近代運動の歴史的遺伝子を検証」することだとするのならば、このアンソロジーはすべての企てを作動させるだろう。[22] タフーリは、そうした基礎の複雑さを明らかにしたマニエリ＝エリアの方法だけではなく、「人びとの理念となるアートの理念」を抱えた「近代運動の最初の重要なイデオロギー」の現在における反イデオロギー的出来事を、このアンソロジーがいまだに保持していることが重要だとした。[23]

歴史の再検証

タフーリは、モダニストのイデオロギーのはっきりとした起源の探究を始めた際、同時に、まずはローマにおける後期バロックと啓蒙運動の象徴性の研究によって一八世紀へと、それから彼がかつて問題とした用語「マニエリスム」と呼ばれた時期へとモダニズムを押し戻した。タフーリはこうした論考のなかでは、クァローニについての文章や本のなかでの活発で操作的な批評からは離れ、歴史的批評と建築プロジェクトと記録資料による証拠——彼の調査における一貫した定番であった——の几帳面で「詳細な読解」の端緒に同時に取り組んだ。タフーリは後の論考では、イデオロギーについての批評と物体の分析をひとつの物語のなかに集めていたが、これら初期の研究ではそれらふたつの領域ははっきりと分けられていた。それでも、記録資料の研究に対する彼の短い序文と注釈のなかには、将来それらが統合される予兆が認められた。

一九九四年のインタヴューのなかで、ブルーノ・ゼヴィとパオロ・ポルトゲージによって準備された一九六四年のミケランジェロ■の展覧会は、一九五六年のアルガンの『イタリアのバロック建築』の出版以降イタリアの歴史——現代の言説における支配的テーマを確実にしたと、タフーリは回想している。それは「現代建築に対する訓話」としてのバロック——とりわけミケランジェロとボッロミーニによる——を確認するものであった。[24] しかし、タフーリが一九六四年の論考のなかでローマの「バロック」の基本的考えを説明するために選んだ事例は、従来型のベルニーニによる「高貴な」バロックではなく、後期の生き残りであり、

■ミケランジェロ（一〇四頁参照）

しかもイタリアではなくリスボンの建築家によって設計された建物であったことは重要である。それはラルゴ・ゴルディーニに立つ〈トリニティ教会〉であり、エマニュエル・ロドリゲス・ドス・サントスにより設計され、「一七世紀のバロックからの連続性の典型」を示す一八世紀中ごろのものであった。[25] タフーリはこの後期バロックのなかに、啓蒙主義の「革命」へと究極的に導かれた転機を突き止めた。彼の論考のタイトルで告げられていたその「炎」は、この教会の都市的文脈と、二世紀にわたるポスト・ルネサンス・リヴァイヴァルのもとにドス・サントスが描いたような建築言語の悪化によって促進されていた。[26] タフーリは州の古文書館にあった計画案のドローイングを用いて、それぞれの段階の設計プロセスと、構成と構築の手法を再現した。それは一七三三年の計画前の状態から、既存の修道院の複合施設にドス・サントスが卵型の教会を挿入するまでの、連続する三つのより精巧な型として展開していた。これは、ドス・サントスによる教会内観の「方法論的合理化」を表していたが、そうした合理化は外観においても明らかであり、窪んだ入口を持つファサードは修道院の量塊のなかに配置されていた。タフーリにとって、建築言語の「柔軟な」扱いと結びついたこの計画に見られる「合理化」は、のちの一八世紀の「合理主義」からそれほどかけ離れたものではなかった。「数学や幾何学が、制御するための道具ではもはやないものの、（建築家の）作品の想像力に受け継がれた要素である合理的原則」を通じて、分析的「熱狂」と言語的空想とが実現されていた。[27] そしてエミール・カウフマンに対する重要な肯定のなかで、彼はこう主張した。「そのため、もしも——しかもいくぶん軽快に（ただし十分警戒して）——お望みならば、（単純しすぎたかもしれないものの）カウフマンが見たいと思っていた空間的かつ構造的な要素の孤立に基づく研究は、当初から彼の『三人の革命的建築家』の歴史的意味における法則と表象作用を融合させる形をしていたと言えよう[28]。

カウフマンの注意深い読者であるタフーリは、検証と一八世紀末の文献における先駆的仕事に基づく断片的証拠によって大きな結論を描く試みを識別する能力を持っており、続く数年に渡ってカウフマンの論文を「修正」しようとした。はじめは一九六四年の啓蒙主義的象徴主義についての論考と、そして建築的価値とポール・ロワイヤルの言語学と、ロック流の知識の理論に応じた言語学的慣習の哲学的研究との間にある対立を検証した[29]、一七世紀末のクロード・ペローとクリストファー・レンの理論の言語学的基礎に関する一九六九年の画期的な研究において、より重要なことに、タフーリは幾何学の優位性を、カウフマンの自律性に関する議論に先んじて、レンによる美に関するふたつの基礎——自然もしくは幾何学的、そして習慣によるもしくは社会的好み——へと遡った。要素の統合としてではなく、様式的折衷主義の展開の初期または最終的な段階として作用する幾何学の構築や好みによって操作され、歴史的指示物を社会的または文化的に確立する装置によって、カウフマンによる「幾何学的」かつ抽象的な啓蒙主義に関する定理は弱体化されたと、タフーリは確信していた。

だが、タフーリによる最も重要な建築史再考への進出は、マニエリスムについて、もしくは——彼は後年この用語を拒絶し、またこの話題について出版した本をも一九六六年に拒絶した——一六世紀の建築言語に関する実験の特異性についての研究であった。またしても、論考群の包括的な読み込みとヴィニョーラの仕事の同様な精読による直接的なアプローチを行ったが、それはペヴスナーとウィットコウアー■からブラント■にいたるかつてのマニエリス

■ルドルフ・ウィットコウアー（七三頁参照）

■アンソニー・ブラント（一〇五頁参照）

ムに関する理論の演習によったものではなかった。[30] 自意識と批評的芸術の分析に関連する方法論的問題は手強く、これらの「解決」は、自己批評性とは特筆すべき優れた近代の特性だという仮説へとタフーリを導いた。

マニエリスムのように強烈に批判的な芸術文化にとって、操作的行為と理論的推論の関係の問題は、最も高度な類いの問題的兆候を仮定せざるを得ない。実際、芸術がおのれを自らの問題として始める際、形態の構成を通じて横暴な発掘を成し遂げようとする際、そして最終的には配置の過程が自らを批判的プロセスの代わりにしようとする際、理論は自らが曖昧でなくとも「困難な」状況にいることを見出さざるを得ない。そしてこれこそがマニエリスムの偉大な段階の道筋において発展する矛盾した出来事に他ならないのである。[31]

「マニエリスム」を批判的で自己言及的な文化だとするこうした特徴づけは、続く一〇年に渡ってより全体的な論文へと発展し、彼の最後の本である『ルネサンス研究』で開示された、現在の状況に対するタフーリの観察と類似していた。「これまでのかなりの時間、建築の文化は、自らを省みて、無実を求める原罪の存在を感じ取ってきた[32]」。

歴史の衰退と台頭

タフーリは、同時代の建築家や都市計画家とは批評的評価を伴った親密な関係にあったが、歴史的証拠に対する批判的論評と、同時代の実務に対する批判的支持との間の緊張関係は、自己批判へとではないとしても、知的対立へと発展するのは避けがたかった。一九六八年の『建築のテオリア』の出版は、彼のそれまでの考えとは大きな断絶があると見なされ、おもに翻訳の際の不正確の結果、この本は「真の」タフーリの出発点であると受け止められている。だが、初期の論考や著作、およびその源泉を読解すれば、それは彼にとって危機ではなく、これまでの持続であることがわかるだろう。一五世紀から現代までのすべてに渡る作業において、タフーリの雑食性の能力は生涯衰えを知らず、彼の辛抱強い記録文献の探究は、ヴェニス、マントヴァ、ローマにおけるルネサンスの様相を明らかにし続け、それと並行して二〇世紀のアヴァンギャルド、ネオアヴァンギャルド、その理論、プロジェクト、都市計画などの分析も行っていた。

だが『建築のテオリア』は、ある点において精神を浄化する仕事であった。それまでの一〇年間の集大成であり、同時代の歴史家および建築家をあらためて評価し直し、半分隠されていた思考の包括的明示の瞬間を示したモダニティ、およびよりイデオロギー的な「モダニズム」の本質の評価を行った。それはまた、疑いもなく無意識のうちになされていたが、ヴェネツィア建築大学における集団的または個人的研究と、タフーリ自身によってその後二八年に渡り少しずつ埋められていく、将来の作業のプログラムを用意していた。

こうした文脈からすると、タフーリが彼の建築史の議論とその理論および批評との関係を、一九六〇年代を通じて英国系アメリカ人の思考における転換点となった、ふたつの出来事から始めるのは妥当である。それはペヴスナーによる一九六一年のレクチャー「近代建築と歴史家、もしくは歴史主義の復権」と、それが大西洋を横断し続けられた、三年後にミシガンのクランブルック・アカデミー・オブ・アートで行われた「AIA-ACSA教員セミナー」である。このクランブルックでのシンポジウムでは、ペヴスナーのレクチャーでは潜在的であった問題が、レイナー・バンハムとブルーノ・ゼヴィの間の論争の最前線となった。[33] 一九六三年の学生の座り込みを受けて改革されたばかりのローマ建築大学の、新しい長になりたてのゼヴィは、「建築を教える手段としての歴史」を情熱的に論じ、抽象化の技法、空間分析、模型製作、准研究室における「調査」といったことが、歴史教育を様式の王国から連れ出し、言語的自由の道具として今日のデザインに供すると話した。[34] レイナー・バンハムも同様に率直であり、コーリン・ロウは学術的／ボザール的な理論の考えを持つと非難し、「建築の理論」のすべてのカテゴリーは「空疎であり形式的内容や方法が欠けている」ものになったと主張した。彼はこうしたことを、「建物を生み出し、建物を的確な形とする特定の根拠の不在」が原因であるとした。[35]

こうした「根拠」は、かつてのバンハムにとってのジョン・サマーソン■と同様に、一般的な言葉である「プログラム」によってまとめ上げられた。バンハムの議論は、古い保守的なモダニストによる最後の主張だと見なされ、バンハムはペヴスナーのものを事例として引用しなかった。このことは、美学の哲学者であるスザンヌ・ランガーからの引用のくわしく説明するという形をとった。『建築の創造的空間である実質的な環境は、機能的な存在を象徴している』。だがそうしたことは、道具をかける鉤、便利なベンチ、よく考えられた扉といった重要な活動の象徴が、その意味をまったく意味することはない。こうした考えの仮定の

■ジョン・サマーソン（一三九頁参照）

なかに、機能主義の間違いがある。象徴的表現とは、先見の明のある計画や優れた配置とはまったくほど遠いものなのである」。[36] バンハムにとって、象徴的表現——とくに「大衆的な」環境にある——とは、彼が建築と了解するものの統合的領域であった。彼は「シェイカー」もしくは「ノルウェーの」環境のようなものに言及するためにランガーを採り上げ、儀礼的および機能的要素を持った、ノルウェーの農家の平面の輪郭を描いた。彼はとくに炉床の上に吊るされる調理器具を引っ掛けるための木の枝を強調し、それは厳格な幾何学の内部に入り込んだ「不規則な幾何学の要素」であった。彼は、はじめてサーリネンによるアイドルワイルド空港（今日のケネディ空港）の〈ＴＷＡターミナル〉を見たときは、「グロテスクな」「形態主義の作品」だと思ったが、体験し利用することによってシカゴのオヘア空港の果てしない通路よりもずっとすぐれていることを理解した。そしてこのことから、ル・コルビュジエの〈ロンシャン〉を最終的に受け入れることができるようになったという告白で締めくくったのである。[37]

　これらの催しでなされた議論は、さまざまな緊張を伴う同時代の歴史的解釈を再開するものであったが、タフーリにとってそれらはすべて、彼が言ういくぶん「操作的」なものであり、「根本的に反歴史的現象」であり、すなわち近代建築の歴史を書くことの根本的な難しさを示していた。[38] シビル・モホイ＝ナジ、ブルーノ・ゼヴィ、バンハムをはじめとするＡＩＡ会議のすべての参加者は、それぞれのきわめて異なる立場から、インターナショナル・スタイル崩壊後の歴史的復古主義の登場——サーリネン、ルドルフ、カーン、ジョンソン▪、ヤマサキ、そしてグロピウス▪でさえも実践していた——は、様式の表層的な復活だということに合

▪**フィリップ・ジョンソン**（二四頁参照）

▪**ヴァルター・グロピウス**（四三頁参照）

意した。しかし、タフーリは、それは単純すぎる反応だと確信していた。建築家による、「反歴史的」な国際的モダニズムを前提とした一見「歴史的」な回答は、「新歴史主義」の根本にある反歴史的な性質を曖昧にすると思われた。根本的な問題は、まずは一九二〇年代のアヴァンギャルドに帰する反歴史主義そのものであった。タフーリは『建築のテオリア』のなかで、以下のように論じている。「その全行程を源泉、即ち、一五世紀のトスカナの人文主義者たちの作品によってなされた近代芸術の革命、にまで遡りながら統合的な形で辿り直すことこそが肝要となろう」[39]。ここに、批判的歴史家としての経歴の始まりにおいて、タフーリの近代史の基礎ともなる前提が導入されている。本当の分岐点となったのは、一八世紀の啓蒙思想や一九世紀の産業や政治の革命ではなく、ましてや二〇世紀初頭のアヴァンギャルドの反抗でもなく、中世において過去との断絶をもたらしたふたりの象徴的人物、ブルネレスキ■とアルベルティ■だということである。こうした『建築のテオリア』での一斉射撃の開始から、彼の最後の本である『ルネサンス研究』までに見られるタフーリの探究の一貫した焦点は、アヴァンギャルドの伝統の複雑な素生と変容には、当人によれば、少なくとも六世紀の古さがあることを明らかにすることにあった。

近代の起源をルネサンスにまで戻そうというタフーリの戦略——このような移行のみがルネサンスと近代の両方の開かれた再解釈を許したという意味において——は、歴史的であり、かつ——一九六〇年代の「歴史への回帰」という批判に直接出くわしたという点で——論争的であった。もしモダニズムがブルネレスキとともに始まった建築の根本的な「脱歴史化」の文脈のなかに見られるのならば、ペヴスナーはいかにして歴史主義に対抗してアヴァンギ

■フィリッポ・ブルネレスキ
(Filippo Brunelleschi, 1377–1446)
初期ルネサンスを代表する建築家。金細工職人として修業し、フィレンツェ洗礼堂北扉のレリーフためのコンクールでギベルティと競った後、実現に大きな技術的困難を抱えていたフィレンツェ(サンタ・マリア)大聖堂のクーポラの架構を実現した。当時としては離れ業とも言えるこのクーポラ実現は、ブルネレスキがローマの古代遺跡を訪ねその構造システムを理解していたことが大いに役立つ。自身の建築的原理を最初に表現したのは〈捨子養育院〉で、ここから建築的革新、すなわちルネサンス建築が始まる。他の代表的作品に〈サン・ロレンツォ聖堂〉〈サンタ・クローチェ聖堂パッツィ家礼拝堂〉〈サント・スピリト聖堂〉など。

ャルド・モダニズムの信ぴょう性を推進させることができたのであろうか。[40] タフーリによれば、この戦略においてブルネレスキとアルベルティは模範的な役割を演じており、ひとりは古代に基づく「言語学的コードと象徴的体系」を構築するために中世の過去から徹底的に決別し、もうひとりは文字通り歴史的価値を「実現する」ためにこの体系の合理的統合の形を構築しようとした。この革命の特徴を述べる際、「歴史主義」対「モダニズム」という（偽の）弁証法にあるかのように巻き込まれていた一九六〇年代の系譜学による、徹底的な批評を提供するような方法によって、タフーリは正確（かつ適切）にこれらを公式化した。

> ブルネレスキのそれのように古典の世界の断片に依拠した語彙と、同じ古典の文献学的な復活（アルベルティの『建築論』やジュリアーノ・ダ・サンガルロの諸研究、在ローマ時代のブラマンテの複合的な手法などに示されるような）との間にある相違とは、引用や暗喩のもつ喚起力を駆使して、新しい現実の構築へと全面的にふり向けられた独立的な言説をものにしようとするものと、この引用の精確な意味内容を回復することで現実の喚起する失望を補償し、現代の偽善性に対して英雄的な過去を具体的な形でポレミックに対置せしめ、危機に陥った芸術革命を、それ自体が目的と化した歴史主義の象牙の塔へと閉じ込めることによって、擁護しようとするものとの間にある相違と同じものである。[41]

ブルネレスキにとって新しい象徴体系を発明し、それを自律的なオブジェで活用することは、

■レオン・バッティスタ・アルベルティ (Leon Battista Alberti, 1404–1472)

初期ルネサンスの人文主義者で、あらゆる分野に通暁したルネサンス的万能人の代表的存在。建築理論家、建築家。ブルネレスキに献呈された『絵画論』では、透視図法を体系的に整理し、画面を「描こうとするものを通して見るための開いた窓」とみなした。建築理論をまとめた全一〇巻の『建築論』は、彼自身のローマの古代遺跡の研究とヴィトルヴィウスの『建築十書』を手引きとして著され、五つのオーダーについての首尾一貫した理論が講じられている。代表的な建築作品に〈テンピオ・マラテスティアーノ〉〈サンタ・マリア・ノヴェッラ教会〉など。

中世の街を介入可能な場所として解放し、過去との危機的決裂と現在の意義のために移行させるものとして建築的構造を挿入することであった、とタフーリは論じた。対照的にアルベルティは、既存の体系に対して妥協をするものの、古代的統一性のコードの再発明を探究する「修復者」であると位置づけた。このようにしてタフーリは、ルネサンスの二重の忠誠とは、その後三世紀に渡って響き渡る潜在的に相反したふたつの戦略の間として捉えられたものであると述べた。

> 一方にあるのは復古せしめられた古典主義のように反歴史的なコードを歴史的に基礎づけようとする意志であり、他方にあるのは中世、ゴシックの諸言語との妥協や野合を敢行しようとする――大っぴらではないが途絶えることはない――企てである。後者の諸言語とは、あらゆる古典文化にとっては、第二のそして真正の自然たる真にして美しき古代をないがしろにする裏切りである。[42]

抑圧された歴史か、もしくは可能なる復興か、そのどちらの立場を取るにせよ、後期バロックの折衷主義と非古典と反古典の古典への侵入をタフーリが見出していた点において、「中世の亡霊」はマニエリスムの実験主義、およびボッロミーニの「ブリコラージュ」につきまとうのである。「それは二〇世紀アヴァンギャルドたちに典型的な姿勢を予告するもの以外として読むことは不可能である。つまりそのコンテクストからひきぬかれた記憶のコラージュは、自律的に構築された空間の有機性という枠組みの中で、その構造と意味論的再配置とのあるべき位置を見出すのである」[43]。それゆえのペローの重要性、およびさらなるレンの重要性であり、タフーリは彼の歴史・政治言語の折衷主義を「自然な」幾何学によって統一するものを探していたのであった。

この分析によると、大いに矛盾しているものの、歴史主義による支配のための建築を準備したのは、カウフマンによる抽象的モダニズムの領域である、啓蒙主義である。いまだに残っていた「有機的」古典主義のあらゆる痕跡からいったん分離され、また「本来の」歴史の考古学的復活から支持を受け、建築は自らのなかに絶対的価値を持つとして今や歴史復興の遊戯へと開かれ、新しい市民秩序の求めによって測定された。革命における歴史の役割に関するマルクスの有名な分析は、ここに建築的用語として成立した。「夢のなかの悪霊のように、生きた人間の頭にのしかかって」いた歴史は、いまや「(過去の幽霊どもの)名前、闘争の題目、衣装を借り着したり、借り物のせりふを使ったりしながら世界史の新しい場面を演出しようとするのである」[44]。タフーリは建築を歴史から分離し、ふたつの解法を提案した。ひとつはピラネージの「折衷主義」を範とするものであり、もうひとつはデュランの反象徴主義によるものであった。いずれにおいても、失われた過去の兆候に絶望的にぴったりと寄り添うことに同意した象徴主義の拒絶を通して、また幾何学に基づく合成的構成理論へ完全に同意する歴史の適切な無視を通して、「古典的」なオブジェクトの統合は壊されていた。このようにして、ついに、タフーリは「オブジェクトの失墜」をヘーゲルによる「芸術の死」の宣言へと結合させ、それからモンドリアン、ファン・ドゥースブルフ、ダダ、サンテリアの作品といった、モダニズムによって宣言された「歴史性の危機」へと結合させたのであった。

ルネサンス以降の歴史復興のなかで受け継がれた矛盾に関して、タフーリは意味論的分析を行い、それは新しい古代の「発明」を権威づける初めての試みにおける、モダニストによる反歴史主義の系譜を用意した。よってそれは彼のルネサンス研究の基礎となり、あたかもアヴァンギャルドの歴史において、統合された——より重要なことに——根本的な瞬間であったかのような危機と継続を、彼が探究する自由を与えた。建築は空間であるというポスト・ギーディオン的理解による当時の先入観に反して、タフーリは、建築的オブジェクトについてより「科学的」観察を提案する、記号学から情報科学にいたるさまざまな構造主義に注目していた。まさにその物語の形のなかにあり、全体的な資本主義的展開のイデオロギーと切れ目なく結びつき、建築における進歩と継続する「近代性」のおそらく有機的な考えを支持する歴史。それに反対して、タフーリは記号論のなかに、少なくとも、建築が提供するものへの批評の絶え間ない流れのなかに切り入り、物質および素材の点における歴史を再度授ける「操作的」批評の概略を生み出す手法を見出していた。そして、続く「言語としての建築」の神話に対して同じように強く反応しようとした際に、彼の研究のなかには記号論的批評の言葉づかいが最後まで現れていた。実際、『建築のテオリア』のなかでは、建築自身の理論化と解釈のために応用された言語の問題は、ヴェルフリン■で頂点に達した新カント主義の形式主義の伝統、もしくはリーグル■で頂点に達した新ヘーゲル主義の伝統のいずれに対しても「科学的」反応であったタフーリによる分析のおもな主題として現れた。

タフーリは、こうした論点を支持するものを、意味論的批評としてのセルジオ・ベッティーニの建築史の分析のなかに見出した。一九五八年に出版された『ゾディアック』第二巻に

■ハインリヒ・ヴェルフリン（七二頁参照）

■アロイス・リーグル（二一〇頁参照）

掲載された、「意味論的批評とヨーロッパの建築における歴史的継続性」という題の論考のなかで、ベッティーニは書いている。「芸術もしくは建築の批評を実践するすべての者は、遅かれ早かれ、採用された言語を周到に意味論に制御する機会を認めるだろう。それはいわば、自分自身の批評を実践するために提供された道具なのだ」[45]。タフーリは、建築とは実際言語であり得、その法則と批判的検証の主題であるという彼の信念を確かなものとするために、この文章を『建築のテオリア』のなかで引用した。「芸術は表現＝再現前化ではない。それは、それ自身が歴史の形態的な構造なのである。このことは、芸術をも言語と考えるなら、尚更そうである。つまりは、芸術言語とは文化の形態学なのだといい得るということである」[46]。彼は、アロイス・リーグルの『末期ローマの美術工芸』の、一九五三年の予言的なイタリア語版へのベッティーニによる序文も引用し、そこでは、建築の「言語」に、単にパノフスキーの言う象徴的もしくは偶像的体系はなく、それ自身の権利における言語であり、より重要なことに、歴史がかかわるかぎりにおいて言語なのである、とベッティーニは述べていた。

リーグルの『末期ローマの美術工芸』のイタリア語訳に対して一九五三年にベッティーニが書いた基本的なノートには、構造主義者の口調が、正確に測定された批判的方法といった様相をとってあらわれている。ベッティーニのこの文章は——当時のイタリア文化においてはすこぶる稀なことに——アングロ・サクソン系の意味論学派——タルスキーからカルナップやオグデンとリチャーズの「意味の意味」にいたる——の貢献をとり入れているのみならず、芸術的生産の言語的な性格を明らかに把握しつつ、批評の問題を彼が「メタ言語の逆説」と呼んだものへと結び付けていたのである。[47]

その言語とは建築の内在的説明であり、あの言語とは今度は社会から理解されるような「歴史」であり、タフーリの残りの経歴における建築の形態分析の知的根拠と見なされるであろう。

しかし、『建築のテオリア』――「建築の役割の歴史」の風船の破裂と支配的な「科学的」手法論の調停された評価とが結合された成果――は、タフーリが好んだ「操作的批評」の基礎を作るに際して、物語的もしくは主題的言葉づかいにおいても、非操作的歴史がどのようなものであるかということはっきりとした絵を提供する必要はなかった。実際、構造主義とポスト構造主義の歴史への明らかな影響は、タフーリにとって、包括的な物語の拒絶がその場所にいかなる物語も残さないような均衡へと導くように思われた。ニーチェが言うように、「記念碑的」、「好古的」そして「批判的」な歴史の終わりのないリレーに捉えられ、タフーリは、その三番目を採り上げ、しかし同時にその危険性も引き継いだ。ニーチェが示したように、過去を「(歴史の)法廷に曳き出し、厳しく審問し、そして遂に有罪に判決」し、純然たる批評家は「メスを彼の根に当てるのである」。[48] こうした緊張関係の少しずつの解明、もしくは長年に渡る異なるスケールの異なる文脈での経験的、概念的試行は、タフーリ自身の実践のその後の歴史となった。

イデオロギーとユートピア

階級に立脚した政治経済といったものを見出すのが不可能である以上、階級的建築（「解放された社会」のための建築）を「予告」するなどはできもしないことであり、可能なのは階級的批評を建築に導入してやることなのだ。厳格な――党派的かつ部分的なものではあるが――マルクス主義の観点からすれば、これ以上には何も出てこない。

――マンフレッド・タフーリ『建築のテオリア』

一九六〇年代末と一九七〇年代のイタリア、および一九八〇年代以降のアメリカにおいて、一九六八年以降のイタリアにおけるある特別なマルクス主義の理解にもかかわらず、タフーリをマルクス主義者であると信じ、彼の歴史への貢献を厳格な「マルクス主義の」歴史学的方法論の模範であると見なすことは当たり前になっていた。タフーリへのこうした見解は、彼の独創的な論考「建築イデオロギー批判」の一九六九年の出版の後にとりわけ強く現れ、翌年の『建築のテオリア』第二版へのタフーリ自身による序文において強められた。[49] この論考のタイトルは暗にマルクスの『経済学批判』と『ドイツ・イデオロギー』に言及しており、タフーリは、建築的生産を支持する傾向がある操作的批評に対抗する、「科学的」すなわち批判的歴史の主張を補強することをはっきりと求めていた。さらに批判的であり、もしくは革命的ですらある、建築の考えを後押しすることを望んでいた。「制度や規範を激高の高みによって、あるいは逆説的なアイロニーによって、転覆しようとする如何なる企ても――ダダやシュルレアリスムにそれを学ぼう――肯定的な貢献という形へ、あるいは「構築」的なアヴァンギャルドへ、更にはそれが劇的なまでに批評的かつ自己批評的であるだけにより一層肯定的なイデオロギーへと転じてしまう」[50]。だがこの文章では、建築とは単に建物の設計や街の計画の事例としてではなく、それよりも制度としてということが理解されるのである。そして制度として、もしくは「領域」として、ブルジョア社会や資本主義国家のあらゆる規則となることを目的とし、「建築」とは、発展した資本主義社会のすべての高度な制度とともに生まれ、そしてそれに支持された、根本的に近代的現象なのである。こうした意味において、「建築」――建築家によって設計され建てられた建物にまとめ上げられた、構造、体系、考え、実践の全体――は、イデオロギーなのである。それは、法規、宗教、その他物質的実践の神秘化の脇に、位置を占めている。こう主張することで、一九七六年の『建築神話の崩壊』の英語版へのまえがきに書いたように、『建築への決別の辞』だの『建築への死の宣告』だのといった、黙示録的な予言[51]を彼が生み出したという、続いて起こった非難を避けたいとタフーリは思っていた。彼の考えでは、雑誌『コントロピアノ』のマルクス主義的立場からして、そうしたことはすべて明らかであった。しかし建築界の読者たちは、彼の論考をそうした文脈から切り離し、彼のことを純粋かつ単純に建築に「反対している」と見なしていた。

タフーリはまた、イデオロギー批判の仕事として、「建築イデオロギー批判」が一九六〇年から一九六九年にかけてのマルクス主義の政治理論――フォルティィーニ(『権力の証明』)の研究やトロンティ、それにアソール・ローザやマッシモ・カッチャーリといった友人――のより広い文脈のなかに置かれるべきであることを明らかにした。そして一九六九年の観点から、タフーリは、建築の死ではなく、イデオロギーとしての「建築」の役割を意識的に認識していると宣言し、そうした役割の衰退、資本主義の発展の無効性の発展をも理解していた。彼の関心を引いたのは、新奇であったり急進的な建築のためのいかなる革命的な役割でもなく、「資本主義の発展が建築から取り去ったそれらの仕事の正確な識別」であった。現代建築のドラマは、新しいイデオロギー的、改革論者的、ユートピア風、もしくは開発可能な役割の探究といったものに位置づけられるのではなく、「ユートピアなしの形態」への信頼へと導く、その「崇高な無用さ」にあるのである。この無用さに対しタフーリは懐古の念も後悔も示さず(「なぜなら領域の役割が存在しなくなったとき、物事の道筋を試したり止めることは後退するユートピア、それも最悪の類いのものに過ぎない」)、予言もしなかった(「なぜならばプロセスというのは日々われわれのまさに眼の前で実際に起きているのだから」)。そして資本主義もあらゆる存在する革命以降の社会も、再配置──「建築生産活動に従事する技術者の制度的に定義された役割」──を見つけることはできなかった。[52]

タフーリが「建築的イデオロギー」と呼ぶものは、少なくとも一八世紀後半以降の傾向として、単なる建物以上の、それを超えた何かという、建築の定義であった。哲学者ダランベールはそのことを『百科全書』のまえがきで述べている。「建築とは、哲学者の目には、人類のもっとも必要とするもののひとつの飾られた仮面に過ぎない」[53]。すなわち、ありのままの真実に賛同し、仮面や美の全滅に奉仕した哲学者の目には、建築とは後の建築家が機能と呼ぶことになるものの修辞的な覆いであった。ラスキンは、シェルターとしての建物と魂を高揚させる建築作品とを区別をする際に、より理想主義者的感覚によってこの定義を繰り返した。もしくはペヴスナーは、「リンカーン大聖堂は建築の作品であり、自転車小屋は建物である」という悪評高い言葉を残している。[54] それゆえ、建築の「イデオロギー」は、まさに建築そのものをその物質的実践から区別するものであった。こうした意味においてタフーリは、革命以降の「建設活動の技術者」の役割として現れたものを確立する準備として、建築実践の科学的分析を論理的に求めた。また歴史家の役割は、タフーリによる時間の枠組みによれば、ルネサンス以降のイデオロギーとしての建築の複雑な進化を遡るものであり、その過程で具現化され、噴出したすべての矛盾を示すことであった。その流れの最初のものは、「もうひとつの」建築を発明しようとするいわば急進的であったりアヴァンギャルドの実験の矛盾であり、それはすぐさま後退するユートピアかイデオロギーの新しい形態に転換されてしまったのである。

不安

> 原因を理解し内在化することで不安を追い払うこと、それはブルジョア芸術の主要な倫理的責務の一つであると思われる。
>
> ——マンフレッド・タフーリ「建築イデオロギー批判」

「不安〔anxiety〕」と「苦痛〔anguish〕」という言葉は、タフーリの文章を通して繰り返し現れる。「原因を理解し内在化することで不安を追い払うこと」は、論考「建築イデオロギー批判」として『建築神話の崩壊』の冒頭の文章を飾っている。「それはブルジョア芸術の主要な倫理的責務の一つであると思われる」[55]。同じ論考の後半で、ル・コルビュジエによるアルジェのための〈オビュス計画〉を参照にしつつ、まるで引用符のなかに自らを引用するように、「原因を内在化することで不安を追い払う」という同じ文言を使っている[56]。同様のこだわりは、『ルネサンス研究』のまえがきのなかでも、より熟慮された形で再度現れる。「一九世紀の理論的不安は、ますます自己言及的になってきた建築に直面したとき、苦痛のようなものをすでに表現していた」。タフーリは問う。「もし前述の苦痛の起源が人文主義者の主体の肯定のなかに位置づけられるならば、いかに主体的意欲に基づいた回復を望むことができるのであろうか」[57]。

これらの擬古的言葉づかい――苦痛と退廃――に記録されているのは、タフーリによれば、「直進的な遠近法の勝利」と「自然主義」の時代であるルネサンスとバロック芸術のなかに、きわめてしっかりと確立されたと見られる参照性の先験的な基礎の粉砕に他ならない。彼の議論では、一九世紀にすでに示されていた「苦痛」は、解放の形態として二〇世紀アヴァンギャルドのなかやその敵対者が、タフーリが述べたように「殺人や大規模な大惨事と美学的に同等のものと」と記録していると思われる言葉づかいにおいて、「喪失」や「減退」といった概念を形作るなかにさえに見ることができる[58]。しかし、懐古的な記憶の芸術家ではなく、歴史家の視点から考えると、こうした言葉は、「過剰な意味を示して」いるように思える。代わりに、タフーリは「苦痛」という言葉をより中立的な言葉である「成果〔accomplishment〕」に置き換えることを提案する。したがって、「指示対象」の「成果」、いわゆるルネサンスと呼ばれるもののあの勝利は、その継続的置換によって成果となるのである。そして、モダニズムとは指示性の置換であり、喪失ではないのである。

このようにしてタフーリは、こうした「喪失」を賞賛するモダニストにありがちな「原理主義者による懐古趣味」や、モダニストの反対者に向かい合った。言語の断片化をもたらす「引用の衝動」といったポストモダニズムについての常識は、ハイ・モダニズムも目的としていた全体性と豊富さの「陰り」に関する、より一般的な考察の一部にすぎないと見なされていた。よって、ル・コルビュジエやミース・ファン・デル・ローエによる「ヨーロッパの合理主義の原理そのものに関する尋問」も、指示対象の同様の「置換」の兆候としてジェームズ・スターリングによる「アイロニー」と結びつけられていた。[59]

こうした「展望」に対抗して、タフーリは自身のルネサンスに関する研究を位置づけ、それは「今日の問題の場で考えることで、『表象の時代』との対話を試みていた」[60]。しかし自身が「退廃」と「陰り」、「苦痛」と「喪失」の神話に強く捉われていた、ヴェルフリンからウィットコウアーにいたるルネサンスを扱ったかつての歴史家たちと区別をする際に、タフーリはこうした「表象」やかつてこの時代を特徴づけた「ルネサンス」に対する新しい見方を示さなかった。タフーリが示したのは、後づけの「ヒューマニズム」や「遠近法性」に関する議論にいまだに意識的でない時期における、参照性の周りに渦巻く議論のなかの、多分に物語的な複合性についての一連の探究であった。それらの優劣や美学は、いわばありのまま示されており、個々のおよびグループの立場の移行や反転は、それらを経済的、日和見主義的、そして知的な力の闘争へとすぐさま結びつけられ、はっきりと分析されていた。こうした意味での歴史は、一九世紀と二〇世紀の汎世界的歴史主義と比較され、一時的に満足のいく解決案によって過去の問題を解決するのではなく、それらを「生きていて未解決の、まとめられ

■ミース・ファン・デル・ローエ(八頁参照)

■ジェームズ・スターリング(七三頁参照)

ないわれわれの現在」だとして放っておく「弱い力」であると見なされた。[61]

これは、タフーリが『ルネサンス研究』の序文で述べていた問題であり、そこでは「遠近法性」の問題は、歴史家の方法に似ているだけではなく、それ自身の歴史という点において取り上げられていた。より正確には、遠近法の理論と実践と参照性の問題の関係についてであった。遠近法に関するタフーリの熟慮は、彼の全経歴を画する「企て」についての濃密な二ページに渡る要約にまとめられ、それを彼は『ルネサンス研究』の内容と一緒にまとめようと試みていた。それは、表面上は現代および近代建築文化の診断であり、かつその歴史的な再定式化のための仮説であった。この問題は、タフーリには一九六八年のものと同じく一九九二年に、「自らを考察する建築の文化」——すなわち継続的に「危機」を明確にし、しかしこのいわゆる転機の本質が全体としての文化に接続されたなかでの方法を把握することに失敗し、そして同様に腕力への要求の非独創の承認を拒否した、内在化された意味の言説——によって伝えられた。しかし一九六八年には「意味」の記号論的象徴のもとにこうした危機が述べられていたが、この問題は一九九二年にはポストモダン（タフーリは「ハイパーモダン」と呼んだ）の文脈のなかで浮上した。「今日の理論的慣習は、二〇世紀において美学的選択を決定づけるその他のものからまったく異なっているというわけではなかった。実際それは、支配的な秩序を転覆しようとするありふれた衝動を再生産していた」とタフーリは論じている。[62] いわば、「指示対象の苦痛」についての批判的自覚を伴った、歴史そのものからの中断の機能としての歴史上のアヴァンギャルドによって感じられた危機感の反復、またはヴァルター・ベンヤミン■いわく「アウラの喪失」である。

■ヴァルター・ベンヤミン
(Walter Benjamin, 1892–1940)

—

ドイツの思想家。『ドイツ哀悼劇の根源』の「認識批判的序論」の末尾でリーグルについて言及したベンヤミンは、アウラや礼拝的価値、展示的価値などの概念から「複製技術時代の芸術作品」について語った有名な論文においても、人間の知覚形式に着目したリーグルの名を引いている。同論文の末尾では、リーグルの触覚的／視覚的という対概念によって建築を語り、建築における触覚的受容は視覚的なそれを大きく規定すると述べ、さらに、歴史的な転換期に人間の知覚に課される諸課題は、触覚的な受容に導かれて解決されていくほかない、とした。『パサージュ論』など、重要な著作を多数残す。ナチスに追われ、スペイン、ポルトボウで服毒自殺。

確かにタフーリは、『建築のテオリア』において歴史的プロジェクトとして準備したものを、『ルネサンス研究』のなかで「遂行」したように思われる。それは「モダニズムがまさに始まりから、自ら歴史への本当の挑戦だと表明していたヨーロッパのアヴァンギャルド運動のなかで、神話に対抗する歴史によって、歴史性を過去の織物から救済すべく」、アヴァンギャルドの「神話は歴史に対抗する」（バルトがそう示したように）に対抗するものである。[63] ダダとシュルレアリスム、カーンとリートフェルトを結びつけ、反歴史的傘のもとに――歴史主義のために「秩序の神話」の代わりをしようと試みたあらゆる運動――モダニズムの夢であった歴史の「失墜に」対抗して、タフーリは歴史を修復しようと試みた。このようにして、『ヴェネツィアとルネサンス』と『ルネサンス研究』でなされた検証は、さまざまな水準で建築史の再定義へと向けて作用した。これらの本は、学際的かつ組織横断的に、「政治的決定、宗教的不安、芸術と科学、そして建築とが、完全に混じり合った」方法を測定する、「出来事や時間や知能が交差する結節点」を検証している。[64]

魔力からの解放

魔力からの完全な解放は、優れた歴史家を生み出す。そしてマンフレッド・タフーリはそのような優れた歴史家であった。

――アルベルト・アゾール・ローザ『イデオロギー批判と歴史的実践』

タフーリによる歴史的プロジェクトは明らかに成果を挙げていたが、「喪失」およびそれより生じる「苦痛」の概念についての彼の検証には、歴史家もまた逃れることができないという感覚が埋め込まれており、こうした過剰な修辞によって語られる「喪失」もまた、解釈と歴史的距離についての難問を生み出すような方法で彼を悩ませていた。『建築神話の崩壊』といった初期の仕事のなかでは、彼の言う「喪失」や「解放」は、ブルジョワ的イデオロギーによって築かれたものだとタフーリは明言している。それはマックス・ウェーバー■といった社会科学者が「価値自由」の自由な理想と理解していたものから派生していたが、『ルネサンス研究』のまえがきにおけるタフーリの歴史的視野は、それからいくぶん移行していた。ひとつ例を挙げると、タフーリは一九六八年にヴァルター・ベンヤミンのことを、ボードレールによる「衝撃」としての都市体験に対する彼の認識において、その表象である近代性とモダニズムの歴史的変数を定義しようと闘っている同志だと主張していた。しかし一九九二年には、イデオロギー的に反対の人さえ含め、喪失に関するその他の懐古的ブルジョワ理論家たちとベンヤミンとを一緒にした。よって近代性とその「退廃」のまわりにある神話についての議論で、タフーリは「われわれにとって幸運なことに、近代批評の歴史のある瞬間の受容は、当初から示されていたイデオロギー的兆候の「保留」を許容する。例えば、ゼードルマイヤー■による喪失に関する洞察、ヴァルター・ベンヤミンの『アウラの喪失』の概念、ロバート・クレインによる参照対象の『苦痛』に関する考察。これらの類似性に気づかないでいることは難しい」と主張した。[65] 確かにこのような「保留」によって、タフーリが近代における苦痛の複合体をより一般的な形として説明し、またルネサンスへと遡ることさえも可能となつた。しかし、そうした「保留」はまた、引用された「スローガン」が仄めかすほどには

■マックス・ウェーバー
（Max Weber, 1864–1920）

—イツの社会学者、経済学者。社会学の黎明期の主要人物として、カール・マルクスたちと並び称される。主著『プロテスタンティズムの倫理と資本主義の精神』（一九〇五年）では、禁欲的なピューリタン的態度が、実は西洋社会において資本主義の推進力となってきたことを明らかにした。そして西欧近代の文明の根本的な原理を「合理性」と仮定し、その発展の系譜を「現世の呪術からの解放」と捉えた。本書第四章の最後に出てくる「解法」というキーワードは、このウェーバーに由来する概念である。

■ハンス・ゼードルマイヤー（一二五頁参照）

単純ではない、「イデオロギー的」性質の歴史的区別をあえて衝撃的な方法で無視していた。政治的思想について一般的に受け入れられている歴史に関して、タフーリによる「保留」は問いを発した。国家社会主義者のイデオローグによる懐古的絶望、ドイツ系ユダヤ人マルクス主義者による断念されたモダニズム、パリにいるルーマニア系ユダヤ人亡命者による現象学的不安といったものを、純粋に言語学的水準はさておき、一緒にすること、もしくは知的に応答することは本当に可能だろうか——ひとりめは反省のない保守主義者で神経衰弱の生き残りであり、ふたりめはナチから逃れた亡命者であり、三人めは彼自身の言葉によれば「ユダヤ人のための強制労働」からの生き残りであり、そして戦後の専制政治からの難民である。もしくは、このことに対して、運命の予測と結びついたゼードルマイヤーの「中心の喪失」の感覚、メディアおよびその政治的潜在力の物質的理解と結びついたベンヤミンの「アウラ」の喪失、(抽象芸術の登場に伴う)参照の消失の「苦悩」をたどったクラインの遠近法の理論を、視点の定まった主題によって提起された問題と結びつけることはできるのであろうか。この点で興味深いのは、タフーリ自身が、おそらくは修辞的対称性のために、クラインが実際には「参照の苦悩」と呼んだものを「参照の苦痛」へと翻訳したことであり、それによって議論全体を参照性に関する主体的なプロセスから客観的な目的へと移行させ、人間の主体により活性化されるいきいきとしたプロセスとクラインが言ったものを歴史的に具体化したことである。

タフーリが近代ブルジョア社会のなかに描写した、蔓延した苦痛の感覚は、彼が明らかにしたとおり、近代の知識人が経験し、マックス・ウェーバーが世界の「解放」と呼んだものと深く結びついている。ウェーバーのすべての著作に見られるこの主題は、一九一九年の彼の晩年の講義『職業としての学問』のなかで簡潔にまとめられている。「われわれの時代の運命は、理性化によって特徴づけられ、そのうえ、『世界の解放』によっても特徴づけられる」[66]。この解放――近代における脱「神話的なもの」の帰結であり、ウェーバーにとってその神話的なものとは、人間としての条件に「純粋な可塑性」を与える――は、タフーリが『建築神話の崩壊』の第三章で説明しているように、合理主義の勝利によって論理的にもたらされたものであり、世界における支配的力としての科学の受容のなかに受け継がれていた「価値からの自由」であった。こうした水準において、タフーリの歴史的プロジェクトは、かつてのものからこの解放を明らかにし、あらゆるイデオロギーのヴェールを脱ぎ捨て、さまざまなアヴァンギャルドが、消失の苦痛とショックに対するたくさんの緩衝材のように価値の危機を映し出すことを試みた。ウェーバー主義者であろうと後者であろうと、「解放」は、そのときからタフーリの分析における主題となった。『建築のテオリア』から事例をひとつだけ挙げると、タフーリはポール・ルドルフの晩年の作品を解放されているものだと評価している。「ルドルフによって使われた『記号』は、…（中略）…その懐疑的解放ゆえに不安を引き起こす[67]」。ここにタフーリは、「解放」は良くも悪くも、「現代の最高の芸術が非公共的であって記念碑的存在ではない」状況を生み出すというウェーバーの観察に応えていると思われ、それは「もし記念碑的な芸術品を無理に作ろうとしたり、また「発明」しようとしたりするならば、惨めな出来損ないに終わるであろう」とするウェーバーの結論に繋がっている。[68]

しかし、タフーリが説明した「解放」――実際には「脱神話化」――は、さらに深い根を持つようにも思われる。ウェーバーが述べたように、もし神話のない世界がポスト合理主義の知識人たちが共有する財産であったならば、タフーリ自身もそのグループから逃れることは難しかった。『建築のテオリア』の記述を検証したフランソワ・ヴェリーによる一九七六年のインタヴューで明らかにされたように、タフーリも自身の解放の形から批判的に距離を置くということからは程遠かった。執筆しているときは、「われわれは呪文をかけられて城のなかに幽閉され、鍵は失われ、言葉の迷路のなかにいるのです。方向を探せば探すほど、苦悩の夢に満たされた魔法の広間へとさらに入り込みます。…(中略)…いったん迷路に入れば、アリアドネの糸はたち切られ、アリアドネの糸はなかったものとしてそこから進むしかないのです」[69]。この本はタフーリが「苦悩の夢に満たされた魔法の広間」と呼んだ場所で書かれたのである。それはサドやピラネージが啓蒙主義の理性に反した彼らのヴィジョンを呼び起こし、現代の文脈では一八世紀後期への反響と思われた。タフーリは、ゴダールの『女は女である』とペーター・ヴァイスの『マラー／サド』を引用した。実際のところ解放は、アソール・ローザが指摘したように、タフーリの歴史家としての根本的特徴であった。

「建築イデオロギー批判」の段階がいったん終わると、この理論家の精神の背後に残されたのは完全なる解放の感覚であり、それはまるで、学術的な立場を伴うあるあらゆる領域のなかに埋め込まれた価値、手続き、黙認のメカニズムといったものとは完全に無関係になったようであった。…(中略)…「イデオロギー批判」を離れることは、建築イデオロギーや、建築史学的方法論により近い領域にさえも回帰することを意味しなかった。というよりも、そのことが意味したのは、この領域においてもまた、現在および過去のあらゆるイデオロギー的誘惑に抗い、資料の確実性に可能な限り近づくべきであるという理解であった。…（中略）…自己幻想化および自己神秘化の現在および過去のあらゆる構造の変わらぬ破壊と、政治的使命の完全な開示とには繋がりがある。いったんあらゆる覆いが無くなると、残されたのは（客観的な要求の手段での）現実のメカニズムを研究、理解、表出することだけである。完全な解放が、優れた歴史家を生み出すのである。[70]

したがって、自身が解放された、解放についての歴史家は、イデオロギーのない解放された歴史の王国に入ることが可能である。イデオロギーのない歴史家という立場と重ねることによって、タフーリが歴史家としてのみならず典型的な人物としての立ち位置で言説の内部に自身がいることに気づいたのは、おそらくここである。そうした意味において、ゼードルマイヤー、ベンヤミン、クラインによる苦痛と喪失の「括弧入れ〔bracketing〕」のなかに、そして暴かれた意味の「過剰さ」を抑えたい彼のもっともな衝動にもかかわらず、今や我々はタフーリ自身を含めることはできないだろうか。

そしてタフーリが一九九二年に『ルネサンス研究』の序文を書くころまでには、この解放の歴史家は、これらの奇妙な組み合わせを可能とする解放された歴史家として充分に確立されており、それは世紀の解放を「全体」として検証することを呼びかける、より喫緊かつ概括的なねらい（意図）へのタフーリの感覚への結果のようであり、もはや「いい」とか「悪い」

といった類いの小さな解放には関与していなかった。したがってベンヤミンは明らかに対極にいるゼードルマイヤーと対にされ、そしてタフーリはまず第一に、彼にとって近代性の危機の暫定的な起源と思われるルネサンスへと押し戻すことが可能となった。「長期に渡るルネサンス」は、次に続く「モダニズム」の上を覆う包括的な地位を与えられた。ヒューマニズムの主題の中心的な位置を保証していた透視図法の確実さの崩壊は、透視図の規則そのものの検証の直接的な所産であり、また同時に起きた事柄として確定された。

したがって、『ルネサンス研究』の最初の章において、建築家—透視画家が固有性そのものの不安定化に仕える人間の「固有性」を無節操に操作する者だと明らかにする「残酷で非現実的な喜劇」を再度記すなかで、ブルネレスキが「人文主義者」であるという作り話は真の姿を暴かれた。同様に、アルベルティに関するタフーリの初期の論考においては、ウィットコウアー風の分析の静かで数学的な、調和的なヴィジョンを持った切迫した混沌へと舵を取るために建築を使った、問題を抱え、悪夢に襲われた反社会人物であることに気づくであろう。建築を、被験者のいる隠喩的ゲームと見なされた実験とする、気力をそぐこうした視点において（そしてタフーリにとって、現実の科学的感覚からすれば設計とはすべからく実験であった）、モダニズムのアヴァンギャルドたちによる計算された「衝撃」、ピラネージ的空間の裂けめ、後期バロックの斬新的進化などは、同じ枠組のなかに場所を占め、透視画法主義と同様の形式的歴史のなかにある兆候的出来事だとされた。こうしたことに基づくと、分析の動機や結論にかかわらず、ゼードルマイヤー、ベンヤミン、クラインが同意したのは事実であり、それは同じ遺体を検証した病理学者が他人の診断を強く拒絶しつつも徴候については同意するようなものであった。よって、タフーリの歴史的「括弧入れ」は、政治的もしくはイデオロギー的区別を否定はしないものの、全体としての時代に関する、批評的分析の付属品としてのそうしたすべての区別を理解するものである。こうした課題のために、ウェーバーは自身のシュペングラーによって、ゼードルマイヤーは自身のベンヤミンによって、クラインは自身のタフーリによって伴われるべきなのである。

5

ポストモダンもしくはポストヒストリー？

今日もはや芸術のなかに内発的発展といったものはない！　意味論に基づく美術史はもう駄目であり、不合理と調和したいかなるものもまたそうである。発展の過程はすでに完成しており、今日現れるものは前から存在しているものである。あらゆる様式と可能性に関連する混乱したシンクレティズム（混合主義）、すなわちポストヒストリーなのである。

――アーノルド・ゲーレン『タイム・ビルダー』、一九六一年

この本でたどられた歴史――戦後建築そのもの、およびそれ以前の歴史を扱う言葉を再度協議しようという一貫した欲望のひとつ――は、ある面ではモダニズムが自ら生み出した単純な成果である。モダニズムは、その物語が進むにつれ、抽象性に賛同して歴史を拒絶した。その機能に関する展望と、技術に対するフェティシズムは、失敗した進歩志向のユートピア以外の何物でもなかった。そのイデオロギーは、反人間主義的でないとしても、一般の人びとからは距離があった。その形式的語彙が、不毛かつコミュニケーション不全であったために、それと明らかに正反対であるかぎりにおいて、いわゆるポストモダンの真理が魅力的に見えた。ポストモダニズムの神話において、抽象性に対抗するものとして歴史はその復帰を歓迎された。機能的なプログラムだというあらゆる見せかけは、決定主義的すぎるか、また

は抑制するものとして捨て去られた。人間味のある建築の起源やわかりやすい図像による宣伝によって描かれたその言葉づかいは、一般向けではなかったものの、人気があった。極端なところでは、英国王室の御曹司が支持したように、偽りの古典的（もしくはせいぜい村落のような）様式によって描かれたより快適な過去へと、われわれを連れ戻そうとした。ポストモダニズムは、最終的に一般的な人びとに親しいものだと主張された。こうした公式において、モダニズムには歴史がなく反歴史的だと思われ、歴史を断絶しようというその執拗で前衛的な試みは、歴史から逃げ出そうという失敗したユートピア以外の何物でもなかった。一方で、ポストモダニズムは、歴史を価値および話法として受け入れたように思われ、歴史の根本的な継続性に執着し、歴史はわれわれと人間的根源とを穏やかに結び直し、したがってわれわれを再びより人間的にしたのであった。

だが、モダンの歴史的立場とその戦後の支持者たちについての綿密な調査は、モダニズムが「歴史」を拒絶していたどころか、おそらく尊重しすぎていたという当惑すべき事実を明らかにした。過去との断絶の必要性を主張していたものの、未来派、新造形主義、ピュリスム、構成主義のいずれであろうとも、じつのところモダニズムのアヴァンギャルドたちは歴史を基本的な力であり、社会的世界の原動力だと理解していた。超越論者としてもしくは弁証法によって、ヘーゲルもしくはマルクスの言葉を持とうとも、歴史は動き、社会もそれに沿って動くものである。もしアヴァンギャルドがいかなる幻想を抱いていたとしても、彼らはこの運動が予測可能であり、その力は新しく予期された結末に適応しているという信念に基づいていた。その語彙の抽象性ですら、モダニズムの歴史に対するはっきりとした深い尊敬に由来しており、それはハインリヒ・ヴェルフリンからブルーノ・ゼヴィにいたる、様式的情緒ではなく本質と構造を探し求める歴史であった。実際のところ、いわゆるモダニストによる拒絶以上に、歴史が生き生きしたことはないというのは真実である。

だが、このような具合に、ポストモダニズムは、歴史への無関心という神話に賛同し、歴史に対して深い軽蔑を示していたと言われうるのである。そうした「ヒューマニズム」のルネサンスへの帰属は、結局のところ、バーナード・ベレンソンからジェフリー・スコットにいたる洗練された目利きによるすり減った破片、すなわち一九世紀中ごろのジュール・ミシュレからヤーコプ・ブルクハルトたちによる、栄光のイタリアという神話の上の織物としてのルネサンスによる、ルネサンス・リヴァイバルのまさに終盤といったものと、ほとんど変わらなかった。ポストモダニズムが語彙を求めて、ビルボードからするのと同じようにして、歴史から漁ろうとした意欲は、実際のところ根本的に歴史に対して無礼であったし、現代に対してもさらに無礼であった。皇太子が田舎の村の修復を想像することと、彼の建築家が古代アトランティスの修復を想像することとは、ポストロマン主義時代における反社会的ではないまでも反民主主義的なイデオロギーに基づいた、貴族的幻想のふたつの側面であった。マントをはおった農民だろうと、外套を着た知識人であろうと、社会とは、工業的もしくは政治的争いによって強いられた、未整理の混乱がない、安定して適切なところにあるものだと想像されていた。実際、ポストモダンによる社会と文化のモデルには、驚くべきことに争いは不在である。その「歴史」は、「涙のない」歴史であり、ル・コルビュジエによって「建築もしくは革命」と無作法に明言された対立は、建築に賛同して最終的に解消されたのではないかと、タフーリは疑っていた。

モダニストとして考え、それから、歴史のことを活発で徹底的に邪魔な力だと考えること。歴史をそれ自身の用語で捉えること。現実主義もしくは理想主義によって歴史と渡り合い、形を整えようと格闘すること。それは、まさに、歴史的に考えることである。対照的に、ポストモダニストとして考えることは、歴史を歴史たらしめるすべてのものを無視することであり、そのときに相応しいどのようなものであれ権威的な兆候を選択的に取り上げ、選択することである。歴史はポストモダニズムにおいて利用され誤用された。そうしたことは、モダニズムに恐れられ対峙するものであった。

しかし一九四五年以降の歴史の領域は、こうした単純化されすぎた二項対立が示しうるものよりもはるかに複雑であった。なぜなら、カウフマンからはじまりロウ、バンハム、タフーリへと続けられた、モダニズムによる歴史との意図的な断絶という論争を打ち負かそうという努力は、それ自身がかなり反歴史的な運動であったからである。カウフマンのように、啓蒙主義およびその理性の幾何学は不変の近代の形態であり、もしくはロウのように、マニエリスムの両義性はある面ではモダニズムにおいて再出現し、またはバンハムのように、歴史はその「未来」を図示する自らの軌跡を構築し、もしくは最後にタフーリのように、モダニズムとは中世とルネサンスの世界との間の認識論的切断の最終的な結末にすぎないと示したことは、歴史がある意味では完成にいたったことを示すことになった。もし結末が、予測できるのならば、もしくは実際訪れているのであれば、未来とは反復でしかない奪われたものである。

ここに、モダニズムの戦後の「歴史」は、確立されて長い伝統をもついわゆるポストヒストリーの思想と呼ばれるもののなかにある、一般に「ポストモダン」の現象として理解されているものと結びつけられる。「ポストヒストリー」は、アントワーヌ＝オーギュスタン・クールノーによって用語でないとすれば概念として発明され（歴史家は彼の膨大な著作のなかにこの言葉が見つけられないとして賛成しないが）、人間の創造（制度にせよ物にせよ）が、これ以上の発展の可能性がなく、できることといえば終わりなき完成のみ、という段階に達したときに適応された。クールノーが呼んだような、「ポストヒストリー」の段階は、歴史以前と歴史に続くものであり、あらゆる文化の避けられない最終地点であり、それは前の千年紀に渡って中国の官僚社会における平穏な性質としてすでに示されていたものであった。[1] クールノーにとって（彼および彼の理論の内容はル・コルビュジエが知りえなかったことではなかったが）、制度から建物や芸術作品に渡るすべての文化的および社会的事項は、ポストヒストリーの時期に形式もしくは形式的形態へと発展した。そうした意味において、ポストヒストリーの考えは、歴史主義そのものによる明らかな支配の高みにおいて着想され、それは実際のところ、徹底的に歴史主義者の概念であり、歴史的思想の避けられない帰結であった。

だが、二〇世紀に受容されるものであったため、ポストヒストリーは反歴史的な考えほどには歴史的な考えではなく、一九三〇年代と四〇年代の解放された知識人に対して示された、ポストダーウィン主義の生物学のなかで展開済みのものと同種の目的因論のようなものであった。それは、終末、すべての運動の結末、よってあらゆる望みの終わりを表していた。ベルギーの哲学者ヘンドリック・ド・マンが第二次世界大戦後に記した描写によれば、「ポストヒストリカルという用語は、制度もしくは文化的達成が、歴史に対して活動的であったり新しい価値に対して生産的であることをやめ、純粋に受身的もしくは折衷的に模倣するようになった際に生じたことの描写に適しているようである。したがって、クールノーによるポストヒストリーの概念の理解は、『意味の充足』に続いて、『意味を欠いた』ものになった文化的段階にふさわしかった。であるから、選択肢としてあるのは、生物学の用語でいえば、死もしくは突然変異である」[2]。ヘンドリック・ド・マン（そして思い切って彼の甥ポール・ド・マン）からアーノルド・ゲーレンとジャンニ・ヴァッティモまで、この概念は一九世紀末における支配的な歴史主義者を、その内側から不安定にし、批判する潜在的な力を明らかに持っていた。そしてこれは美術史の性格描写においてとりわけ適した概念であり、ある意味では、様式もしくは機能に関する発展を通して、「完成した」考えとなった物事の歴史であった。したがって、ゲーレンやド・マンにとってポストヒストリーは、直面しているすべてが向かっていると思われる最終段階といったものを表していた。彼らは、絶え間なく続く均衡状態、同じことの終わりなき回帰、官僚制と政治の鉄格子から脱出することの不可能性、異なってより活発な未来の可能性を切り開く指導者や出来事といったカリスマ性の応答的な探究といったものを見出していた。したがって彼らは、片方では労働者の団体運動に熱狂し、他方ではヒトラーのプログラムに熱狂していたのであった。

ジャンニ・ヴァッティモによるポスト・ニーチェ流の言い方では、もしポストヒストリーが単なる近代世界のありのままの認識だとすれば――変化がない変化の世界、変わりやすさのない変わりやすさ――そのとき「ポストヒストリー」とは「歴史の終わりの実験」の描写を可能とする概念である。ゲーレンはこの言葉が、歴史的進歩という偉大な一九世紀の物語——ゲーレンいわく「進歩が当たり前となった」時代——に対するポストモダンの幻滅によって生じた心理の集約に役立つとし、それをきっかけとして、ヴァッティモは、常なる更新の一方で不変であるテクノロジーと商業主義の展開のなかにそうした慣習を見ていた。

現実のあらゆる経験のイメージの経験への還元といった、SF作家がしばしば描写してきたように、テクノロジカルな世界のなかにはまったくの「不動性」というものがある（誰も実際には他人に会わず、代わりに、みな家にひとりでいてテレビスクリーンであらゆるものを見ている）。コンピューターが働き、空調が効き、消音された場所では、すでにこれと同じ現象を感じることができる。

まっ平らにされ、同時に、世界は脱歴史化されて現れる。われわれを「モダン」にするもの、すなわち日々の新聞によって強化された進歩と発展の歴史という物語のなかに日々暮らすという経験は、ついに終わった。一時期宗教的な救済の世俗化であった、「最上の」物語は、今や失墜し、複数のその他のありうる物語が浮上した。[3]

われわれの議論の文脈においては、歴史の終わりについての議論をポストモダニズムの出現に結びつけるために、ヴァッティモが他のポストヒストリーの思想家を乗り越えたことは重要である。彼は明記している。「モダニティとの徹底的な『決別』という彼らの主張は、同時代の存在のポストヒストリー的性格に関するこれらの観察が有効であるかぎり、根拠がないようには思えない。この事実が、ポストモダニズムの理論を正当化しそれらを議論に値するものとしているである」[4]。

このようにして、モダニティの終焉および建築史の終焉は、それぞれポストモダンの状態の直接の帰結として提示されたのである。ポストモダニズムとは、ポストヒストリーの思考の特別な瞬間として、もしくはよりよく言うならばポストヒストリーの思考の建築用語における特別な事例としてそのように見ることができる。実際にこうした文脈で見ると、(建築的)ポストモダニズムは一九世紀末以降の近代の世界のなかに存在し続けている。ハムステッド・ガーデン・サバーブからチャールズ皇太子のパウンズベリィの村まで。一九二〇年代の懐古的なハイマット様式から一九八〇年代のニューアーバニズムの集落まで。エドワード朝のイギリスにおけるクイーン・アン様式とルネサンス・リヴァイヴァルからニューオルリアンの模造のイタリア広場まで。カミロ・ジッテのストリートからポルトゲージのストラーダ・ヌヴィッシマまで。これらカウンター・モダニズムおよびアンチ・モダニズムはすべて、ある世界のなかにそれらの理論的場所を占め、そこではすべての歴史は最終的に歴史がない自らの空虚な記号へと変容させられ、その力や安らぎのない破壊力を奪われ、変化のない世界の輝ける展望へと結びつけられていた。偶像から作られたスープに、ラスベガスの世界のもののような広告物を加えることとは、過去のイメージと未来のない幻想としての世界という考えと完全に一致する単なる一歩であった。

しかし、建築におけるポストヒストリーのこうした理解は、モダンを充分に見つめうる一方で、カウンター・ヒストリーの潮流へ反応していた多くの作業を排除するものではなかった。結局、ポストヒストリーは「近代性」そのものをすでに閉じられ完成した歴史的領域であると理解し、ポストヒストリーにおけるさまざまな様式はポストモダニズムが歴史的モチーフを喚起したのと同じ方法で喚起されたのであった。したがって、「構成主義」はとても容易に「デコンストラクティヴィズム」の装いのもとに復活することが可能であり、一方で、タウト、シャロウン、『カリガリ博士』といった一連の映画の言語によって描かれた、新表現主義の充分な証拠を近年目にしてきた。「ハイテク」ですら、その臆面もない「近代性」においてあまりにも無邪気であると思われ、同様にこうしたものに分類されてしまうことが疑われた。表面上はモダンの継続性を表すと思われるこの仕事の多くにおいて、われわれは様式的思いつきや歴史的参照を、歴史的思想や実践の変容する力学の内なる理解ではなく、反復であると見抜くことができる。

こうしたことは、ある疑問をもたらす。政治的に退行的であり、イメージが詰まったポストヒストリーの枠組みの外では、歴史的考察に対して、またしたがって歴史的に捉えられた近代性に対して、何が残されているだろうか。まずは、われわれはいまだにある意味で歴史によって定義されているような近代に深く関わっているという、ユルゲン・ハーバーマスやその他の人びとに賛成することは難しいことではない。こうした傾向の出現を一七世紀における科学や美学のアカデミー、一八世紀における哲学的思想、一九世紀における政治的または産業的革命、二〇世紀における科学的躍進のいずれとしようとも、これら現象に対するわれわれの歴史的な反応は、離反ではなく親和性を持った基本的な認識のひとつであることは明らかである。最近の事例としては、ハーヴァードの科学史家であるピーター・ガリソンによって引用されたものがあり、彼はアインシュタインおよびポアンカレによるこのご時世における難問のなかに今日のGPSに関する重要な教訓を見つけ出した。ふたつめとして、もしそれが本当であるならば、実験と内在的探究に基づいた「近代性」が再評価と革新の継続的なプロジェクトであることは同様に明白であろう。

　建築の言葉では、そうしたプロジェクトが、既成の言語のうわべだけの引用ではなく、建築言語そのものの内在的な研究および展開に、もしくは代わりとして、または一緒に、作品の基本的プログラムに対する同様に厳格で生産的なアプローチに、関わるものである。そのようにして、ファン・ドゥースブルフからピーター・アイゼンマンにいたる建築家たちは、建築における形態言語の本質を理解していたし、ル・コルビュジエからレム・コールハースにいたるほかの建築家たちは、プログラムの革新性を理解していた。実際のところ、われわれはこのようにしてモダンの質を説明し始めることができたのであり、したがってわれわれ自身の近代性の感覚を歴史的かつ動的に理解するために、様式（この言葉そのものがポストヒストリーの概念である）に関する不愉快な質問を迂回した。こうした仕事は閉鎖性や新目的因論を拒否する近代の歴史へのアプローチに関わっており、近代性によって据えられたあらゆる疑問はいまでも開かれているといくぶん見なされている。こうした公式化において、近代建築の歴史は、それ自身が歴史的記録の一部であるにしても、様式や運動の分類を求めているのではなく、社会とその政治的構成についての形態とプログラムに関する不愉快な質問が発せられる場所を探しているのである。そこでは明断であるよりも優柔不断であると仮定され、そこではプロジェクトは、失敗としてではなく積極的で未解決な挑戦として、開始されたものの終わらないままであり、そこでは領域の外からもたらされた混乱が困ったことに確立済みの行為の真実性を問題とし、そこでは歴史そのものを感じられる形態そのものが問題とされている。われわれは破壊的な時と形とを見直すべきであり、それは好奇心や狼狽のためではなく、失敗に終わったユートピアとしてでもなく(ユートピアとは、所詮、ポストヒストリーの概念だが)、近代性の外観というよりもプロセスへの入り口としてである。われわれはまた近代性の聖域を真剣にあらためて査定する必要があり、その作品はあまりにも早く正統化されており、内在的矛盾を見つけ出すために、いまだ研究論文の表面《おもてめん》の背後に隠れて待っている開かれた問題なのである。最終的に、第二次世界大戦後広く行き渡り、初期アヴァンギャルドの風変わりな領域を整理し、再構築の時代にモダンであることの法則を提供するために提案されていた「モダニズム」の考えを、われわれは始める必要があった。

このような文脈において、近代運動の歴史家たちは、近代初期の段階についてわれわれが持つ歴史的知識に対する貢献としてのみではなく(それは重要ではあったが)、同様にそのものが未回答の問題へと開かれていた近代性の自省のプロセスの事例として見られるだろう。したがって、ジョンソンとロッシからアイゼンマンにいたる建築家の実践に対してあまりにも強く反響した、カウフマンによる「自律性」の形態に関する定義、「すべての季節のための都市」という幻想へと一緒にコラージュされうる、ロウによるすべての歴史を図と地の形式へ入れようという検証、一九六〇年のペヴスナーによる「歴史主義の回帰」のすでに神経質な確立（一九八〇年代のポストモダンの突入の明らかな新しさの問題へと導かれうる現象）、セドリック・プライスの実験の強い推進力となった、バンハムによる科学と美学の新しい関係を求めるものとしての「プログラム」に対する尋問、そしてタフーリによる、ルネサンスの初期のふるまいによって確立されたものである近代性をあらためて記述し、よって近代性そのものの知覚された本質を明るみに出そうという試み——これらすべての「歴史」は、数多くのモダニズムのプロジェクトだと理解され、われわれ自身が持つ歴史的意識に対する先入観への挑戦として使われるべきなのである。

原註

イントロダクション

1　Fredric Jameson, *A Singular Modernity: Essay on the Ontology of the Present* (London: Verso, 2002), 169.〔フレデリック・ジェイムソン著、久我和巳、斉藤悦子、滝沢正彦訳『近代という不思議——現在の存在論についての試論』こぶし書房、二〇〇五年〕ジェイムソンはグリーンバーグのことを「完璧かつ偽りのモダニズムのイデオロギーを発明したとして誰よりも信用できる理論家である」と述べている。（同書）

2　Reyner Banham, "The New Brutalism," *Architectural Review* 118, no.708 (December 1955) :355.

3　Adolf Behne, *Der Moderne Zweckbau* (Munich: Drei Masken Verlag,1926); Gustav Adolf Platz, *Die Baukunst der neuesten Zeit* (Berlin: Propyläen Verlag,1927); Sigfried Giedion, *Bauen in Frankreich, Bauen in Eisen, Bauen in Eisenbeton* (Leipzig: Klinkhardt & Biermann, 1928); Bruno Taut, *Modern Architecture* (London; The Studio, 1929); Walter Curt Behrendt, *Modern Building: Its Nature, Problems, and Forms* (London: Martin Hopkinson, 1937); Henry-Russell Hitchcock, *Modern Architecture: Romanticism and Reintegration* (New York: Payson and Clarke, 1929); Nikolaus Pevsner, *Pioneers of the Modern Movement from William Morris to Walter Gropius* (London: Faber and Faber, 1936); Sigfried Giedion, *Space, Time and Architecture: The Growth of a New Tradition* (Cambridge: Harvard University Press, 1941).〔ジークフリート・ギーディオン著、太田實訳『新版 空間・時間・建築』丸善、二〇〇九年〕

4　Panayotis Tournikiotis, *The Historiography of Modern Architecture* (Cambridge: MIT Press. 1999) における卓越した分析を参照のこと。この本は、ペヴスナー、ゼヴィ、ベネヴォロ、ヒッチコック、コリンズ、タフーリの仕事に関するあらゆる本格的な研究の基礎となるものである。彼の論文アドバイザーであった記号論構造主義者であるフランソワーズ・ショエの影響のもと、トゥルニキオティスは彼の分析を主要な文献の構造的な分析に限定し、あらゆる文脈や著者の議論を適切に取り除き、それは「文脈や人間性といったものは、書かれた言説そのものの本質について何も語らない」ことを信じていたからである。だが、現在の仕事では、歴史の記述のもと、客観性の装いがあるかどうかにかかわらず、とくにあらゆる時に建築の理論とデザインにおける行為を形成しようというこれらの関係を研究している。それはそれが建築の領域のあらゆる点を把握していたように、適切にその「言説」と呼ばれる包括的な行為のなかでである。この分野のあまり「構造主義」的かつ分析的でない紹介としては、Demetri Porphyrios, ed., "On the Methodology of Architectural History," special issue of *Architec-*

tural Design 51, no. 7 (1981) があり、歴史家による歴史家に関する批評的論考の幅のなかにおいて、一九七〇年代末の領域における重要なスナップショットとして現れている。

5　本のタイトルに「歴史」を初めて使ったのは、ブルーノ・ゼヴィの *Storia dell'architettura moderna* (Turin: Einaudi, 1950) だという事実がある。英語ではジェームズ・パームスによって訳された Jürgen Joedicke's *A History of Modern Architecture* (London: Architectural Press, 1959) であり、そのオリジナルは彼の *Geschichte der modernen Architektur: Synthese aus Form, Funktion und Konstruktion* (Stuttgart: Gert Hatje, 1958) である。ともに、すでに過去のものとなった近代性に関する戦後の検証および真剣な批評の主題であることは、一考に値する。片方は亡命中のアメリカおよびハーヴァードで書かれ、そこではインターナショナル・スタイルはすでに学術的なものとなっており、もう片方はドイツで書かれ、そこでは近代性の負の愚行が破たんしていた。だがともにモダニズムの理想と形態的全体を救済し、新しい民主的な基礎に据えようと願っていた作家によるものであった。

6　Alois Riegl, Stilfragen: *Grundlegungen zu einer Geschichte der Ornamentik* (Berlin: G. Siemens, 1893), and *Die spätrömische Kunst-Industrie nach den Funden in Österreich-Ungarn im Zusammenhange mit der Gesammtentwicklung der bildenden Künste bei den Mittelmeervölkern* (Vienna: K. K. Hof- und Staats-druckerei, 1901); Heinrich Wölfflin, *Prolegomena zu einer Psychologie des Architektur* (Munich: Dr. C. Wolf & Sohn, 1886), and *Renaissance und Barock: Eine Untersuchung über Wesen und Entstehung des Barockstils in Italien* (Munich: Theodor Ackermann, 1888).〔ハインリッヒ・ヴェルフリン著、上松佑二訳『ルネサンスとバロック――イタリアにおけるバロック様式の成立と本質に関する研究』中央公論美術出版、一九九三年〕; August Schmarsow, *Das Wesen des architektonischen Schöpfung* (Leipzig: Karl W. Hiersemann, 1894).

7　Adolf von Hildebrand, *Das Problem der Form in der bildenden Kunst* (Strasbourg: Heitz and Mündel, 1893).〔アドルフ・フォン ヒルデブラント著、加藤哲弘訳『造形芸術における形の問題』中央公論美術出版、一九九三年〕, Max Meyer and Robert Morris Ogden as *The Problem of Form in Painting and Sculpture* (NewYork: G. E. Stechert, 1907) として英訳され、Harry Francis Mallgrave and Eleftherios Ikonomou, eds., *Empathy, Form, and Space: Problems in German Aesthetics, 1873-1893* (Santa Monica: Getty Center for the History of Art and the Humanities, 1994), 227-279 として再度英訳されている。

8　Paul Frankl, *Die Entwicklungsphasen der neueren Baukunst* (Stuttgart: Verlag B. G. Teabner, 1914).〔パウル・フランクル著、香山壽夫監訳『建築史の基礎概念――ルネサンスから新古典主義まで』鹿島出版会、二〇〇五年／旧題『建築造形原理の展開』一九七九年〕

9　Robert Vischer, *Über das optische Formgefühl: Ein Beitrag zur Aesthetik* (Leipzig: Hermann Credner, 1873).

10　Mallgrave and Ikonomou, introduction to *Empathy, Form, and Space*, 1-85; および Michael Podro, *The Critical Historians of Art* (New Haven: Yale University Press, 1982) を参照のこと。

11　Paul Frankl, *Principles of Architectural History: The Four Phases of Architectural Style, 1420-1900*, trans. and ed. James F. O'Gorman, foreword by James Ackerman (Cambridge: MIT Press, 1968).〔フランクル著『建築史の基礎概念』／旧題『建築造形原理の展開』〕この新しいタイトルは、Wölfflin's *Kunstgeschichtliche Grundbegriffe* as *Principles of Art History*〔ハインリヒ・ヴェルフリン著、海津忠雄訳『美術史の基礎概念』慶應義塾大学出版会、二〇〇〇年〕の英訳への明らかな言及である。

12　Heinrich Wölfflin, *Renaissance and Baroque*, trans. Kathrin Simon, introduction by Peter Murray (Ithaca: Cornell University Press, 1964), 87.〔ハインリッヒ・ヴ

エルフリン著『ルネサンスとバロック』〕

13　Nikolaus Pevsner, *Leipziger Barock: Die Baukunst der Barockzeit in Leipzig* (Dresden: Wolfgang Jess, 1928). この本の序において、ペヴスナーは“Wilhelm Pinder und Franz Studniczka, Rudolf Kautzsch und Leo Bruhns, denen ich vielleicht, wenn auch nicht mehr auf Grund persönlich genossener Ausbildung, so doch auf Grund seiner für die ganze wissenschaftliche Methode dieses Buches vorbildlichen Arbeiten uber das Wesen des Barockstiles, August Schmarsow anfügen darf,” に感謝を述べるとともに、August Schmarsow's *Barock und Rokoko: Eine kritische Auseinandersetzung über das malerische in der Architektur* (Leipzig: S. Hirzel, 1897), vol. II of Schmarsow's *Beiträge zur Aesthetik der bildenden Künste* について言及している。

14　Manfredo Tafuri, *Teorie e storia dell'architettura* (Rome and Bari: Edizioni Laterza, 1968; 3rd ed., 1973).〔マンフレッド・タフーリ著、八束はじめ訳『建築のテオリア——あるいは史的空間の回復』朝日出版社、一九八五年〕

15　前掲書 p.266. 筆者訳。『建築のテオリア』第四版のデニス・シャープがまえがきを寄せているジョルジョ・ヴェレッキアによる英訳 (London: Granada Publishing, 1980) はまったく信頼できないもので、省略と誤りに満ちている。この引用箇所がその例であり、前史の建築に結びつけられたような「形式のない」アヴァンギャルドの実験に言及しているわけだが、意味をなさない「いくぶん抽象的な実験」という言葉で表されている。

1　新古典モダニズム——エミール・カウフマン

この章は、三回の招待によって膨らませることができた。コロンビア大学建築学科の博士課程の学生によって主催されたカンファレンス「最後の前の最後のもの〔The Last Things before the last〕」における論説発表。T・J・クラークとサンフランシスコ近代美術館の主催による「何がモダニズムであり、なぜそれは消え去らないのか?」というコンファレンスにおけるバーバラ・ジョンソンの論説に対する応答。一九九九年にAnyoneプロジェクトによってパリで主催されたコンファレンスにおける論説発表である。より発展させた報告は、二〇〇〇年春の建築史と美術史に関するゲッティ・カンファレンスと、二〇〇一年のUCLAの近現代研究センター主催の「解放の文化」に関するシンポジムにて発表された。これらすべてのカンファレンスにおける、反応、対話、議論から、私は恩恵を受けて来た。この章の前身とも言えるヴァージョンは、“Anymores,” in Cynthia Davidson, ed., *Anymore* (Cambridge: MIT Press, 2000), pp.244-248〔シンシア・C・デイヴィッドソン、磯崎新、浅田彰著『Anymore——グローバル化の諸問題』NTT出版、二〇〇三年〕所収「いかなるモーレスも」および“The Ledoux Effect: Emil Kaufmann and the Claims of Kantian Autonomy,” *Perspecta: The Yale Architectural Journal 33* (2002): pp.16-29として、出版されている。

1　カウフマンの生涯に関する共感に満ち、また簡潔なものとして、マイヤー・シャピロによる死亡記事“Emil Kaufmann (1891-1953),” *College Art Journal* (Winter 1954): p.144と James Grote van Derpol, “Emil Kaufmann, 1891-1953,” *Journal of the Society of Architectural Historians* 12, no. 3 (1953): p.32が挙げられる。近年の評価としては、Georges Teyssot, “Neoclassic and 'Autonomous" Architecture: The Formalism of Emil Kaufmann 1891-1953,” in Demetri Porphyrios, ed., “On the Methodology of Architectural History,” special issue of *Architectural Design* 51 (1981): pp.24-29; and Gilbert Erouart,” “Situation d'Emil Kaufmann,” in Emil Kaufmann, *Trois architectes révolutionnaires: Boullée, Ledoux, Lequeu*, ed. Gilbert Erouart and Georges Teyssot (Paris: Éditions de SADG, 1978), pp.5-11がある。Monique Mosser, “Situation d'Emil K.,” in *De Ledoux à Le Corbusier: Origines de l'architecture moderne* (Arc-et-Senans: Edition Fondation C. N. Ledoux, 1987), pp.84-89; Daniel Rabreau, "Critique d'Emil Kaufmann," Trois architectes révolutionnaires," *Bulletin Monumental* (1979): pp.78-81 も参照のこと。

2　Emil Kaufmann, *Von Ledoux bis Le Corbusier: Ursprung und Entwicklung der autonomen Architektur* (Vienna and Leipzig: Rolf Passer, 1933).〔エミール・カウフマン著、白井秀和訳『ルドゥーからル・コルビュジエまで――自律的建築の起源と展開』中央公論美術出版、一九九二年〕この本に関する翻訳は筆者自身による。

3　一九三〇年代のカウフマンに対する反応については、Meyer Schapiro, "The New Viennese School," *Art Bulletin* 17 (1936): pp.258-266; Edoardo Persico, *Scritti critici e polemici, ed. Alfonso Gatto* (Milan: Rosa e Ballo, 1947), pp.210-211; Hans Sedlmayr, *Verlust der Mitte-Die bildende Kunst des 19. und 20. Jahrhunderts als Symptom und Syrnbol der Zeit* (Salzburg: Otto Muller Verlag, 1948), trans. Brian Battershaw as Art in Crisis: The Lost Centre (London: Hollis and Carter, 1957) を参照のこと。また、カウフマンの受容およびジークフリート・ギーディオンとの比較に関する全般的な評論としては、デトレフ・マーチンによるすぐれた論文 "Transparencies Yet to Come: Sigfried Giedion and the Prehistory of Architectural Modernity" (PhD diss., Princeton University, 1996), pp.170-180 を参照のこと。

4　Allan Braham, *The Architecture of the French Enlightenment* (Berkeley: University of California Press, 1980), p.7; David Watkin, *The Rise of Architectural History* (Chicago: University of Chicago Press, 1980), p.180.〔デイヴィド・ワトキン著、桐敷真次郎訳『建築史学の興隆』中央公論美術出版、一九九三年〕

5　ハンス・ゼードルマイヤーに関する新たな分析としては、とくに Frederic J. Schwartz, *Blind Spots: Critical Theory and the History of Art in Twentieth-Century Germany* (New Haven: Yale University Press, 2005) を参照のこと。

6　Christopher S. Wood, ed., *The Vienna School Reader: Politics and Art Historical Method in the 1930s* (New York: Zone Books, 2000), p.69.

7　Schapiro, "The New Viennese School"; Walter Benjamin, *Das Passagen-Werk*, ed. Rolf Tiedemann, in Gesammelte Schriften, vol. 5 (1982), trans. Howard Eiland and Kevin McLaughlin as *The Arcades Project* (Cambridge: Harvard University Press, 1999).

8　Emil Kaufmann, "Three Revolutionary Architects, Boullée, Ledoux, and Lequeu," *Transactions of the American Philosophical Society 42*, part 3 (October 1952): pp.431-564.〔エミール・カウフマン著、白井秀和訳『三人の革命的建築家――ブレ、ルドゥー、ルクー』中央公論美術出版、一九九四年〕

9　Emil Kaufmann, *Architecture in the Age of Reason: Baroque and Post-Baroque in England, Italy, and France* (Cambridge: Harvard University Press, ,955).〔エミール・カウフマン著、白井秀和訳『理性の時代の建築――フランスにおけるバロックとバロック以後』中央公論美術出版、一九九七年、および同『理性の時代の建築――イギリス、イタリアにおけるバロックとバロック以降』中央公論美術出版、一九九三年〕

10　カウフマン著『ルドゥーからル・コルビュジエまで』のフランス語版 Emil Kaufmann, *De Ledoux à Le Corbusier: Origine et développement de l'architecture moderne* (Paris: L'Equerre, 1981), pp.11-21 くのまえがき Hubert Damisch, "Ledoux avec Kant,"

11　Franz Schulze, *Philip Johnson: Life and Work* (New York: Knopf, 1994), pp.157-158, 194-196, 216 参照のこと。

12　Aldo Rossi, "Emil Kaufmann e l'architettura dell'Illuminismo," *Casabella Continuità 222* (1958), Rossi, *Scritti scelti sull'architettura a la città, 1956-1972, ed. Rosaldo Bonicalzi* (Milan: CLUP, 19Y5), pp.62-71 に再録。カウフマンの影響はロッシの "Introduzione a Boullee" (1967) and "L'architettura dell'Illuminismo" (1973), *in*

Scritti scelti, pp.346-364, 454-473 にも見られる。

13　これは、*Journal of the American Society of Architectural Historians 3, no. 3* (July 1943): p.12 に掲載された短い伝記によるものであり、明らかにカウフマン自身によって提供されていた。「美術史についてはマックス・ドゥヴォルジャーク、ヨーゼフ・ストゥシュゴフスキー、ハンス・ゼンパーの、古典考古学についてはエマニュエル・ローウィの、そして歴史についてはルートヴィヒ・フォン・パスターの生徒であったカウフマン博士は、一九二〇年にウィーン大学より哲学の博士号を授与された」。エマニュエル・ローウィによる *Die Naturwiedergabe in der alteren griechischen Kunst* は一九二〇年にローマで出版され、一九〇七年にジョン・フォザギルによって *The Rendering of Nature in Early Greek Art* として英訳された。Ernst Gombrich, *An and Illusion: A Study in the Psychology of Pictorial Representation* (Princeton: Princeton University Press, 1960), pp.22-23〔E・H・ゴンブリッチ著、瀬戸慶久訳『芸術と幻影——絵画的表現の心理学的研究』岩崎美術社、一九七九年〕参照のこと。ローウィによる様式の理論は、マイヤー・シャピロの "Style," in A. L. Kroeber, ed., *Anthropology Today: An Encyclopedic Inventory* (Chicago: University of Chicago Press, 1953), p.301〔マイヤー・シャピロ、エルンスト・H・ゴンブリッチ著、細井雄介・板倉寿郎訳『様式』中央公論美術出版、一九九七年〕のなかで再開されている。

14　Max Dvořák, *Katechismus der Denkmalpflege* (Vienna, 1916). シャピロは、カウフマンの経歴を以下のように要約している。「彼の師はストゥシュゴフスキーとドヴォルジャークであったが、とりわけ後者は彼の芸術に関する思考の形成に手助けをし、たいへんかわいがっていた。教職に就けなかったため、カウフマン博士は銀行の従業員となり、余暇を研究にあてていた。ナチスのオーストリア占領の結果、彼は失職し、国外へと向かい、一九四〇年にアメリカに到着した。定職がなく、困窮を極めた生活であったが、一心不乱に研究を行いつつもそこから得られるのは、建築史の隠されていた事項を明らかにするということと優れた研究であるということからもたらされる満足感だけであったことに対する戸惑いがあった。(…中略…) 彼は、ロサンゼルスへの旅行中、ワイオミング州のチェインにて一九五三年の七月三日に亡くなった。("Emil Kaufmann [1891-1953," 144])

15　Emil Kaufmann, "*Die Architekturtheorie der französischen Klassik und der Klassizismus*," *Repertorium für Kunstwissenschaft 44* (1924): p.197-237. カウフマンは「新古典主義」に関する彼の説明を "Klassizismus als Tendenz und als Epoche," *Kritische Berichte zur kunstgeschichtlichen Literatur* (1933): pp.201-214 のなかでくわしく述べており、そこでは、アロイス・リーグル、アウグスト・シュマルゾウ、パウル・ツェッカー、パウル・フランクル、A・E・ブリンクマン、ジークフリート・ギーディオン、ヴィルヘルム・ピンダー、ヴォルフガング・ヘルマンによる「古典主義」の概念を検証している。

16　Teyssot, "Neoclassic and "Autonomous' Architecture." ティソットは、この様式および時代に関する帰属についての議論について簡潔に分析しており、それはギーディオンの一九二二年の論考 *Spätbarocker und romantischer Klassizismus* にある用語「後期バロック新古典主義」および「ロマン主義新古典主義」であり、それはリーグル自身のもうひとつの顧みられなかった時代の記述という試みから抜き取られたものであった。

17　Emil Kaufmann, *Der Kunst der Stadt Baden* (Vienna: Österreichischer Bundesverlag, 1925).

18　Emil Kaufmann, "C.N. Ledoux," *Künstlerlexikon ThiemeBecker22* (1928):pp.536-537; "Die Wandlungen der Bildform bei Ferdinand Georg Waldmueller," *Zeitschrift für bildende Kunst 64* (1930-1931): pp.209-216.

19　Emil Kaufmann, "Architektonische Entwürfe aus der zeit der französichen Revolution," *Zeitschrift für bildende Kunst 62* (1929-1930): p.45.

20 Emil Kaufmann, "C. N. Ledoux and der klassizistische Kirchenbau," *Kirchenkunst* 3 (1931): p.62.

21 前掲書

22 Emil Kaufmann, "Die Stadt des Architekten Ledoux: Zur Erkenntnis der autonomen Architektur," *Kunstwissenschaftliche Forschungen* 2 (Berlin, 1933): pp.131-160.

23 前掲書 p.133.

24 前掲書 p.138.

25 前掲書 p.142.

26 Claude-Nicolas *Ledoux, L'architecture considérée sous le rapport de l'art, des moeurs et de la législation* (Paris: chez l'auteur, 1804), p.185, 115.

27 カウフマンはこの『三人の革命的建築家』の出版まで、この出典に関する記述を提供しなかった。

28 Kaufmann, 'Die Stadt," p.146.

29 Ledoux, *L'architecture*, p.234.

30 Kaufmann, "Die Stadt," pp.152-153.

31 前掲書 p.153 Teyssot, "Neoclassic and 'Autonomous' Architecture," p.28 にて引用。

32 Kaufmann, *Von Ledoux*. p.3.〔カウフマン著『ルドゥーからル・コルビュジエまで』〕

33 Paul Klopfer, *Von Palladio bis Schinkel: Eine Charakteristik der Baukunst des Klassizismus* (Eszlingen: Paul Neff, 1911) ヴァイマールのグランド・ドューク建設組合および通商学校の主任であったクロプファーは、建築様式についてのハンドブック *Die Baustile* (Leipzig: E. U. Seemann. 1912) およびいくつかのドイツの個人住宅についての研究書 *Die deutsche Bürgerwohnung* (Freiburg: Paul Waetzel, 1905), *Die Gestaltung des Wohnhauses* (Stuttgart: Konrad Wittwer, 1912), *Das deutsche Bauernund Bürgerhaus* (Leipzig: Alfred Kröner, 1915) および *Wie baue ich mein Haus und wie beschaffe ich mir eine gediegene Wohnungseinrichtung?* (Stuttgart: Wilhelm Meyer-Ilschen, n.d.) も執筆している。カウフマンの『ルドゥーからル・コルビュジエまで』に反転された対称形となっているクロプファーの *Von Palladio bis Schinkel*（『パラーディオからシンケルへ』）においては、ほとんどすべてがバロックから新古典主義までの展開を遡ることに関してであり、パラーディオに関する言及は冒頭のごくわずかにすぎない。

34 Kaufmann, *Von Ledoux*, pp.5-6.〔カウフマン著『ルドゥーからル・コルビュジエまで』〕

35 前掲書 p.12.

36 Ledoux, *L'architecture*, p.30 Kaufmann, *Von Ledoux*, p.12〔カウフマン著『ルドゥーからル・コルビュジエまで』〕における引用。

37 カウフマンによるルドゥーの分析は、おもに彼の死の二年前に出版された論文によっており、それは全五冊として計画されたもののうちの重厚な一冊めであった。*L'architecture considérée sous le rapport de l'art, des moeurs et de la législation* この作品は、ふたつ折りにされた四一六ページのテキストとルドゥーの完成した建物と仮想の案の一二五枚の版画からなっており、一九二〇年代にルドゥーを知るうえでの主要な証拠となっていた。実際、その後の特定のプロジェクトのオリジナルのドローイングや依頼の日付といった保存資料からの立証にもかかわらず、この本は意味不明の過剰さと建築的不遜さもあって、ルドゥーに関するあらゆる解釈の主要なものであり続けえた。カウフマン以降のルドゥーに関する主要な研究は、Michel Gallet, *Claude-Nicolas Ledoux*, 1736-1806 (Paris: Picard, 1985), と Anthony Vidler, *Claude-Nicolas Ledoux: Architecture and Social Reform at the End of the Ancien Régime* (Cambridge: MIT Press, 1989) のふたつがある。

38 Kaufmann, *Von Ledoux*, p.16-17.〔カウフマン著『ルドゥーからル・コル

ビュジエまで』〕

39　前掲書 p.19.

40　前掲書

41　前掲書 p.20.

42　前掲書 p.30.

43　前掲書 p.32.

44　前掲書 p.33.

45　前掲書 p.34.

46　Ledoux, *L'architecture*, p.90　Kaufmann, *Von Ledoux*, p.43.〔カウフマン著『ルドゥーからル・コルビュジエまで』〕における引用。

47　Kaufmann, *Von Ledoux*, p.36.〔カウフマン著『ルドゥーからル・コルビュジエまで』〕

48　Hannes Meyer, "La realidad soviética: Los arquitectos," *Arquitectura* 9 (1942); *Task Magazine* 3 (1942) に英訳あり。 Hannes Meyer, *Scritti 1921-1942: Architettura o rivoluzione*, ed. Francesco Dal Co (Padua: Marsilio, 1969), pp.214-215 で再録。

49　Immanuel Kant, *Critique of Pure Reason*, trans. Paul Guyer and Allen Wood (Cambridge: Cambridge University Press, 1997), pp.100-101 (Axi-Axii)〔イマヌエル・カント著、篠田英雄訳『純粋理性批判（上・中・下）』岩波文庫、一九六一年〕他。

50　Theodor W. Adorno, *Kant's Critique of Pure Reason* (Stanford: Stanford University Press, 2001), pp.54-55.

51　前掲書 p.54.

52　Ernst Cassirer, *Kant's Life and Thought*, trans. James Haden (New Haven: Yale University Press, 1981), p.243; 原書は *Kants Leben und Lehre*, 1918.

53　Theodor W. Adorno, *Kant's Critique of Pure Reason*, ed. Rolf Tiedemann, trans. Rodney Livingstone (Stanford: Stanford University Press, 2001), pp.54-55.

54　Ernst Cassirer, "Das Problem Jean-Jacques Rousseau," *Archiv für Geschichte der Philosophie* 41 (1932): pp.177-213, 479-513.〔E・カッシーラー著、生松敬三訳『ジャン＝ジャック・ルソー問題』みすずライブラリー、一九九七年〕カウフマンとカッシーラーの歴史の結びつきは、カッシーラーのずっと後で出版された英語版 *Philosophy of the Enlightenment*〔E・カッシーラー著、中野好之訳『啓蒙主義の哲学』紀伊国屋書店、一九六二年〕とカウフマンの死後に出版された *Architecture in the Age of Reason* (1955)〔『理性の時代の建築』〕において、再度交差することとなる。

55　Kaufmann, *Von Ledoux*, p.61.〔カウフマン著『ルドゥーからル・コルビュジエまで』〕

56　Kaufmann, "Die Stadt," p.41.

57　Ledoux, *L'architecture*: "Le sentiment apprécié d'un plan est à l'abri de toute domination. Il émane du sujet, il doit adapter à la nature des lieux et des besoins" (65); "Tout détail est inutile, je dis plus, nuisible, quand il devise les surfaces par des additions mesquines ou mensongères" (91); "Toutes les formes que l'on décrit d'un seul trait de compas sont avouées par le goût. Le cercle, le carré, voilà les lettres alphabétiques que les auteurs emploient dans la texture des meilleurs ouvrages" (135).

58　Kaufmann, *Von Ledoux*, p.42.〔カウフマン著『ルドゥーからル・コルビュジエまで』〕

59　前掲書 p.48.

60　前掲書 p.61.

61　前掲書 p.62. Richard J. Neutra, *Wie baut Amerika?* (1927) の引用。

62　Kaufmann, *Von Ledoux*, p.62〔カウフマン著『ルドゥーからル・コルビュジエまで』〕Stonorov and Boesiger, *Le Corbusier et Pierre Jeanneret* (Zurich: Girsberger, 1930), p.27, 23 の引用。 Ledoux, *L'architecture*, p.135 も参照のこと。

63　Kaufmann, *Von Ledoux*, 62.〔カウフマン著『ルドゥーからル・コルビュジ

エまで』〕

64　前掲書 p.63.

65　Schapiro, "*The New Viennese School*," pp.258-267.

66　前掲書 p.265.

67　前掲書

68　ゼードルマイヤーはウィーンの建築および初期のアメリカの建築史家フィッシャー・フォン・エルラッハについて学位論文を書き、一九三三年にブリューゲルについての論文により大学教員の資格を得ている。戦後は Catholic review Wort und Wahrheit の編集委員に加わり、一九五一年に、ミュンヘンのルードヴィヒ・マキシミリアン大学の教授の地位として復帰するが、その主任は一時期ヴェルフリンとピンダーであった。最終的には、オーストリアのザルツブルグで一九六四年から一九六九年の間教職を務める。

69　Wood, *The Vienna School Reader*, p.25.

70　Sedlmayr, *Art in Crisis*, p.117.〔ハンス・ゼードルマイヤー著、石川公一、阿部公正訳『中心の喪失――危機に立つ近代芸術』美術出版社、一九六五年〕

71　前掲書 p.4.

72　前掲書 p.107.

73　前掲書 p.101.

74　前掲書 p.256.

75　前掲書 p.256.

76　Kaufmann, *Architecture in the Age of Reason*, p.266, n. 439.〔エミール・カウフマン著『理性の時代の建築』〕

77　Emil Kaufmann, review of Marcel Raval and J.-Ch. Moreux, *Claude-Nicolas Ledoux* (Paris, 1945), *Art Bulletin* 30, no. 4 (1948): pp.289, n. 3. ラヴァルとモルウのものに比較した彼の初期の論考からの語句の長いリストに続けて、カウフマンは以下のように結論づけている。「ホースト・リーマーが私の一九二九年の論考の大部分をそのまま写している一方で (cf. *Zeitschrift für Kunstgeschichte*, 1935, p.189)、ラヴァルとモルウは私の考えの大部分を我田引水している (Gertrude Rosenthal in the *News of the Baltimore Museum of Art*, November 1947 も同様)」。カウフマンの評論は、新しい仕事が G. Levallet-Haug による伝記のもつ欠点をいかに改善すべきかを詳細に述べている。「作者は、レヴァレの自伝における深刻な欠点を避けるべきであり、ルドゥーの歴史的位置づけを扱い彼のしぐさを解釈すべきだということを知っていた。彼らは明らかに彼らの役割に達していなかった」。

78　*Kaufmann, Architecture in the Age of Reason*, pp.265, n. 481.〔エミール・カウフマン著『理性の時代の建築』〕「国立図書館のルクーに関する書類は彼女の注意を惹かなかったため、彼女はルクーに関して一般的なことのみ論じている」。

79　Philipp Fehl, review of *Das Menschenbild in unserer Zeit* by Hans Sedlmayr (Darmstadt: Neue Darmstaedter Verlagsanstalt, 1951), *College Art Journal* 13, no. 4 (Winter 1954): pp.145-147.

80　Emil Kaufmann, "Claude-Nicolas Ledoux, Inaugurator of a New Architectural System," *Journal of the American Society of Architectural Historians* 3, no. 3 (July 1943): p.13.

81　前掲書

82　Kaufmann, review of Raval and Moreux, p.289.

83　Kaufmann, "Claude-Nicolas Ledoux, Inaugurator," pp.17-18.

84　前掲書 p.18.

85　Emil Kaufmann, "Nils G. Wollin: 'Desprez en Suède,'" *Art Bulletin* 28 (1946): p.283.

86 前掲書 p.284.

87 Kaufmann, *Architecture in the Age of Reason*, x.〔エミール・カウフマン著『理性の時代の建築』〕

88 私は、"From Ledoux to Le Corbusier to Johnson, to...," *Progressive Architecture* (May 1991): pp.109-110 のなかで、カウフマンとジョンソンの関係の概略を示している。それ以降、デトレフ・マーチンによる System and Freedom: Sigfried Giedion, Emil Kaufmann, and the Constitution of Architectural Modernity," in Robert E. Somol, ed., *Autonomy and Ideology: Positioning an Avant-Garde in America* (New York: Monacelli Press, 1997), pp.212-231 のなかで、この議論はずっと詳細に述べられている。

89 Kaufmann, "Claude-Nicolas Ledoux, Inaugurator," pp.12-20. ジョン・クーリッジの "The New History of Architecture," *Journal of the American Society of Architectural Historians* 3, no. 3 (July 1943): pp.3-11 への求めに応じて書かれたカウフマンのこのテキストは、ルドゥーに関する彼の画期的な作業の要約であり、またウィーン学派で展開され一八世紀末の「抽象的な」作品である建築に応用された、「体系」の概念についての彼の個人的な解釈のための方法論的議論であった。

90 Kaufmann, "Claude-Nicolas Ledoux, Inaugurator," p.12.

91 前掲書 p.18.

92 Philip Johnson, "House at New Canaan, Connecticut," *Architectural Review* 108, no. 645 (September 1950): p.153.

93 Damisch, "Ledoux avec Kant," p.20.

94 Somol, ed., *Autonomy and Ideology* 参照のこと

95 カントの自律性の概念を探究するにあたってカウフマンがルドゥーに信を置き、その前提をジョンソンとロッシが工夫して作り上げた一方で、きわめてすぐれたモダニストの新カント主義の建築家として検証されないままであったのはル・コルビュジエだけであろう。『ルドゥーからル・コルビュジエまで』という考えの精神のもとに、ヴィクター・バスキ、エリエ・フォーレおよびアンリ・フォションの間の二〇世紀の最初の四半世紀における新カント主義復興のなかで、彼の美学的政治の言葉のなかでル・コルビュジエに関する研究を早く完成させたいと願っている。

2 マニエリスト・モダニズム――コーリン・ロウ

この章は二〇〇二年一一月の、イエール大学建築学部におけるピーター・アイゼンマンとレオン・クリエの関係のついて話すように招待されたものへの反応として発展させたものが元となっている。この短いバージョンは、"Colin Rowe," in Cynthia Davidson, ed., *Eisenman/Krier: Two Ideologies: A Conference at the Yale School of Architecture* (New York: Monacelli Press, 2004), pp.52-61 として出版されている。

1 Colin Rowe, "Addendum 1973" to "The Mathematics of the Ideal Villa," in *The Mathematics of the Ideal Villa and Other Essays* (Cambridge: MIT Press, 1976), p.16.〔「理想的ヴィラの数学　補遺一九七三年」、コーリン・ロウ著、伊東豊雄、松永安光訳『マニエリスムと近代建築――コーリン・ロウ建築論選集』彰国社、一九八一年所収〕

2 前掲書

3 Colin Rowe, *As I Was Saying: Recollections and Miscellaneous Essays*, ed. Alexander Caragonne, vol. 1 (Cambridge: MIT Press, 1996), p.2.〔コーリン・ロウ著、松永安光、大西伸一郎、漆原弘訳『コーリン・ロウは語る――回顧録と著作選』鹿島出版会、二〇〇一年〕

4 前掲書

5 Rudolf Wittkower, "Inigo Jones, Architect and Man of Letters," *Journal of the Royal Institute of British Architects* 60 (1953) Wittkower, *Palladio and English Palladianism* (London: Thames and Hudson, 1974), p.60 に再録。

6 Colin F. Rowe, "The Theoretical Drawings of Inigo Jones: Their Sources and Scope" (M.A. thesis in the History of Art, University of London, November 1947). この論考は、Margaret Whinney, "Inigo Jones: A Revaluation," *Journal of the Royal Institute of British Architects* 59, no. 8 (June 1952): 288 のなかでも言及されている。「コーリン・ロウ氏の注意深い事例により、ジョーンズは事例のみによって教示する以上のことを意図していたことが示されており、実施された建物に関係のない膨大な数のドローイングが、建築に関する論考が決して書かれることのなかった本を通して用意されていたことを明らかにしている（ロウ氏には彼の未刊の論考 *The Theoretical Drawings of Inigo Jones, their sources, and scope*. University of London, 1947 について言及することをご許可いただき深く感謝します）」。

7 Colin Rowe, *As I Was Saying*1: p.2.［ロウ著『コーリン・ロウは語る』］

8 Fritz Saxl and Rudolf Wittkower, *England and the Mediterranean Tradition*, exh. cat. (London: Warburg and Courtauld Institutes, 1945). この本は後に Saxl and Wittkower, *British Art and the Mediterranean* (London: Oxford University Press, 1948)［フリッツ・ザクスル、ルドルフ・ウィトカウアー共著、鯨井秀伸訳『英国美術と地中海世界』勉誠出版、二〇〇五年］として再刊されている。ウィットコウアーは、この本の第二部に寄稿しており、それは一八世紀の重要性を強調するものであった。たとえば、チズイックのバーリントン・ハウスに関する考察で、スカモッツィとイニゴ・ジョーンズを同様に描いたイギリス人建築家によるパラーディオ流の規範が自由に採用されていることを強調している。Wittkower, "The English Interpretation of Palladio," *England and the Mediterranean*, p.54 を参照のこと。

9 Rowe, "Theoretical Drawings," p.2.

10 Colin Rowe, "The Mathematics of the Ideal Villa: Palladio and Le Corbusier Compared," *Architectural Review* 101, no. 603 (March 1947): pp.101-104; "Mannerism and Modern Architecture," *Architectural Review* 107, no.641 (May 1950): pp.289-300.［「理想的ヴィラの数学」および「マニエリスムと近代建築」、ロウ著『マニエリスムと近代建築』所収］

11 Rowe, "Theoretical Drawings," p.17.

12 前掲書

13 前掲書 p.18.

14 前掲書 pp.64-65.

15 前掲書 pp.65-66.

16 前掲書 p.27.

17 前掲書

18 前掲書 p.45.

19 Reyner Banham, "The New Brutalism," *Architectural Review* 118, no. 708 (December 1955): pp.354-361.

20 前掲書 pp.358-361.

21 前掲書 p.361.

22 Reyner Banham, *The New Brutalism* (London: Architectural Press, 1966), pp.14-15.

23 前掲書 p.15.

24 Peter D. Smithson, response "Against the Motion" to Nikolaus Pevsner in "Report of a Debate on the Motion 'that Systems of Proportion Make Good Design Easier and Bad Design More Difficult,' Held at the R.I.B.A., 18 June, 1957," *RIBA Journal* 64, no. 11 (September 1957): p.461.

25 Rudolf Wittkower, *Architectural Principles in the Age of Humanism* (London: Warburg Institute, 1949).［ルドルフ・ウィットコウワー著、中森義宗訳『ヒューマニズム建築の源流』彰国社、一九七一年］この論考は、その前に『ヴァールブルク・コートールド・インスティチュート・ジャーナル』に掲載された以下の論考に基づいている。"Alberti's Approach to Antiquity in Architecture," *Journal of the Warburg and Courtauld Institutes* 4 (1940-1941): pp.1-18; "Principles of Palladio's Architecture," part I, *Journal of the Warburg and Courtauld Institutes* 7 (1944): pp.102-122, and part II, *Journal of the Warburg and Courtauld Institutes* 8 (1945): pp.68-106. アリナ・A・ペインが記しているように、ウィットコウアーはこの本の出版に際して、第一章「ルネサンスにおける集中形式の教会」とパラーディオの視覚および心理的概念の章を加えている。Payne, "Rudolf Wittkower and Architectural Principles in the Age of Modernism," *Journal of the Society of Architectural Historians 53* (September 1994): pp.322-342.

26 Peter Smithson, letter, *RIBA Journal* 59 (1952): pp.140-141. Henry Millon, "Rudolph Wittkower, *Architectural Principles in the Age of Humanism*: Its Influence on the Development and Interpretation of Modern Architecture," *Journal of the Society of Architectural Historians* 31 (1972): p.89 における引用。

27 Wittkower, "Principles of Palladio's Architecture," II, p.103. モダニストの美術史におけるウィットコウアーによる分析手法の議論の全貌に関しては、Payne, "Rudolf Wittkower," を参照のこと。また『ヒューマニズム建築の源流』についての説明は Millon, "Rudolph Wittkower." を参照のこと。

28 Payne, "Rudolf Wittkower," p.325.

29 Wittkower, "Principles of Palladio's Architecture," I, pp.108-109. Palladio, *Quattro libri*, I, chapter 20, p.48［アンドレア・パラーディオ著、桐敷真次郎編著『パラーディオ「建築四書」注解』中央公論美術出版、一九八六年］を引用している。

31 Wittkower, "Principles of Palladio's Architecture," I, p.109.

31 前掲書 pp.109-110.

32 前掲書 p.111.

33 前掲書

34 前掲書

35 前掲書 II p.103.

36 Wittkower, *Architectural Principles*, p.135.〔ウィットコウワー著『ヒューマニズム建築の源流』〕

37 Rowe, *As I Was Saying*, 1: p.47.〔ロウ著『コーリン・ロウは語る』〕における引用。

38 Rudolf Wittkower, "Safety in Numbers," review of R.W. Gardner, *A Primer of Proportion in the Arts of Form and Music* (New York William Helburn, 1945), *Architectural Review* 100, no. 596 (August 1946): p.53.

39 Editors' note, *Architectural Review* 101, no. 603 (March 1947)。表紙のイラストレーションは Fredrick Macody Lund's *Ad Quadratum: A Study of the Geometrical Bases of Classic and Medieval Religious Architecture* (London: Batsford, 1921) から採られている。

40 Colin Rowe, "The Mathematics of the Ideal Villa: Palladio and Le Corbusier Compared," *Architectural Review* 101, no. 603 (March 1947): p.101.〔ロウ著「理想的ヴィラの数学」〕Christopher Wren, Tract I, on architecture, in Christopher Wren, Jr., *Parentalia: or Memoirs of the Family of the Wrens* (London, 1750), pp.351-352 を引用している。リンディア・スーによれば、完全なテキストは以下のとおりである（ここでは、ロウによる省略箇所を鉤括弧で示した）。

美には二つの根拠がある。自然に拠る美と慣習に拠る美である。自然に拠る美は幾何学より生じるものであり、均質性や比例といった不変なるものの属性である。慣習に拠る美は、［通常その他の根拠によってわれわれを楽しませる対象に対するわれわれの感覚の］用から生じる。つまり慣れ親しむこと［もしくは特定の好み］から、もの自体にはなかった愛情が育まれるのである。従って過ちを犯す恐れも多分にあるけれども、［つまり建築家の判断が試されるのであるが、］その真偽は絶えず自然に拠る幾何学の美に照らして［真正に］検証される。幾何学的形態は本来［その他の］不規則な形態より美しい。［それは自然の法則に対する承諾である。幾何学的形態の法則では、］とりわけ正方形と円は最も美しく、平行四辺形と楕円がこれに次ぐ。［直線は曲線よりも美しく、直線の次は一定で幾何学的なたわみである。中ほどに持ち上げられた物体は、沈められたものよりも美しい。位置というのは、美を完成するのに必要なものである。］直線には垂直・水平なる二つの位置のみ［が美しい］。これも自然に由来し、従って必然的なものである。すなわち、直立以外のものは確実でない。［等脚三角形の辺としてパリで答えられたものでなかれば、傾けられた位置は目には馴染まない。］

Wren's "Tracts" on Architecture and Other Writings, ed. Lydia M. Soo (New York: Cambridge University Press, 1998), "Tract 1," p.154 を参照のこと。

41 Wren, "Tract 1," p.153.

42 Rowe, "Mathematics," pp.103-104.［ロウ著「理想的ヴィラの数学」］

43 前掲書 p.100.

44 Erwin Panofsky, "Et in Arcadia Ego': On the Conception of Transience in Poussin and Watteau," in Raymond Klibansky and H.J. Paton, eds., *Philosophy and History: Essays Presented to Ernst Cassirer* (Oxford: Clarendon Press, 1936), pp.223-254.［アーウィン・パノフスキー著、中森義宗他訳『視覚芸術の意味』岩崎美術社、一九七一年］

45 Evelyn Waugh, *Brideshead Revisited: The Sacred and Profane Memories of Captain Charles Ryder* (New York: Little, Brown, 1999) p.21.［イーヴリン・ウォー著、小野寺健訳『回想のブライズヘッド・上』岩波書店、二〇〇九年］

46 前掲書 p.35, 80.

47 Rowe, "Mathematics," p.101［ロウ著「理想的ヴィラの数学」］

48 前掲書 p.104. 挿画 "Harmonic decompositions of the φ rectangle" は Matila Ghyka, *The Geometry of Art and Life* (London: Sheed and Ward, 1946), p.132 から採られている。

49 J.M. Richards, Nikolaus Pevsner, Osbert Lancaster, and Hubert de Cronin Hastings, editorial, *Architectural Review* 101, no. 601 (January 1947): p.36.

50 前掲書 pp.22-23. この時期の『アーキテクチュラル・レヴュー』の都市計画および大衆文化に関する詳細な研究は、すぐれた論考である Erdem Erten, "Shaping 'The Second Half Century': *Architectural Review*, 1947-1971" (PhD diss., Massachusetts Institute of Technology, 2004) を参照のこと。

51 Richards et al., editorial, p.23.

52 前掲書 p.36.

53 前掲書

54 もちろん、エリオットはロウとグリーンバーグ双方にとって重要な参照元であった。ロウにとって、彼は伝統における本質的な根源へと捧げられた立場を表し、曖昧さと困難さの長所と価値にきわめて長けていた。グリーバーグにとって、エリオットは彼の一九五〇年代の最も明快で広範な論考「文化の定義」に対する好敵手であった。だが、エリオットの論考「文化の定義」は、エリート主義で保守的であるにもかかわらず、「キッチュ」としての近代文化生産のグリーンバーグ自身の定義の限界を試すものであった。

55 Rowe, *As I Was Saying*, 1: p.137.〔ロウ著『コーリン・ロウは語る』〕

56 Guido Zuliani, "Evidence of Things Unseen," in Cynthia Davidson, ed., *Tracing Eisenman* (New York: Rizzoli International, 2006), p.319-348.

57 そして、この方法は実際魅力的である。学生のとき、私はコルビュジエによる住宅の平面をすべてひとつずつ描き写し、そのモダニストとしての仕組みを明らかにする隠されたパラーディオ流の構造を見つけ出し、最終的には一九世紀末のマッキム・ミード・アンド・ホワイトによる特定のモダンクラシシズムについての私の卒論にこのアプローチを応用した。それは、一九六五年の出版されていないケンブリッジ大学の卒論である。

58 Editor's comment, *Architectural Review* 107, no. 641 (May 1950), contents page. 理解できることだが、ペヴスナーは彼自身のマニエリスムに関する出版を指摘することを望んでおり、彼の論考"Double Profile: A Reconsideration of the Elizabethan Style as Seen at Wollaton," *Architectural Review* 107, no.639 (March 1950): pp.147-153 に言及しており、そこでは「マニエリスムと中世主義」や「マニエリスムとエリザベス時代」といったテーマを展開していた。「確信していた」で始まる文章は、純粋にロウのものだが、彼はこの要約の写しを書いたことを示している。

59 Anthony Blunt, "Mannerism in Architecture," *Journal of the Royal Institute of British Architects* 56, no. 5 (March 1949): pp.195-200.

60 前掲書 p.197.

61 彼の素材の多くをウィットコウアーのものだとはっきりした表明なしに引いていることにより、レクチャーに続く議論や、聴衆のなかのウィットコウアー自身のコメントを受けて、ブラントが以下のように告白したことは、驚くに値しない。「私はウィットコウアー博士がこの場にいることに気づき大いに動揺したことを白状すべきでしょう。なぜならば、結局のところマニエリスムは彼が発明した、もしくは彼いわく発見したものだからです。ですから、この主題のそうした専門家の目の前でお話しをするということはきわめて動揺することなのです」。("Mannerism," 200)

62 前掲書 pp.198-199.

63 前掲書 p.199.

64 ブラントのトークに対する反応のなかで、マニエリスムを単なる退廃だと見がちな懐疑論者たちの疑問を静めようと努めていたウィットコウアーは、その場の状況からすればとても寛大であったと言えよう。ジョン・サマーソンはソーンをマニエリスムだと特徴づけることに抵抗し、ピーター・スミッソンは、アカデミックな訓練を受けている連中がその時体系を転覆させているにもかかわらず、彼らの本来のアカデミズムといったものを保持しているのではと疑問を呈した。この最後の発言は、一〇年後にバンハムがモダニズムの学術的起源を遡ることを予測していたが、同時にロウによるコルビュジエに見られるマニエリスムの学術的感覚をも先取りしていたように思える。

65 Nikolaus Pevsner, "The Architecture of Mannerism," in Geoffrey Grigson, ed., *The Mint: A Miscellany of Literature, Art and Criticism* (London: Routledge and Sons, 1946), p.116.

66 前掲書 p.117.

67 ペヴスナーは、絵画におけるマニエリスムについては、一九二〇年から一九二六年の間に書かれたドヴォルジャーク、フリートレンダー、パノフスキーそしてもちろん彼自身のものを引用し、建築におけるマニエリスムについては、一九三〇年から一九四三年の間に書かれたパノフスキー、ゴンブリッチ、クーリッジ、ウィットコウアーのものを引用していた。

68 Pevsner, "The Architecture of Mannerism," pp.120-132.

69 前掲書 p.135.

70 前掲書 p.126.

71 前掲書 p.125.

72 Rudolf Wittkower, "Michelangelo's Biblioteca Laurenziana," *Art Bulletin* 16 (1934). Wittkower, *Idea and Image: Studies in the Italian Renaissance* (London: Thames and Hudson, 1978), pp.10-71 にて再録。

73 Wittkower, *Idea and Image*, 8 に対するマーガレット・ウィットコウアーによるまえがき。失われた原稿は、"The Writings of Rudolf Wittkower," in Douglas Fraser, Howard Hibberd, and Milton J. Lewine, eds., *Essays in the History of Architecture Presented to Rudolf Wittkower* (London: Phaidon Press, 1967), p.378, のなかで、"Das Problem der Bewegung innerhalb der manieristischen Architektur,' *Festschrift für Walter Friedländer zum 60. Geburtstag am 10.3.1933* (unpublished typescript), 192 ff." として挙げられている。

74 Wittkower, *Idea and Image*, pp.60-61.

75 前掲書 p.63.

76 前掲書 p.65.

77 前掲書 p.66.

78 前掲書 p.67.

79 Rowe, "Mannerism," p.295.〔ロウ著「マニエリスムと近代建築」〕

80 前掲書

81 前掲書 p.296.

82 前掲書

83 前掲書 p.299.

84 前掲書 p.290.

85 Rowe, *As I Was Saying*, 1: p.136.〔ロウ著『コーリン・ロウは語る』〕

86 Rowe, "Mathematics," p.104.〔ロウ著「理想的ヴィラの数学」〕

87 前掲書 p.104.

88 Colin Rowe, introduction to Arthur Drexler, ed., *Five Architects: Eisenman, Graves, Gwathmey, Hejduk, Meier* (New York: Oxford University Press, 1972), p.5.

89 Colin Rowe, erratum to introduction to *Five Architects*, reprint (New York Oxford University Press, 1975), n.p.

90 Robert Maxwell, "James Stirling: Writings," *Stirling: Writings on Architecture*, ed. Robert Maxwell (Milan: Skira, 1998), p.26 への前書き。〔ジェームズ・スターリング著、ロバート・マクスウェル編、小川守之訳『ジェームズ・スターリング——ブリティッシュ・モダンを駆け抜けた建築家』鹿島出版会、二〇〇〇年〕ここで挙げられているスターリングによるふたつの論考は、"Garches to Jaoul: Le Corbusier as Domestic Architect in 1927 and 1953," *Architectural Review* 118, no. 705 (September 1955): pp.145-151, and "Ronchamp: Le Corbusier's Chapel and the Crisis of Rationalism," *Architectural Review* 119, no. 711 (March 1956): pp.155-161 である。〔それぞれ邦訳書所収のタイトルは「ヴィラ・ガルシュからジャウール邸へ」および「ロンシャン」〕

91 Stirling, "Garches to Jaoul," p.145.〔スターリング著「ヴィラ・ガルシュからジャウール邸へ」〕

92 前掲書 p.151.

93 Colin Rowe, "Chicago Frame," *Architectural Review* 120, no. 718 (November 1956): pp.285-289.〔「シカゴ・フレーム」、ロウ著『マニエリスムと近代建築』〕

94 Stirling, "Ronchamp," p.155.〔スターリング著「ロンシャン」〕

95 前掲書 p.161.

96 James Stirling, "Thesis for the Liverpool School of Architecture" (1950), 1.

97 Colin Rowe, "James Stirling: A Highly Personal and Highly Disjointed Mem-

oir," in Peter Arnell and Ted Bickford, eds., *James Stirling: Buildings and Projects* (New York: Rizzoli, 1984), p.15.

98　この比較もまた、一九七四年の彼の「理想的ヴィラの数学」の再刊に際して遅まきながら認められた。

99　Rowe, "Addendum 1973.〔ロウ著「理想的ヴィラの数学　補遺一九七三年」〕

100　Rowe, "James Stirling," 23.

3　未来派モダニズム——レイナー・バンハム

第三章の各節の初期のヴァージョンは、"Toward a Theory of the Architectural Program," *October* 106 (Fall 2003): pp.59-74; "Still Wired after All These Years?" *Log*, no. 1 (Fall 2003): pp.59-63, および再版された Reyner Banham, *Los Angeles: The Architecture of Four Ecologies* (Berkeley and Los Angeles: University of California Press, 2000), xvii-xxxiii へのまえがきの一部として出版された。

1　Reyner Banham, "A Black Box: The Secret Profession of Architecture," *New Statesman and Society* (12 October 1990): pp.22-25. バンハムは死後二年経って出版されたこの論考において、彼の批評にいつも潜在的にあったある結論に達している。それは、ル・コルビュジエが「エンジニアの美学」と「建築」と表現したものの間に引かれた区別に、本当にあるということであった。その区別は、「設計における根本的な状態の間」、たとえばレンとホークスモアの間にあるものであり、彼は建築家たちが西洋の伝統にある「建築」の限界と本質を理解することを強く願い、それは「より居住性の高い」ものをめざしたより広範な実践の要求に対して建築を開くためであった。このバンハムの最後の論考は、彼の論争的な経歴全般に渡った「建築」の変革の敗北の承認であり、こうした頑強な伝統に対する敬意の表明として、きちんと精査するに値するものである。

2　Nikolaus Pevsner, *Pioneers of the Modern Movement from William Morris to Walter Gropius* (London: Faber and Faber, 1936); 2nd ed. titled *Pioneers of Modern Design from William Morris to Walter Gropius* (New York: Museum of Modern Art, 1949).〔ニコラス・ペヴスナー著、白石博三訳『モダン・デザインの展開——モリスからグロピウスまで』みすず書房、一九五七年〕

3　ペヴスナーの『アーキテクチュラル・レヴュー』との関係をたどるに際して、博士論文 Erdem Erten, "Shaping 'The Second Half Century': *The Architectural Review* 1944-1971" (PhD diss., History and Theory of Architecture, MIT, 2004) が役に立った。この論文の第一部は、ヒューバート・デ・クローニン、J・M・リチャーズ、そしてニコラウス・ペヴスナーのもとに編集者が展開したタウンスケープのプログラムについてあてられている。また後半部分は、近代建築に「人間味を与える試み」の観点から『アーキテクチュラル・レヴュー』の位置づけを図表化している。

4　Nikolaus Pevsner, "C20 Picturesque," *Architectural Review* 115, no. 688 (April 1954): pp.227-229. ペヴスナーが応えていたのは、美術評論家バジル・テイラーが放送していた「英国美術とピクチャレスク」に関する三回のＢＢＣの第三プログラムのトークの三番目に対してであるが、それは過去二〇年の英国建築における「この不完全なヴィジョン」とテイラーが呼んでいたものの影響を告発していた。

5　前掲書 p.228.

6　前掲書 p.229.

7　前掲書

8　A. I. T. Colquhoun, letter to the editors, *Architectural Review* 116, no. 691 (July

1954): p.2.

9　前掲書

10　一九四〇年代においてペヴスナーはペンネームをたびたび使ったが、それはこの雑誌の当時の「作家的」性格を紛らわすためであったことは明らかである。一九四一年の七月から一二月にかぎっても、五つの論考とひとつの評論、ひとつの投書が、「ドナー」と署名されており、もちろんそれはドイツ語で「雷」を意味するのである。ペヴスナーはナチスへの共感ゆえに後日非難を受けるのだが、より興味深いことのひとつは、それがモダニストか、中世化か、新古典かにかかわらず、その非人間的均質性と建物のスケールゆえのヒトラーの建築における美学に対する、痛烈で曖昧さのない批判である。「ナチスにとって、画家と同様建築家も、それらはすべて新古典的装いをした見かけだけの荘厳さを確保するために隠された粗野な本能の秘められた満足感をもたらした。それゆえ、これらの薄められたギリシャのモチーフ、明らかすぎるシンボリズム、使い古された構成はすべて、量塊によるわかりやすい魅力を獲得し、ビーストを視野から隠すための詭弁であった」。Peter F. R. Donner [pseudonym for Nikolaus Pevsner], "Criticism," *Architectural Review* 90, no.539 (November 1941): p.178.

11　編集後記によると、「これらの月ごとの論考は、建築デザインにおける美学的側面について率直なものであった。それらは、近代建築の実践の根拠を当然のように受け取るわけにはいかないという信念に基づいて書かれていた。建築術が要求する美学的根拠の研究のために、実際のデザインとして批評における可能性が今やあると主張されていたのである」。"Editors' note, *Architectural Review* 90, no.536 (August 1941): p.68.

12　Peter F. R. Donner [Nikolaus Pevsner], "Criticism," *Architectural Review* 90, no.536 (August 1941): p.69.

13　前掲書 p.68.

14　前掲書 p.69.

15　前掲書 p.70.

16　前掲書

17　前掲書

18　前掲書

19　前掲書 p.69.

20　Peter F. R. Donner [Nikolaus Pevsner], "Criticism," *Architectural Review* 90, no.538 (October1941): pp.124-126.

21　前掲書 p.124.

22　前掲書〔カウフマン著『ルドゥーからル・コルビュジエまで』〕を引用。

23　前掲書 p.125.

24　前掲書

25　前掲書

26　前掲書

27　Nikolaus Pevsner, "Modern Architecture and the Historian or the Return of Historicism," *Journal of the Royal Institute of British Architects* 68, no.6 (April 1961): pp. 230-260として出版されている。このトークは、一九六一年一月一〇日にＲＩＢＡで行われ、後に"The Return of Historicism," BBC Third Programmeとして一九六一年二月一一日にＢＢＣのラジオ・プログラムにて採用され、Nikolaus Pevsner, *Pevsner on Art and Architecture: The Radio Talks*, ed. Stephen Games (London: Methuen, 2002), pp. 271-278として出版された。

28　Pevsner, "Modern Architecture and the Historian," p.230.

29　前掲書 p.234.

30　前掲書

31　前掲書 p.230.

32 Reyner Banham, "Pevsner's Progress," *Times Literary Supplement* (17 February 1978): pp.191-192. バンハムは、デヴィッド・ワトキンの『モラリティと建築』の評論を行い、ペヴスナーをギーブルズと不適切に比較していることと、ペヴスナーの『近代運動の先駆者たち』の結論における「全体主義」という言葉の使用に対してワトキンが推測したことに関して、激しい憤りを示している。同様にバンハムは、カール・ポパー由来の「歴史主義」という言葉の厳格な定義を採用しようとするワトキンの試みに対してはっきりと反論している。「ペヴスナーによるこの言葉の意味は、いつでも完全に明らかであって、彼が使用する際に論じていること説明するのにより都合のよいものを見出すことは不可能なのであり、歴史研究的手法を説明するための使用を含め、それ以外の意味として作用することはありえないのである」。

33 Pevsner, "Modern Architecture and the Historian," p.238.

34 Reyner Banham, "Architecture after 1960," *Architectural Review* 127, no. 755(January 1960): p.9.

35 John Summerson, "The Case for a Theory of Modern Architecture," *Journal of the Royal Institute of British Architects* 64, no. 8 (June 1957): pp.307-310.

36 Banham, "Architecture after 1960," p.9.

37 Summerson, "The Case for a Theory," p.308.

38 前掲書 p.309 における引用。

39 前掲書

40 前掲書

41 前掲書

42 前掲書 p.310.

43 前掲書

44 Banham, "Architecture after 1960," p.9.

45 Reyner Banham, "Futurism and Modern Architecture," *Journal of the Royal Institute of British Architects* 64, no. 4 (February 1957): p.133.

46 前掲書 p.129.

47 前掲書 p.135.

48 Reyner Banham, *Theory and Design in the First Machine Age* (London: Architectural Press, 1960).〔レイナー・バンハム著、石原達二、増成隆士訳『第一機械時代の理論とデザイン』鹿島出版会、一九七六年〕

49 前掲書 p.220.

50 前掲書 p.222.

51 前掲書 p.304.

52 Banham, response to Pevsner, "Modern Architecture and the Historian," p.238.

53 Reyner Banham, "The History of the Immediate Future," *Journal of the Royal Institute of British Architects* 68, no. 7 (May 1961): p.252. このトークは一九六一年二月七日に行われたが、ペヴスナーのトークからひと月も経っていなかった。

54 Banham, "The History of the Immediate Future," p.252.

55 前掲書 p.255.

56 前掲書 p.256.

57 前掲書 p.257.

58 前掲書

59 『アーキテクチュラル・レヴュー』の「一九六〇年以降の建築」のシリーズには、Reyner Banham, "Architecture after 1960," *Architectural Review* 127, no. 755 (January 1960): pp.9-10; Reyner Banham, "Stocktaking," 127, no.756 (February 1960); A. C. Brothers, M. E. Drummond, and R. Llewelyn-Davies, "The Science Side: Weapons Systems, Computers, Human Sciences," 127, no. 757 (March 196o); pp.188-190; "The Future of Universal Man Symposium with Anthony Cox, Gordon

Graham, Lawrence Alloway," 127, no.758 (April 1960): pp.253-260; Reyner Banham, ed., "History under Revision," with "Questionnaire, Masterpieces of the Modern Movement," and Reyner Banham, "History and Psychiatry," 127, no. 759 (May 1960): pp.325-332: "Propositions," with J. M. Richards, Nikolaus Pevsner, Hugh Casson, and H. de C. Hastings, sidebar notes by Banham, 127, no. 760 (June 1960): pp.381-388. といった論考があった。〔バンハムによる "Stocktaking," の訳は、邦題「在庫品調査」としてレイナー・バンハム著、岸和郎訳『建築とポップ・カルチュア』(鹿島出版会、一九八三年)所収〕

60 Reyner Banham, "School at Hunstanton," *Architectural Review* 116, no.693 (August 1954): p.153

61 Banham, "Stocktaking," p.93.〔バンハム「在庫品調査」〕。強調は本人による。

62 前掲書

63 前掲書 p.94.

64 前掲書 pp.95-96.

65 Brothers, Drummond, and Llewelyn-Davies, "The Science Side."

66 前掲書 p.188.

67 バンハムによる前掲書 p.188 における編集記。

68 バンハムによる前掲書 p.184 における編集記。

69 バンハムによる前掲書における編集記。

70 バンハムによる前掲書 pp.185-186 における編集記。

71 バンハムによる前掲書 p.188 における編集記。バンハムは、「人と環境との精神生理学的関係のほとんどの部分は、神秘主義者にではなく数学者にかかっているようだ」と結論づけている。

72 Pevsner, "Propositions," p.383.

73 前掲書 pp.386-387.

74 Banham, Theory and Design, p.329〔バンハム著『第一機械時代の理論とデザイン』〕

75 Reyner Banham, "A Clip-on Architecture," Architectural Design 35, no.11 (November 1965): pp.534-535.

76 前掲書 p.535.

77 前掲書

78 バンハムが、「もうひとつの建築」という言葉を初めて使ったのは、彼の論考 "The New Brutalism," *Architectural Review* 118, no.708 (December 1955): p.361 においてである。この言葉の元となったもの可能性についての評論は、Nigel Whiteley, *Reyner Banham: Historian of the Immediate Future* (Cambridge: MIT Press, 2002). Pp.118-122 を参照のこと。

79 Banham, "Clip-on," p.535.

80 前掲書

81 Reyner Banham, "A Comment from Peter Reyner Banham," in Peter Cook, ed., *Archigram* (Basel: Birkhaüser, 1972), p.5.

82 Banham, "The New Brutalism," p.358. 彼の技術的未来主義との関係におけるバンハムのイメージ理論についてのもっともすぐれた分析は、Jonathan Farnham, "Vero pop per gente d'oggi: Reyner Banham, storia a fantascienza / Pure Pop for Now People: Reyner Banham, Science Fiction and History," *Lotus* 104 (1977): pp.111-131. ファーンハムは、バンハムの「近未来の歴史」の考えを、一九五〇年代のSF小説やコミックの点から研究している。

83 Banham, "The New Brutalism." p.358.

84 前掲書 p.361.

85 前掲書

86 前掲書

87 Reyner Banham, *A Critic Writes: Essays by Reyner Banham*, selected by Mary

Banham, Paul Barker, Sutherland Lyall, and Cedric Price (Berkeley: University of California Press, 1996), pp.382-383.

88　Reyner Banham, "This Is Tomorrow Exhibit," *Architectural Review* 120, no.716 (September 1956): p.188.

89　前掲書

90　前掲書

91　マンフレッド・タフーリが記しているように、これらふたつは実際すぐに公の場で文字通り一体となった。「彼らのデザインは、ネオリバティの成果にいまだ閉ざされていた市場を征服した。デュシャンへのアピールによって正当化された彼らによる冒涜は、一九七二年にニューヨーク近代美術館でエミリオ・アンバースが主催した展覧会Italy. The New Domestic Landscapeにおいて、最終的に国際的認知を得た。Manfredo Tafuri, *History of Italian Architecture, 1944-1985*, trans. Jessica Levine (Cambridge: MIT Press, 1989), p.99.

92　著者のマーク・ウィグリーとの対話による。

93　Reyner Banham, *The Architecture of the Well-Tempered Environment* (London: Architectural Press, 1969), 257.〔レイナー・バンハム著、堀江悟郎訳『環境としての建築――建築デザインと環境技術』鹿島出版会、一九八一年〕

94　前掲書p.11.

95　前掲書p.265.

96　Reyner Banham, *Los Angeles: The Architecture of Four Ecologies* (London: Penguin Books, 1971), p.21.

97　David Gebhard and Robert Winter, *A Guide to Architecture in Southern California* (Los Angeles: Los Angeles County Museum of Art, 1965). バンハムはこの本を、「建築ガイドブックの古典的な模範であり、くわしい情報があり、正確で、明快で、地図も優れており、ポケットサイズである」としている。

98　Francis Carney, "Schlockology," review of *Los Angeles: The Architecture of Four Ecologies*, by Reyner Banham, *New York Review of Books*, 1 June 1972.

99　Banham, *Los Angeles*, 21.

100　建築が「トラッド（伝統的）」か「非トラッド」かという検証は、Sir Basil Spence's rebuilt Coventry Cathedral, in "Coventry Cathedral — Strictly 'Trad, Dad,'" *New Statesman* 63 (25 May 1962): pp.768-769に対するバンハムの批評において始められた。伝統に関する議論は、ロンドンの建築家協会における一九六三年のスタンフォード・アンダーソンのレクチャーによって採り上げられた。Stanford Anderson, "Architecture and Tradition that Isn't 'Trad, Dad,'" in Marcus Whiffen, ed., *The History, Theory and Criticism of Architecture* (Cambridge: MIT Press, 1964)を参照のこと。

101　「リスナー」における四篇は、Reyner Banham, "Encounter with Sunset Boulevard," *The Listener* 80 (22 August 1968): pp.235-236; "Roadscape with Rusting Rails" (29 August 1968): pp.267-268; "Beverly Hills, Too, Is a Ghetto" (5 September 1968): pp.296-298; "The Art of Doing Your Thing" (12 September 1968): pp.330-331.

102　Banham, "Roadscape with Rusting Rails," p.268.

103　Banham, "Beverly Hills, Too, Is a Ghetto," p.296.

104　前掲書p.298.

105　Banham, "The Art of Doing Your Thing," p.331.

106　Reyner Banham, "LA: The Structure behind the Scene," *Architectural Design* 41 (April 1971): pp.227-230.

107　この展覧会とポップ・ムーブメントに関する説明については、Lawrence Alloway et al., *Modern Dreams: The Rise and Fall of Pop* (London: Institute of Contemporary Art, 1988)を参照のこと。

108　Banham, *Theory and Design*, p.220.〔バンハム著『第一機械時代の理論とデ

ザイン』〕

109 前掲書 p.222-223.

110 前掲書 p.13.

111 Anton Wagner, Los Angeles: *Werden, Leben und Gestalt de Zweimillionstadt in Sudkalifornien* (Leipzig: Bibliographisches Institut, 1935). *Los Angeles: The Development, Life, and Form of the Southern Californian Metropolis* とのタイトルを持つガブリエル・O・ローゼンフィールドによるこの本の原稿翻訳は、一九九七年、ロサンゼルスの the Getty Research Institute in the History of Art and the Humanities の依頼によるものである。ここでの引用はその翻訳からのものである。伯父が一九七八年からサンタ・モニカに住み始めたヴァグナーは、この話題に関する研究をライプチッヒ大学の彼のアドバイザーである都市地理学者O・シュナイダーによって指導されていたが、彼自身"Traces of Spanish Colonization in the American Landscape" (*Spuren spanischer Kolonisieren in US-amerikanischen Landschaften* [Berlin, 1928]) に研究を発表していた。

112 Wagner, *Los Angeles: The Development, Life, and Form of the Southern California Metropolis*, 1.

113 前掲書 p.7.

114 前掲書 p.6.

115 前掲書 p.207.

116 前掲書 p.166.

117 前掲書 p.168, 169, 172.

118 前掲書 p.207.

119 Banham, *Los Angeles*. p.247.

120 Banham, "LA: The Structure behind the Scene," p.227.

121 Banham, *Los Angeles*. p.23.

122 Reyner Banham, *Scenes in America Deserta* (Salt Lake City: Gibbs M. Smith, 1982).

123 Banham, "The New Brutalism," p.355.

4 ルネサンス・モダニズム——マンフレッド・タフーリ

第四章の一部の最初のヴァージョンは、"Disenchanted Histories: The Legacies of Manfredo Tafuri," *ANY* 25/26 (2000): pp.29-36 として発表されている。

1 Manfredo Tafuri, *Teorie e storia dell'architettura*, 2d ed. (1968; Bari: Edizioni Laterza, 1970), p.165.〔マンフレッド・タフーリ著、八束はじめ訳『建築のテオリア——あるいは史的空間の回復』朝日出版社、一九八五年〕ここでの〔原著での〕翻訳は、同書の英語版 Manfredo Tafuri, *Theories and History of Architecture*, ed. Dennis Sharp, trans. Giorgio Verrecchia (London: Granada, 1980), p.141 から、多少修正を施している。

2 Tafuri, *Theories and History*, p.149.〔タフーリ著『建築のテオリア』〕

3 Manfredo Tafuri and Massimo Teodori, letter in "Un dibattito sull'architettura e l'urbanistica italiane: Lettere di studenti," *Casabella* 214 (July 1960), p.56.

4 前掲書

5 Manfredo Tafuri, "La prima strada di Roma moderna: Via Nazionale," *Urbanistica* 27 (June 1959): pp.95-109.

6 Giorgio Piccinato and Manfredo Tafuri, "Helsinki," *Urbanistica* 33 (April 1961): pp.88-104.

7 Manfredo Tafuri, with Salvatore Dierna, Lidia Soprani, Giorgio Testa, and Alessandro Urbani, "L'ampliamento barocco del commune di S. Gregorio da Sassola," *Quaderni dell'Istituto di Storia dell'Architettura* (Facoltà di Architetturà, Universita di

Roma) 31 (1961): pp.360-380.

8 Giorgio Ciucci, "The Formative Years," in "The Historical Project of Manfredo Tafuri," special issue, *Casabella* 619/620 (January-February 1995): pp.13-25. この論考は、タフーリに関する『カサベラ』のこの合併号を構成するもののなかで最もすぐれているが、一九五〇年代から一九六八年にいたるタフーリの知的経歴および影響について詳細にたどっている。タフーリによるローマの都市計画に関する論考としては、以下のものがある。"Il problema dei parchi pubblici in Roma e l'azione di 'Italia Nostra,'" *Urbanistica* 34 (Summer 1961): pp.105-111; "Studi e ipotesi di lavoro per il sistema direzionale di Roma," *Casabella* 264 (June 1962): pp.27-35; "Un'ipotesi per la città-territorio di Roma. Strutture produttive e direzionali nel comprensorio Pontino" (with Enrico Fattinnanzi for the studio AUA), *Casabella* 274 (April 1963): pp.26-37. これらはみな、大規模都市計画に対するこうした分析的アプローチを共有している。「近代運動に関する今日の歴史上の時間というのは、その批判的および操作的テーマを広げようという努力によって特徴づけられているのは確かである。都市計画のまさにその方法における新しい局面に応答する、都市空間の新しい局面の規定をめざして」とタフーリは書いている。Tafuri, "Studi e ipotesi," p.27.

9 Tafuri et al., "L'ampliamento barocco," p.369.

10 Jean-Louis Cohen, "Ceci n'est pas une histoire," special issue on Tafuri, *Casabella* 619-620 (1995): p.53.

11 Manfredo Tafuri with Lidia Sopriani, "Problemi di critica e problemi di datazione in due monumenti taorminesi: Il Palazzo dei Duchi di S. Stefano e la 'Badia Vecchia,'" *Quaderni dell'Istituto di Storia dell'Architettura* 51 (1962): pp.1-13.

12 前掲書 p.4.

13 前掲書

14 前掲書 p.1 また Ciucci, "The Formative Years," p.17 において英語で引用されている。ここでの翻訳は多少修正している。

15 Manfredo Tafuri, *Ludovico Quaroni e lo sviluppo dell'architettura moderna in Italia* (Milan: Edizioni di Comunita, 1963).

16 Manfredo Tafuri, "Ludovico Quaroni e la cultura architettonica italiana," *Zodiac* 11 (1963): p.133. この論考は同年出版された本 Tafuri, *Ludovico Quaroni* の序論ともなっている。

17 Tafuri, "Ludovico Quaroni," p.137.

18 前掲書

19 タフーリは、Edoardo Persico, "Sull'arte italiana," first published in 1930, and republished in Persico, *Scritti critici e polemici*, ed. Alfonso Gatto (Milan: Rosa e Ballo, 1947). pp.311-313; and Giulio Carlo Argan, "Architettura e ideologia," *Zodiac* 1 (1957): pp.49-51, reprinted in Argan, *Progetto e destino* (Milan: Mondadori, 1965), pp.82-90 の論争的な断片を引用している。

20 Argan, "Architettura e ideologia," cited by Tafuri in "Ludovico Quaroni," p.144; also in *Progetto e destino*, p.90.

21 Manfredo Tafuri, "Architettura e socialismo nel pensiero di William Morris," *Casabella* 280 (October 1963): pp.35-39.

22 前掲書 p.35. 傍点は原著による。

23 前掲書

24 Manfredo Tafuri, "For a Historical History," interview with Pietro Corsi, special issue on Tafuri, *Casabella* 619/620 (1995): p.147. *La Rivista dei Libri* (April 1994) からの再版。

25 Manfredo Tafuri, "Un 'fuoco' urbano della Roma barocca," *Quaderni dell'Istituto di Storia dell'Architettura* 61 (1964): pp.1-20.

26 タフーリは、"Borromini in Palazzo Carpegna: Documenti inediti e ipotesi

critiche," *Quaderni dell'Istituto di Storia dell'Architettura* (1967): pp.85-107 において、都市の文脈と建築言語の相互作用についての分析を展開している。

27　Tafuri, "Un 'fuoco,'" p.16.

28　前掲書 p.17.

29　Manfredo Tafuri, "Simbolo e ideologia nell'architettura dell'Illuminismo," *Comunità* 124/125 (November-December 1964): pp.68-80; "'Architectura artificialis': Claude Perrault, Sir Christopher Wren e il dibatto sul linguaggio architettonico," in *Barocco europeo, barocco italiano, barocco salentino* (*Atti del Congresso Internazionale sul Barocco, Lecce, 21-24 settembre, 1969*) (*Lecce: L'Orsa Maggiore*, 1969), pp.374-398.

30　Manfredo Tafuri, "L'idea di architettura nella letteratura teorica del manierismo," and "J. Barozzi da Vignola e la crisi del manierismo a Roma," *Bollettino del C.I.S.A Andrea Palladio* 9 (1967): pp.369-384, 385-399. Tafuri's *L'architettura del manierismo nel '500 europeo* (Rome: Officina, 1966)．後に単純化されすぎた分析および結論であると彼が感じたために否定されることになる本にこれらの論考を再録していた。

31　Tafuri, "L'idea di architettura," p.369.

32　Manfredo Tafuri, *Interpreting the Renaissance: Princes, Cities, Architects*, trans. Daniel Sherer, foreword by K. Michael Hays (New Haven: Yale University Press, 2006), xxvii.

33　一九六四年にクランブルック・アカデミー・オブ・アートで開催された「建築の歴史、理論および批評」に関するＡＩＡ－ＡＣＳＡ教員セミナーの記録は Marcus Whiffen, ed., *The History, Theory and Criticism of Architecture* (Cambridge: MIT Press, 1965) に収録されている。

34　Bruno Zevi, "History as a Method of Teaching Architecture," in Whiffen, ed., *The History, Theory and Criticism of Architecture*, pp.11-21.

35　Reyner Banham, "Convenient Benches and Handy Hooks: Functional Considerations in the Criticism of the Art of Architecture," in Whiffen, ed., *The History, Theory and Criticism of Architecture*, p.93.

36　前掲書 p.96 における引用。

37　前掲書 pp.96-97.

38　Tafuri, *Theories and History*, 19.〔タフーリ著『建築のテオリア』〕筆者による翻訳。

39　前掲書 p.24.

40　前掲書

41　前掲書 p.25.『建築のテオリア』の英訳は一貫して信頼できない。多くのもののなかでこの文章のなかのひとつの例を挙げると、ipocrasie を disappointments と訳している。

42　前掲書 p.27.

43　前掲書 p.34.

44　Karl Marx, *The Eighteenth Brumaire of Louis Bonaparte*.〔カール・マルクス著、植村邦彦訳『ルイ・ボナパルトのブリュメール18日』平凡社、二〇〇八年〕Tafuri, *Teorie e storia*, p.39.〔タフーリ著『建築のテオリア』〕における引用。

45　Sergio Bettini, "Critica semantica e continuità storica dell'architettura europea," *Zodiac* 2 (1958): p.7.

46　前掲書 p.12, Tafuri, *Teorie e storia*, p.209.〔タフーリ著『建築のテオリア』〕における引用。

47　Tafuri, T*eorie e storia*, p.208.〔タフーリ著『建築のテオリア』〕

48　Friedrich Nietzsche, *Untimely Meditations*, trans. R. J. Hollingdale (Cambridge: Cambridge University Press, 1983), p.76.〔フリードリッヒ・ニーチェ著、小倉志祥訳『ニーチェ全集〈4〉反時代的考察』ちくま学芸文庫、一九九三年〕

49　Manfredo Tafuri, "Per una critica dell'ideologia architettonica," *Contropiano* 1 (January-April 1969): 31-79: translated by Stephen Sartorelli as "Toward a Critique of Architectural Ideology," in K. Michael Hays, ed., *Architecture Theory since 1968* (Cambridge: MIT Press, 1998), pp.6-35.

50　Tafuri, *Teorie e storia*, 3.〔タフーリ著『建築のテオリア』〕第二版への序。

51　Manfredo Tafuri, *Architecture and Utopia: Design and Capitalist Development* (Cambridge: MIT Press, 1976), viii.〔マンフレッド・タフーリ著、藤井博巳、峰尾雅彦訳『建築神話の崩壊――資本主義社会の発展と計画の思想』彰国社、一九八一年〕

52　前掲書 ix-x.

53　Jean Le Rond d'Alembert, *Discours préliminaire de L' 'Encyclopédie'* (1750) (Paris: Editions Gonthier, 1965), p.39.〔ディドロ、ダランベール編、桑原武夫訳『百科全書――序論および代表項目』岩波文庫、一九九五年〕

54　Nikolaus Pevsner, *An Outline of European Architecture* (1943; New York: Charles Scribner's Sons, 1948), xix.〔ニコラウス・ペヴスナー著、小林文次、竹本碧、山口廣訳『ヨーロッパ建築序説』彰国社、一九八九年〕

55　Tafuri, "Per una critica dell'ideologia architettonica," *Contropiano* 1, *Casabella* 619/620, p.31 における引用。この文章は *Progetto e utopia* (Bari: Laterza, 1973) では修正されていない。

56　Tafuri, "Toward a Critique of Architectural Ideology," 27. Tafuri, *Architecture and Utopia: Design and Capitalist Development*, trans. Barbara Luigia La Penta (Cambridge: MIT Press, 1976), p.131.〔タフーリ著『建築神話の崩壊』〕も参照のこと。ここで、また『建築のテオリア』においても、angoscia は anguish と訳されているが、それはタフーリの anxiety よりもよりロマン主義で個人主義的な感情主義を仄めかしているが、タフーリのものはマルクス主義の疎外の概念、およびフロイトによる近代の神経症としての不安の構築と意図的な関係があるのである。

57　Tafuri, *Interpreting the Renaissance*, xxviii. イタリア語版 Ricerca del Rinascimento (Turin: Einaudi, 1992) から重要な言葉を付け加えている。

58　前掲書

59　前掲書 xxix.

60　前掲書

61　前掲書

62　Manfredo Tafuri, "A Search for Paradigms: Project, Truth, Artifice," trans. Daniel Sherer, *Assemblage* 28 (December 1995): p.47. これは『ルネサンス研究』の序文のシェラーによる翻訳の最初のヴァージョンであるが、英訳の the Renaissance, xxvii よりも原著のイタリア語に近いものである。

63　Tafuri, *Theories and History of Architecture*, pp.7-8.〔タフーリ著『建築のテオリア』〕

64　Manfredo Tafuri, *Venice and the Renaissance* (Cambridge: MIT Press, 1989), x.

65　Tafuri, *Interpreting the Renaissance*, xxviii.

66　Lawrence A. Scaff, *Fleeing the Iron Cage: Culture, Politics, and Modernity in the Thought of Max Weber* (Berkeley: University of California Press, 1989), p.224. における、マックス・ウェーバーの引用。

67　Tafuri, *Theories and History*, p.156.

68　Max Weber, "Science as a Vocation," in Peter Lassman and Irving Velody, eds., *Max Weber's 'Science as a Vocation'* (London: Unwin Hyman, 1989), p.30.〔マックス・ウェーバー著、尾高邦雄訳『職業としての学問』岩波書店、一九九三年〕

69　Manfredo Tafuri, "Entretien avec Françoise Véry," *Architecture, Mouvement, Continuité* 39 (June 1976): p.37.

70　Alberto Asor Rosa, "Critique of Ideology and Historical Practice," special issue on Tafuri, *Casabella* 619/620 (1995): p.33. 彼は記している。「『コントロピアノ』誌時代のタフーリの仕事は、学問的に理解されるあらゆる人間的原理の基礎となる価値と黙認の仕組みにおいて、『完全なる解放』、いまだより全体的な離別の感覚とともに生み出されていた」。前掲書。

5　ポストモダンもしくはポストヒストリー?

1　Antoine-Augustin Cournot, *Traité de l'enchainement des idées fondamentales dans les sciences et dans l'histoire, 2 vols.* (Paris: Hachette, 1861) を参照のこと。クールノーの歴史理論に関する明快な記述は、Raphaël Lévêque, *L' "Elément historique" dans la connaissance humaine d'aprés Cournot* (Paris: Les Belles Lettres, 1938) を参照のこと。レヴェックは、(クールノーに関する学位論文を書いた *L 'humanité de l'avenir d'après Cournot* [Paris: Félix Alcan, 1930]) レイモンド・ルーヤーとともに、一九四五年以降にアーノルド・ゲーレンやヘンドリック・ド・マンにその仕事が影響を与えた、第二次世界大戦前の多くの「新生気論者たち」のひとりである。

2　未発表の原稿 Hendrick de Man "The Age of Doom" (1950), published in Peter Dodge, *A Documentary Study of Hendrick de Man, Socialist Critic of Marxism* (Princeton: Princeton University Press, 1979), pp.345.

3　Gianni Vattimo, *End of Modernity: Nihilism and Hermeneutics in Postmodern Culture* (Baltimore: Johns Hopkins University Press, 1991), pp.7-8.

4　前掲書 p.11.

訳者あとがき

本書は、Anthony Vidler, *Histories of the Immediate Present: Inventing Architectural Modernism*, The MIT Press, 2008の全訳である。本文でも訳注として記したように（ix）、この原題を直訳すると『近現代の歴史――建築におけるモダニズムの発明』となるが、そのままでは流通させるのは難しいと判断し、副題を元にして邦訳の書名とすることにした。とはいうもののmodernという英語は、近代建築のみならず現代建築を指すこともあるなど、英語と日本語とで、また研究者によって時代的範囲が異なるため、最終的に『20世紀建築の発明』としている。

著者であるアンソニー・ヴィドラー（一九四一年生まれ）は、世界的に高名な建築批評家、建築史家であり、主著のうち『不気味な建築』（大島哲蔵、道家洋訳、鹿島出版会、一九九八年）および、『歪んだ建築空間――現代文化と不安の表象』（中村敏男訳、青土社、二〇〇六年）の二冊がすでに翻訳出版されているため、日本でもすでに馴染みの深い論客であり、一定数の読者がいることだろう。一方で、これらが、あるモチーフに沿いながらも、さまざまな論考を集めたアンソロジーであるのに対し、この『20世紀建築の発明』は、前世紀に建築史家が果たした役割について書かれた、あるまとまった本である。未邦訳のヴィドラーの初期の二冊が、啓蒙期の建築家を扱った本と、ルドゥーを扱った本であることから、本書はヴィドラーの経歴全般に渡る関心の集大成とも言える。ヴィドラーはこれまでも読まれていたとしても、彼の探究の核とも言える部分を今回はじめて日本に紹介できることは、意味のあることだと考えている。

ヴィドラーの経歴は、『歪んだ建築空間』の訳者である中村敏男氏が同書のあとがきに記したものがくわしい。興味ある方はそちらを参考にしていただきたい。現在は、ジョン・ヘイダックが名物校長を務めていたことで知られ、一時期ニューヨークの建築教育におけるホット・スポットであったクーパー・ユニオン建築学校で校長を務めている。また、本書の後には、二〇一〇年にジェームズ・スターリングの研究書 *James Frazer Stirling : Notes from the Archive*, CCA, YCBA and Yale University press を出している。

一般的に訳者あとがきでは、その本の解題的説明が期待されているが、この本の意図や経緯に関してはヴィドラー自身がまえがきや、イントロダクションにて説明しているので、ここで繰り返す必要はないだろう。

さて、この本の主要な登場人物である四人の建築史家について、簡単に説明しておこう。

エミール・カウフマンは、一八九一年にウィーンで生まれた建築史家であるが、本書のなかでも書かれているように不遇のうちにその生涯を閉じている。ウィーンでは一九世紀後半から非常に充実した美術史研究が行われ、多くの優れた美術史家を輩出した。カウフマンは、そうした一連の美術家の最後の世代に属する。忘れ去られていたフランス一八世紀末の建築家ルドゥーやブレーを歴史から掘り起こし、また彼らを近代建築に結び付けたカウフマンの仕事は、その重要性が今日確認されている。しかし、日本では長らくこうした内容を受容する状態になかったと言え、カウフマンの一連の著書の邦訳が歴史家白井秀和氏によってなされるのは、刊行後半世紀以上経ってのことであった。とは言うものの、翻訳という行為が同時代になされると、充分な準備や理解を欠き、後年読者や研究者に迷惑を及ぼすことが多々ある（拙訳もそうした一冊にならないことを望むばかりであるが）。その点カウフマンの本の邦訳は、専門の研究者による丁寧な仕事のため、そうした事態から免れている。

カウフマンの生涯については、主著でありこの本でも繰り返し言及されている『ルドゥーからル・コルビュジエまで――自律的建築の起源と展開』（中央公論美術出版、一九九二年）の、白井氏による訳者付論「エミール・カウフマンについて」にくわしい。アイゼンマンによる本書の序文でも強調されているように、四人の歴史家のなかでヴィドラーが最も思い入れを持っている歴史家だと言ってさしつかえないだろう。

一九二〇年にイギリスに生まれたコーリン・ロウは、リヴァプール大学にて建築を学び、その後同大学、テキサス大学で教べんをとったのち、ケンブリッジ大学での教え子が、アンソニー・ヴィドラーであった。ちなみに、ヴィドラーは、ケンブリッジでピーター・アイゼンマンにも指導を受けており、一方アイゼンマンはロウにジュゼッペ・テラーニの建築の魅力を教わり、それはアイゼンマンの生涯に渡る形態分析の試みの端緒となった。アイゼンマンは先にアメリカに戻り、後日ロウとケネス・フランプトンをプリンストン大学に呼び寄せる。ロウはコーネル大学に一九六二年に移り、その後一九九〇年まで同校で教える。一九九九年にアメリカにて没した。

コーリン・ロウの業績は、大まかには三つにまとめることができる。それはモダニズム研究、都市研究、イタリアのルネサンスを中心とした歴史の研究である。それらは、それぞれ、『マニエリスムと近代建築』、『コラージュ・シティ』、『イタリア十六世紀の建築』（稲川直樹訳、六耀社、二〇〇六年）の三冊の著書に対応しているが、日本ではとくに『マニエリスムと近代建築』がよく読まれていると言えよう。同書は九篇のテキストが集められた論考集であり、本書でも言及されている「理想的ヴィラの数学」と「マニエリスムと近代建築」もよく知られているものの、とくに日本で影響力を持ったのは「透明性——虚と実」である。「理想的ヴィラの数学」と「マニエリスムと近代建築」は、歴史から断絶したと思われていたモダニズム建築に、実は歴史的建築と通底する構造があることを暴き出したが（それはカウフマンの『ルドゥーからル・コルビュジエまで』と似た構造であるし、また本書のヴィドラーの問いのひとつでもある）、そのいくぶんスキャンダラスなエピソードは流布したものの、自分たちの問題としては受け取る素地がなかった。日本では、いまだに歴史は一部の専門家のものであり、さもなければ趣味の範囲で参照されるものである。近現代建築と歴史の関係を探ることが、ヴィドラーの本書での一番の問題提起なのだが、そうした日本の状況は今後改善される可能性はあるのだろうか。

レイナー・バンハム（一九二二〜一九八八年）は、多くの歴史家が大学に籍を置き、アカデミズムのある領域のなかで活動をすることに比べると、終世在野の人であることを好んでいた。若き日には、アンソニー・ブラント、ジークフリート・ギーディオン、ニコラウス・ペヴスナーなど、錚々たる批評家、歴史家に教えを受け、学位論文として書かれバンハムの名を広く知らしめた『第一機械時代の理論とデザイン』は、モダニズムの建築についての大部の研究書である。だが、バンハムが生涯のうちに生産したテキストの多くは、学術論文としてではなく、一般誌等に発表された。ヴィドラーが付けた本書のタイトル Histories of the Immediate Present は、バンハムの Histories of the Immediate Future というテキストに範をとったものであることは明らかである。他の三人が本格的な研究者であることからすると、バンハムは少し格が落ちるというイメージを持たれうるが、この書名の緩用という点からも、ヴィドラーがバンハムに抱いている親近感がうかがい知れる。

バンハムは、『第一機械時代の理論とデザイン』のなかで、未来派を歴史のなかに新しく位置づけたが、五〇年代ロンドンのインディペンデント・グループという前衛集団と親密に付き合い、続くアーキグラムの最大の理解者となり代弁者となった。また、『環境としての建築』という、昨今のトレンドである環境配慮型建築についての先駆けとなる書物をものしている。

一九三五年にローマに生まれたマンフレッド・タフーリは、難解な理論と難渋な文章との評判が定着している。また、本書でヴィドラーも苦言を呈しているように、翻訳をすることが難しい、有名であるほどには、その理論等が広く理解されていない。日本においても、『建築神話の崩壊』、『建築のテオリア』、『球と迷宮』等の主著が翻訳され、『a+u』、『10+1』などにもいくつかのテキストが翻訳されているものの、ロウやバンハムのようには、気軽に話題にはしにくい存在となってしまっている（残念ながら翻訳書は、いずれも今日では入手困難）。

本書では、歴史とは何か、歴史家とは何かという命題が、主題のひとつとして繰り返し浮上するが、タフーリこそが、歴史とは何か、歴史研究とはどのような行為なのかを問いかけた人物である。それは、タフーリの著書『球と迷宮』の序「歴史という計画=企画」や『建築のテオリア』の第五章「操作的批評」などでくわしく論じられている。また、タフーリは、ヴァイマール期のドイツやソヴィエトの例を取り上げ、社会構造を計画する行為と都市との関係を問題としていたが、従来の社会構造が制度疲労を起こし、政治や公共の問題が浮上している現在こそ、タフーリの再読によって発見されることがあるのではないだろうか。

ヴィドラーは、ロウ、タフーリ、アイゼンマンをはじめとする、同時代の建築界における知識人たちとの深い交流があり、そうしたある時代の建築界の知的ネットワークの最後の生き証人だともいえる。そのような濃密な人びとのつながりが、建築の知的言説をあるレベルに押し上げていた時代があった。その水脈は、現在ではかなり細くなってしまった。

本書に出てくる自律性の議論は、カントなども出てくるあたりで身構えてしまう読者も多いだろう。しかしカントが今日においても欧米の思想の基礎であり続けているように、ヨーロッパの建築に底流する自律性を巡る感覚を理解していないと、この国と欧米の建築シーンの違いを基本的なところで理解しないまま、先方の潮流に影響を受けつつも、しかしいつまでもその間にあるギャップの存在に悩み続けることになる。

そして歴史的重要性のみならず、アイゼンマンの序文にもあるように、自律性の概念は、当人たちがどれだけ意識的かはさておき、ここ数十年、欧米で活況のパラメトリック・デザインとも並行している。のみならず、アイコニック・アーキテクチュア、ミニマリズム、スターキテクトなど、ここ最近のトピックは、みな自律性の点から再読できるほどだ。

一方で、社会学などの領域では、他律的な道徳から自律的な倫理へという議論がある。日本では戦後、他律的な社会から、民主主義的な個人主義へと変換が行われた。現在の日本の建築家は、作品主義という意味では自律的だが、日本の建築界のなかで考えているという点で他律的である。本書から派生して、そうしたことを考えるのは、読者諸氏に課された宿題かもしれない。

今年の初め、翻訳の終盤の推敲の段階で、偶然にもピーター・アイゼンマン氏にお会いすることがかない、ご案内した東京国立博物館法隆寺宝物館(谷口吉生設計)のカフェで、本書冒頭の氏のテキストについて伺うことができた。旅先の時間の多くを奪ってはいけないと思い、前もって用意していた質問をふたつだけした。それは氏の序文のタイトルとdisciplineという単語についてであった。

[BRACKET]ING HISTORYは、あえて訳せば、「歴史の(括弧)入れ」となるが、それでは一読して何のことだかわからないし、アイゼンマン氏からは、タイトル自身が二重の意味を持つ構造をもつのだから、日本語にせずこのままにするようにと強く求められた。ちなみにbracketingとは現象学の用語でもあり、そこではエポケー、判断停止、括弧入れとの定訳がある(本書では、基本的に括弧入れと訳している)。自明に思えること、ある信憑があるものでも、いったん疑ってかかり、そのもの自身を見ようとする態度を言う。本書の文脈で言えば、歴史的物語をいったん保留し、建物そのものに肉薄するといった意味などで用いられる。

disciplineは通常「規律」と訳されるが、本書では「(研究)領域」との訳を与えている。この語は、タフーリのテキストにもよく出てくる単語であって、私も「規律」ではなく「(研究)領域」のことだと気付いたのは、八束はじめ氏によるタフーリの翻訳の注にそう書かれていたからであった。アイゼンマン氏に、「この場合は、研究／学問領域のことだろうが、規律のニュアンスも含まれているのか」と訊いたところ、「研究／学問領域の意味だけで、規律の意味ではない。デリダであって、フーコーのpunishmentではないよ」と即答された。

Bracketingとdisciplineは、ともにこの本全体のキーワードでもあり、アイゼンマン氏に相談できたことで、彼のテキストのみならず、この本全体の見通しがよくなった。氏にはあらためて感謝申し上げたい。

その場には、アイゼンマンのパートナーである、シンシア・デイヴィッドソンも同席していた。彼女は、Ａｎｙ会議のシリーズをまとめた名編集者であり、現在『Ｌｏｇ』という建築理論誌を年に三冊のペースで発行している。また「writing architecture」という建築叢書のシリーズを手掛けていて、そのラインナップには、柄谷行人の『隠喩としての建築』をはじめ、ベルナール・カッシュ、ジョン・ライクマン、イグナシ・デ・ソラ＝モラーレス、ポール・ヴィリリオ、マイケル・ヘイズなど、錚々たる書き手が揃っている。実は、本書『20世紀建築の発明』もそのうちの一冊であり、シンシアは、私がこの本を翻訳していることをとても喜んでくれた。ついでながら、こうした集まりでよくあるように、私はふたりに「最近最も注目している建築論の書き手は」と訊いたところ、彼らは揃ってPier Vittorio Aureliの*The Possibility of an Absolute Architecture*を挙げた。Pier Vittorio Aureliは、現在ベルラーへとＡＡスクールで教えており、上記の『Ｌｏｇ』にも頻繁に寄稿しているが、私が知る範囲では、まだ彼の論考は日本に紹介されたことがない。実は、この本も「writing architecture」シリーズの一冊なのであるが、近いうちにどなたかが翻訳を手がけることを期待している。

（Aureliの最初の著作は、The Project of Autonomyであり、自律性を主題としたものであることを付記しておこう）。

最後に、私的なエピソードを重ねて恐縮であるが、私自身の自律性についてある記憶について。今から二〇年ほど前になるが、ロンドンのＡＡスクールに留学していたときの話である。新学期のオリエンテーションの期間が終わり、私の新しいチューターは、オランダ人建築家ラウール・ブンショーテンと決まった。ラウールは、ドナルド・ベイツ（メルボルンのフェデレーション・スクエアの設計でも知られる）とともに、ダニエル・リベスキンドのクランブルック時代の最も優秀な教え子として知られ、かつ彼のユニットはきわめて難解だといくぶん畏怖を含んだ評判を有していた。私は、彼のユニットに参加することに期待と不安を感じながら、新しい学期の始まりを待っていた。

はじめてのユニット・ミーティングの前の晩、ラウール本人から電話がかかってきた。彼は、短い挨拶の後、明日のミーティングに、

"Bring your autonomy."（「君の自律性を持ってくるように」）

と告げた。私がおうむ返しに、彼の言葉を繰り返すと、イエスとだけ言い電話は切られた（アイゼンマンと会った際に、この話もしたところ、彼はとても面白そうに頷いていた）。

その年の、ラウールのユニットのテーマは、autonomy と taxonomy（分類学）であり、その一年間、このふたつの言葉に悩まされた。なので、この本の翻訳を手がけるにあたって、自律性がキーワードであったことには、不思議な感興があった。とはいうものの、ＡＡで議論した autonomy と、本書での autonomy とでは直接的な接点はない。いまだに私にとって autonomy は、深い謎のままであり続けている。

翻訳書のあとがきには、浅学をかえりみず云々というフレーズが決まり文句のように出てくるが、私もまたそのことを痛感したひとりである。そして文中にいくつかの重要な概念や用語が出てくると（例えば形式主義といったこの本における根本的な概念）、その関連の書を読み始め、いつまで経っても翻訳に戻れず、翻訳は遅々として進まないということがたびたび起きた。結果、ある程度という保留は付くとしても、私はこの期間色々と勉強する課題をもらい益することが多かったが、作業が進まなかったことで関係者にはたいへんご迷惑をおかけした。

とくに、この本を担当された鹿島出版会の川尻大介さんには、お待たせし続けることでご迷惑をおかけし、能力不足の訳者をサポートすべく多大な労力を払わせてしまった。川尻さんへのお詫びと感謝の言葉は、いくら重ねても足りることはない。また人名注記作成をしていただいた内野正樹さんにもあわせて御礼申し上げます。

二〇一二年五月八日

今村創平

索　引

ア　行

カ　行

サ　行

タ　行

ナ　行

ハ　行

マ　行

ヤ　行

ラ　行

ワ 行

著者

アンソニー・ヴィドラー
Anthony Vidler

建築批評家、建築史家

一九四一年生まれ。ケンブリッジ大学、および同大学院で、コーリン・ロウの指導のもと建築を学ぶ。プリンストン大学建築学部、カリフォルニア大学ロサンゼルス校を経て、現在はニューヨークのクーパー・ユニオン建築学校で校長を務める。

主な邦訳書に『不気味な建築』(大島哲蔵、道家洋訳、鹿島出版会、一九九八年)、『歪んだ建築空間』(中村敏男訳、青土社、二〇〇六年)など。主著に*James Frazer Stirling: Notes from the Archive*, Yale University Press, 2010、*Claude-Nicolas Ledoux: Architecture and Social Reform at the End of the Ancien Régime*, The MIT Press, 1990 などがある。

訳者

今村創平(いまむら・そうへい)

建築家

一九六六年生まれ。早稲田大学理工学部建築学科、AAスクールに学び、一九九三〜二〇〇一年長谷川逸子・建築計画工房勤務。二〇〇二年よりアトリエ・イマム一級建築士事務所主宰。現在、ブリティッシュ・コロンビア大学大学院兼任教授、東京大学まちづくり大学院などにて非常勤講師。主な建築作品に〈神宮前の住宅〉(二〇〇七年)、〈富士ふたば幼稚園新園舎〉(二〇〇七年)、集合住宅〈Corridor〉(二〇一〇年)など。

主著に『現代住宅コンセプション』(山本想太郎、南泰裕と共同監修、INAX出版、二〇〇五年)などがある。

人物注作成=内野正樹(ecrimage)
扉写真=山田和美

20世紀建築の発明——建築史家と読み解かれたモダニズム

二〇一二年六月一〇日　第一刷発行

訳　者　今村創平
発行者　鹿島光一
発行所　鹿島出版会

デザイン　川又淳

印刷・製本　壮光舎印刷

〒一〇四―〇〇二八　東京都中央区八重洲二―五―一四
電話　〇三―六二〇二―五二〇〇
振替　〇〇一六〇―二―一八〇八八三

本書の内容に関するご意見・ご感想は左記までお寄せ下さい。
info@kajima-publishing.co.jp
http://www.kajima-publishing.co.jp

ISBN 978-4-306-04559-0 C3052　Printed in Japan

関連既刊書のご案内

不気味な建築

アンソニー・ヴィドラー 著／大島哲蔵、道家 洋 訳

精神分析理論を通じて「不気味なもの」を検証することで、外見的な様式上の区別を超え、「近代（モダン）」と称される時代に共通する新たな建築的枠組みを提起する。

定価三、四〇〇円＋税

第一機械時代の理論とデザイン

レイナー・バンハム 著／石原達二、増成隆士 訳

本書の最大の魅力は、近代建築の造形と論理の完成にむけて、個人の想像力が全開したごく短かな時代を、歴史からとりはずして照明しているところにある。――原広司

定価四、八〇〇円＋税

ジェームズ・スターリング
――ブリティッシュモダンを駆け抜けた建築家

ジェームズ・スターリング 著／小川守之 訳

スターリングは一九六〇年代半ば、レスター工科大学とケンブリッジ大学で颯爽とデビューを果たした。最も英国的でモダニスティックと称された建築家の軌跡。

定価二、八〇〇円＋税

マスメディアとしての近代建築
――アドルフ・ロースとル・コルビュジエ

ビアトリス コロミーナ 著／松畑 強 訳

家庭における私的で親密な生活領域と、公共的なコミュニケーション領域の表面的な対比を題材に、公共的な誘惑の戦略と私的な空間の策略による二〇世紀建築の始まりを解く。

定価三、〇〇〇円＋税

〈SD選書〉コラージュ・シティ

コーリン・ロウ、フレッド・コッター 著／渡辺真理 訳

理想都市は歴史のコラージュがつくる。「記憶の劇場」でありながら「未来を予言する場」へ導く。ファンタジーやノスタルジアでデザインされた二〇世紀都市からの脱却を追求する名論。

定価一、二〇〇円＋税

鹿島出版会